U0480496

上海三联人文经典书库

70

刘松龄

旧耶稣会在京最后一位伟大的天文学家

[美] 斯坦尼斯拉夫 · 叶茨尼克 著

周萍萍 译

HALLERSTEIN, THE LAST GREAT JESUIT ASTRONOMER AT BEIJING

上海三联书店

“十二五”国家重点图书出版规划项目

国家出版基金资助项目

上海三联人文经典书库·历代基督教思想经典书库
策划：杨熙楠

总　序

陈　恒

自百余年前中国学术开始现代转型以来，我国人文社会科学研究历经几代学者不懈努力已取得了可观成就。学术翻译在其中功不可没，严复的开创之功自不必多说，民国时期译介的西方学术著作更大大促进了汉语学术的发展，有助于我国学人开眼看世界，知外域除坚船利器外尚有学问典章可资引进。20 世纪 80 年代以来，中国学术界又开始了一轮至今势头不衰的引介国外学术著作之浪潮，这对中国知识界学术思想的积累和发展乃至对中国社会进步所起到的推动作用，可谓有目共睹。新一轮西学东渐的同时，中国学者在某些领域也进行了开创性研究，出版了不少重要的论著，发表了不少有价值的论文。借此如株苗之嫁接，已生成糅合东西学术精义的果实。我们有充分的理由企盼着，既有着自身深厚的民族传统为根基、呈现出鲜明的本土问题意识，又吸纳了国际学术界多方面成果的学术研究，将会日益滋长繁荣起来。

值得注意的是，20 世纪 80 年代以降，西方学术界自身的转型也越来越改变了其传统的学术形态和研究方法，学术史、科学史、考古史、宗教史、性别史、哲学史、艺术史、人类学、语言学、社会学、民俗学等学科的研究日益繁荣。研究方法、手段、内容日新月异，这些领域的变化在很大程度上改变了整个人文社会科学的面貌，也极大地影响了近年来中国学术界的学术取向。不同学科的学者出于深化各自专业研究的需要，对其他学科知识的渴求也越来越迫切，以求能开阔视野，迸发出学术灵感、思想火花。近年来，我们与国外学术界的交往日渐增强，合格的学术翻译队伍也日益扩大，同时我们也深信，学术垃圾的泛滥只是当今学术生产面相之一隅，高质量、原创作的学术著作也在当今的学术中坚和默坐书斋的读书种子中不断产生。然囿于种种原因,人文社会科学各学科的发展并不平衡,学术出版方面也有畸轻畸重的情形(比如国内还鲜有把国人在海外获得博士学位的优秀论文系统地引介到学术界)。

有鉴于此,我们计划组织出版"上海三联人文经典书库",将从译介西学成果、推出原创精品、整理已有典籍三方面展开。译介西学成果拟从西方近现代经典(自文艺复兴以来,但以二战前后的西学著作为主)、西方古代经典(文艺复兴前的西方原典)两方面着手;原创精品取"汉语思想系列"为范畴,不断向学术界推出汉语世界精品力作;整理已有典籍则以民国时期的翻译著作为主。现阶段我们拟从历史、考古、宗教、哲学、艺术等领域着手,在上述三个方面对学术宝库进行挖掘,从而为人文社会科学的发展作出一些贡献,以求为21世纪中国的学术大厦添一砖一瓦。

目 录

导　言

著名天文学家刘松龄(Augušin Hallerstein，1703—1774 年)出生于欧洲中部并在此接受了教育。1738 年，他来到中国，再也没有回过自己深爱的故乡。“纪念刘松龄诞辰 300 周年”为我们研究其生平及成就提供了一个良好机会。

长期以来，耶稣会士一直是现代科技史研究的重点。除此之外，一些学者还致力于耶稣会士学校研究。中欧之间的跨文化交流可以为研究带来一种新趋向，而刘松龄正是中西文化交流的代表之一。但因为刘松龄出生于今天狭小的斯洛文尼亚国，而且该地区资源有限、历史变迁复杂，因此至今尚无刘松龄的传记出版。我庆幸自己有此殊荣作刘松龄的专题研究。

在研究之初，我就对耶稣会士在教学，特别是在科学研究中取得的成就非常感兴趣。我发现刘松龄和他那些卡尔尼奥拉(Carniolan)的耶稣会同伴们在科学上的成就远远超出了其前辈，或许甚至连那些卡尔尼奥拉的后来者们也要自愧不如。我一直想知道其中的原因。

当卢布尔雅那(Ljubljana)的耶稣会士邀请我研究他们那些旧耶稣会先辈的科学工作时，我把他们的请求看作是解答心中疑问的极好机会。作为历史学家兼物理学家，我与对自己历史深感兴趣的卢布尔雅那耶稣会士合作，已经发表了几百篇研究成果。我认为自己了解耶稣会士的一些科学工作，或许这是我们所能提供的最好的一本书。

在俄克拉荷马大学科学史系安德鲁・瓦特・梅隆奖学金(the

Andrew W. Mellon Fellowship)的慷慨资助下，我开始了刘松龄研究。科学史系的友好氛围有益于我开阔思维，比塞尔(Bizzell)图书馆极其丰富的馆藏为我的研究奠定了基础。我出生在美国，在那里工作我一直感到很愉快。克里·马格鲁德(Kerry Magruder)博士、彼得·巴克(Peter Barker)博士、史蒂芬·利乌瑟(Steven Livesey)博士、玛丽莲·奥利弗(Marilyn Ogilvie)博士、斯蒂芬·威尔登(Stephen Weldon)博士以及其他许多人的帮助，使我感激不尽。

在卢布尔雅那的数学·物理·机械研究所，我最终完成了这项研究工作。卢布尔雅那是刘松龄的出生地，而我也成长于此，我的祖先们都来自邻近地区，这或许使我能够更好地了解刘松龄的早期生活环境。与汤姆·皮冉斯基(Tomaž Pisanski)博士、路迪·波德戈尔尼克(Rudi Podgornik)博士、彼得·本坚(Peter Panjan)博士、米兰·拉丁克(Milan Hladnik)博士、彼得·勒吉萨(Peter Legiša)博士、麦克·拉兹派(Marko Razpet)博士、亚内兹·苏拉达(Janez Šumrada)博士、洛伊泽·科瓦契奇(Lojze Kova čič)博士(耶稣会士)、贾尼·奥索伊尼克(Jani Osojnik)和玛瑞严·普勒森(Marijan Prosen)等人用当地语言的交谈，我获益匪浅。

最后，感谢我的编辑们。2003年，卢布尔雅那技术出版社的塔尼娅·拉希(Tanja Rejc)出版了我用斯洛文尼亚文撰写的刘松龄传。

当然，辛勤工作只是完成一本好书的一个方面。我特别要感谢妻子内文卡(Nevenka)和女儿乌希卡(Urška)，她们用自己的方式默默支持我的学术研究。内文卡准备了我最喜欢吃的苹果馅饼，乌希卡成绩优异，我想这会使她将来有可能成为一名优秀的学者。

三个世纪以前，刘松龄在神圣罗马帝国南部的卡尔尼奥拉——今天斯洛文尼亚的中心地区长大成人。他生活在哈布斯堡王朝时期。那时，位于欧洲中部的哈布斯堡王朝势力强大，其领土甚至囊括今天的比利时。刘松龄属于享有特权的贵族阶层。所有这些，再加上在耶稣会接受的良好教育，使刘松龄成为一位真正的世界文化交流使者：他把欧洲较为先进的数学科学传入中国，反之亦然，那个时代欧洲最重要的科学期刊上发表了刘松龄在中国的观测结果。他是来华耶稣会士杰出人士之一，无疑也是最后一位天文学家，因为在他死后不久，在京耶稣会宣告解散。

如果不提及刘松龄作为旧耶稣会在京最后一位伟大的天文学家身份，那么耶稣会在华取得成就的故事将不完整。这位非同寻常的人究竟怎样？我们可以从他身上学到什么呢？

1 家 庭

刘松龄[①]是亚内兹·费迪南德·哈勒施泰因(Janez Ferdinand Hallerstein，1669—1736年)男爵的儿子。男爵是维斯塔湖(Rakek。阿尔本，Alben)附近的普拉尼那(Planina)庄园领主[②]、卡尔尼奥拉州总督、卢布尔雅那的Saint Dizma联合兄弟会成员之一。哈勒施泰因有法兰克人血统。孟格斯(Mengeš)的霍夫曼城堡(上等城堡)及其土地权都是刘松龄祖母玛丽亚·罗扎莉娅·冯·霍

① 刘松龄，字乔年(什米特克，1995年；费赖之，1934年，第2册第752页；荣振华，1973年，第122页均写作Lieou Song Ling)；刘松龄(李约瑟、王铃，1959年，第3卷第454页写作Liu Sung-Ling)，1703年8月27日出生于卢布尔雅那(什米特克，1995年；什克尔莱普，1996年)。关于刘松龄的出生日期，另有两种说法：1703年8月18日(索默尔沃热尔，第4册第49页；鲍茨，1990年，第2册第494页)、1703年8月2日(费赖之，1934年，第753页)。1721年，刘松龄在维也纳入耶稣会，1774年10月29日在北京去世。刘松龄的生平大致如下：1715—1721年，卢布尔雅那，耶稣会中学，修习哲学(斯多尔，1855年，第119页；《斯洛文尼亚传记词典》，1925—1932年，第1册第290页；鲍茨，1990年，第2册第494—495页)；1722—1723年，卢布尔雅那(卢卡奇，1987年，第1册第501页)或者克拉根福(Klagenfurt，科瓦契奇，2002年，第115页)，初学生；1724年，莱奥本(Leoben)，复习人文课程；1725年，克拉根福，讲授语法；1726—1727年，维也纳(Vienna)，讲授语法、复习数学课程；1728年，卢布尔雅那，讲授修辞学、领导教堂会众；1729—1730年，格拉茨(Graz)，研究神学—尤登堡(Judenburg)，灵修年；1731—1735年，蒂米什瓦拉(Timisoara)，领导教堂会众(斯多尔，1855年，第120页；鲍茨，1990年，第2册第494—495页)；1735年9月—1739年8月28日，里雅斯特(Trieste)到广州的航程，期间在里斯本(Lisbon)停留较长时间学习天文学；1739年8月28日—1774年，北京(索默尔沃热尔，第4册第49页；伍尔兹巴赫，第7册第244页；科瓦契奇，2002年，第115页)。

② 斯洛文尼亚共和国档案馆，斯坦利第一部分，第312盒，第209分册，第1009页。

恩瓦特(Marija Rozalia von Hohenwart)的遗产。1702年,亚内兹·费迪南德·哈勒施泰因结婚,他从父亲费迪南德·伊格纳茨·哈勒施泰因(Ferdinand Ignac Hallerstein)那里继承了城堡[①]。

刘松龄的母亲——来自Gottschee地区的玛丽亚·苏珊·伊丽莎白·埃伯格(Marija Suzana Elizabeta Erberg)[②]在多尔(Dol)庄园长大。1688年9月19日,她的父亲亚内兹·丹尼尔·埃伯格(Janez Danijel Erberg)[③]购买了多尔庄园。亚内兹·丹尼尔和自己未来的女婿亚内兹·费迪南德·哈勒施泰因都是Saint Dizma兄弟会的成员,他们在成为翁婿之前就是朋友了。他们在多尔和孟格斯的城堡仅相距10多公里远。1693年,玛丽亚·苏姗·伊丽莎白·埃伯格成为卢布尔雅那的Operosorum学院的学生,学名叫作"Fidius",该名与众神之神朱庇特(Jupiter)有一定联系。1714年6月16日,亚内兹·丹尼尔在去世前两年,和弟弟亚内兹·亚当·埃伯格(Janez Adam Erberg)[④]都拥有了男爵头衔。亚内兹·丹尼尔和苏珊·玛格丽特·丁茨·冯·安格伯格(Suzana Margareta Dinzl von Angerburg, 1661—1699年)生育了许多孩子,他们是刘松龄的舅舅和姨妈[⑤]。在儿子亚内兹·本杰明(Janez Benjamin)出

---

① 《斯洛文尼亚传记词典》,1925—1932年,第1册第331页;斯莫莱,1982年,第617页。费迪南德·伊格纳茨·哈勒施泰因男爵,1711年4月26日在孟格斯去世(斯奇卫思,1905年,第417页)。

② 玛丽亚·苏珊·伊丽莎白·埃伯格,1681年出生于卢布尔雅那,1725年在孟格斯去世(斯奇卫思,1905年,第417页)。

③ 亚内兹·丹尼尔·埃伯格男爵,1647年12月14日出生于科切维(kočevje),1716年3月5日在多尔或卢布尔雅那去世。

④ 亚内兹·亚当·埃伯格男爵,约1688年出生于科切维,1723年3月3日在多尔去世。乌梅克(1991年,第13页)认为亚内兹·亚当·埃伯格男爵于1721年在卢布尔雅那去世。

⑤ 亚当·丹尼尔(Adam Danijel),1678年出生,1679年去世;弗兰克·米歇尔(Franc Mihael),1679年9月27日出生于卢布尔雅那,1760年在卢布尔雅那去世;约瑟夫·里查德(Jožef Richard),1685年出生于卢布尔雅那,1706年在博洛尼亚去世;安娜·玛格丽特(Ana Margareta)1686年出生于卢布尔雅那,是圣克莱尔会修女;依纳爵·安东(Ignac Anton),1688年出生于卢布尔雅那;(转下页)

生后，亚内兹·丹尼尔的妻子去世了。孩子们还很幼小，需要一位继母来照看，因此亚内兹·丹尼尔娶了拉斯普(Von Rasp)的遗孀玛丽亚·安娜·阿普费尔塔(Marija Ana Apfaltrer)①。这次婚姻他们没有生育子女。

1709年6月23日，在数学教授图勒讷尔(Janez Krstnik Thullner)②的指导下，亚内兹·欧内斯特·埃伯格(Janez Ernest Erberg)参加了光学论文答辩，完成了其在卢布尔雅那的哲学研究。在为公开答辩而印制的小册子中，亚内兹·欧内斯特和同学讨论了望远镜。那本小册子以及公开演说后来无疑对他的小侄子刘松龄产生了一定影响，当时刘松龄五岁零十个月。后来，亚内兹·欧内斯特获得了神学博士学位，成为卢布尔雅那的诵经司铎。就在刘松龄开始研究哲学时，亚内兹·欧内斯特去世了。

1726年，亚内兹·本杰明继承了多尔庄园。他是亚内兹·丹尼尔最小的儿子。因为继承庄园，他退出了已加入十多年(1716—1726年)的耶稣会。1716年，父亲去世后不久，亚内兹·本杰明在斯坦纳(Sebastijan Stainer)③教授的指导下，印制了一本天文学小册

(接上页)亚内兹·莱纳尔特(Janez Lenart)，1689年出生于卢布尔雅那；玛丽亚·塞西莉亚(Marija Cecilija)，1690年出生于卢布尔雅那；亚内兹·欧内斯特(Janez Ernest)，1692年出生于卢布尔雅那，1717年在卢布尔雅那去世；伊诺森西·沃尔贝克·安东·弗兰克·埃伯格(Inocenc Volbenk Anton Franc Erberg)，1694年10月7日出生于多尔，1714年入耶稣会，1766年在巴拉那河和乌拉圭河之间的圣安教区去世)，弗兰克·克萨韦尔·安东·埃伯格(Franc Ksaver Anton Erberg)，1695年10月21日出生于卢布尔雅那附近的多尔，1746年10月3日在卢布尔雅那去世；与拉斯普结婚的玛丽亚·约瑟夫(Marija Jožefa)，1697年出生于卢布尔雅那，1765年在卢布尔雅那去世；亚内兹·本杰明(Janez Benjamin)，1699年出生于卢布尔雅那，1759年11月22日在多尔去世(乌梅克，1991年，第82页)。

① 拉斯普的遗孀玛丽亚·安娜·阿普费尔塔，1667年出生于格尔梅齐(Grmače)，1728年在多尔去世(斯奇卫思，1905年，第415页)。

② 图勒纳尔，1668年6月24日出生于奥地利公国的Tozenbach；1687年10月17日在莱奥本入耶稣会；1747年8月21日在克雷姆斯(Krems)去世。

③ 斯坦纳，1679年7月2日出生于维尔斯(Wels)，1748年6月12日在格拉茨去世。

子，完成了物理学研究。那时，刘松龄仍是耶稣会学校的低年级学生。刘松龄喜欢舅舅所作的天文学公开演说，并对此也产生了兴趣。答辩期间，亚内兹·本杰明与物理、数学领域的专家陶费纳(Maksimilian Anton Taufferer, 1758 年去世)男爵讨论了科学问题。斯坦纳教授主持了这场辩论。1709 年，陶费纳已经是 Peščenik 的诺维格勒庄园主，他的那些夹有藏书标签的书后来都捐赠给了卢布尔雅那的高等学校图书馆①。陶费纳是 Saint Dizma 兄弟会的成员，刘松龄的父亲以及亚内兹·本杰明的父亲也是该会成员。1759 年，陶费纳的儿子伊诺森西(Inocenc)②最终成为卢布尔雅那的物理学教授。

刘松龄是这个孩子众多家庭中的次子③。在他出生之前，他母亲遇到一些麻烦，因此他是家中唯一一位出生在卢布尔雅那的孩子，其他兄弟姐妹大都出生于孟格斯的城堡。1703 年 8 月 28 日，刘松龄在卢布尔雅那接受洗礼，他的教父母是祖父费迪南德·伊

---

① 皮韦茨-斯泰勒，1969 年，第 112 页。

② 伊诺森西，1722 年 1 月 19 日出生于卫希尼山(Višnja gora)附近的特纳(Turn)；1738 年 10 月 28 日在维也纳入耶稣会；1794 年 1 月 14 日在卢布尔雅那去世。

③ 弗兰克·亚当(Franc Adam)，1702 年出生，1763 年或 1764 年去世；刘松龄；玛丽亚·安娜·伊丽莎白(Marija Ana Elizabeta)，1704 年 10 月 5 日出生，1782 年去世；亚内兹·维切特(Janez Vajkard)；爱莲·马格达莱纳(Eleonora Magdalena)；约翰·安德烈·依纳爵(Johann Andreas Ignaz)，1739 年出生，庄园主；阿文迪斯(Abundius)神父，1768 年去世，斯蒂纳(Stična)修道院的西多会僧侣；弗朗西斯卡(Frančiška)，麦金卡(Mekinje)的圣克莱尔会修女；亚历山大(Aleksander)，科斯塔涅维察(Kostanjevica)的西多会神父；玛丽亚·克丝康斯坦察·贝娅特丽(Marija Konstanca Beatrix)，1702 年出生；玛丽亚·凯瑟琳(Marija Katarina)，1713 年出生，1783 年在米歇尔斯特滕(Michelstetten)去世；玛丽亚·海伦娜·莫妮卡(Marija Helena Monika)，1715 年出生；玛丽亚·约瑟夫·格诺韦法(Marija Jožefa Genovefa)，1718 年出生；卡尔·约瑟夫·朱尼(Karel Jožef Julij)，1719 年出生；劳伦斯·西格蒙德·克萨韦尔(Lovrenc Sigmund Ksaver)，1720 年出生；婚后被称为莫达斯(Mordax)男爵夫人的玛丽亚·克里斯蒂娜·塞西莉亚(Marija Kristina Cecilija)，1721 年出生，1795 年去世；玛丽亚·苏珊(Marija Suzana)，1725 年出生(德日曼，1881 年，第 3 页；什米特克，1995 年，第 93 页)。

格纳茨·哈勒施泰因(Ferdinand Ignac Hallerstein)男爵[①]和祖母苏珊·伊丽莎白·奥汀·冯·罗腾比歇尔(Suzana Elizabeta Ottin von Rotenbüchel)。苏珊是亚当·丁日尔·冯·安格伯格(Adam Dinzl von Angerburg)的遗孀[②]。住在诺维格拉德(Novi grad)下面特纳城堡的苏珊因为年纪太大而不能参加这个仪式,因此刘松龄的叔叔亚内兹·约瑟夫·哈勒施泰因(Janez Jožef Hallerstein)男爵[③]代表她出席。1704 年 10 月 5 日,刘松龄的妹妹玛丽亚·安娜(Marija Ana)在孟格斯的圣弥歇尔(Saint Michael)教区受洗,洗名叫玛丽亚·伊丽莎白(Marina Elizabeta)。她的教父母是外祖父亚内兹·丹尼尔和他的第二任妻子玛丽亚·安娜·阿普费尔塔,阿普费尔塔是玛丽亚·伊丽莎白的继祖母。

刘松龄的母亲在女儿出生几个月后去世了。刘松龄的哥哥弗兰克·亚当(Franc Adam)继承了霍夫曼城堡,但后来因为债务,他的遗孀施维格·冯·莱兴费尔德(Schweiger von Lerchenfeld)男爵夫人不得不在 1764 年变卖了这份产业。1745 年后,哈勒施泰因家族获得了在低地卡尔尼奥拉的拉喀(Raka)庄园。1784 年 2 月 24 日,刘松龄的侄子弗兰克·卡尔·哈勒施泰因(Franc Karel Hallerstein, 1758—1820 年)男爵在其弟弟费迪南德(Ferdinand, 1762—1784 年)去世后,与其他姐妹玛丽亚·安东尼(Marija Antonija)、路易莎(Luiza)和约瑟法(Jožefa)签订协议,继承了这份财产[④]。

1706 年 1 月 10 日,刘松龄的弟弟维切特(Janez Vajkard)[⑤]在孟格斯受洗。他的教父母是约翰·安德烈·弗拉希恩费德(Johan

---

① 费迪南德·伊格纳茨·哈勒施泰因,1711 年 4 月 26 日在霍夫曼城堡去世。

② 亚当·丁日尔·冯·安格伯格,1696 年 8 月 12 日去世(斯莫莱,1982 年,第 514 页)。

③ 斯奇卫思,1905 年,第 42 页。亚内兹·约瑟夫·哈勒施泰因男爵,1677 年 4 月 14 日出生于孟格斯。

④ 斯莫莱,1982 年,第 291、410 页。

⑤ 维切特·哈勒施泰因男爵,1706 年 1 月 5 日出生于孟格斯的霍夫曼城堡;1723 年 10 月 15 日入耶稣会;1780 年 10 月 9 日在多尔去世(《斯洛文尼亚传记词典》,1925—1932 年,第 1 册第 290 页;什米特克,1995 年,第 93 页)。

Andreas Flachenfeldt)副主教和克里斯蒂娜·莫斯科尼(Kristina Moscon)男爵夫人。直到1758年,劳伦斯·弗拉希恩费德(Lovrenc Flachenfeld)男爵才拥有了维帕瓦(Vipava)附近的斯拉普(Slap)庄园。玛丽亚·克里斯蒂娜(Marija Kristina)是弗兰克·伊拉斯谟·莫斯科尼(Franc Erazem Moscon)的遗孀,直至1724年,她一直是低地卡尔尼奥拉莫克罗诺格(Mokronog)附近的雅巴利(Jablje)庄园主①。维切特在卢布尔雅那加入了耶稣会。当时,为节省开支,耶稣会允许他们在当地的学校入会。1719年,维切特以全班拉丁语第一的成绩完成了在卢布尔雅那的低年级学业②。1724—1725年,他比哥哥刘松龄晚两年完成了哲学高等教育,成为卢布尔雅那一名初学生③。1728年,他比哥哥晚两年在维也纳和学生温习教授的数学讲座。1729年,他在帕绍(Passau)学院教高年级学生初级课程。1730年,他在维也纳开始学习神学。1736年,他在维也纳大学讲授伦理学。维切特对海外传教和科学研究不感兴趣,遂选择了去不太遥远的哈布斯堡王朝治下的荷兰省,其面积大约相当于今天的比利时。哈布斯堡王朝在1713年乌得勒支和平(the Peace of Utrecht)至1795年法国入侵期间一直统治该地区。1738—1773年,维切特在布鲁塞尔和维也纳担任洛林(Fieldmarshal Karl Aleksander Lorraine)公爵④的告解神父,1748年后,洛林公爵任辖区近似于今天比利时边界线的哈布斯堡治下的荷兰总督⑤。公爵住在1756年或1757年左右落成的美丽宫殿里,该宫殿今天已成为展示十八世纪风貌的博物馆。1744年,公爵与玛丽亚·特雷莎(Maria Theresia, 1717—1780年)的妹妹玛丽亚·安娜(Maria Anna, 1718—1744年)结婚,但不幸的是当年安娜就去世了。1736年,公爵的兄长洛林家族的弗兰兹一世(Franz I. Stefan,

① 斯莫莱,1982年,第195、439页;斯奇卫思,1905年,第415页。

② 史学年刊,第495页。

③ 依据讣告,他于1728年结束第三年的哲学研究(史学年刊,第468页)。

④ 洛林(巴尔的洛林),1712年出生,1780年去世。

⑤ 德日曼,1881年,第3页。

1708—1765 年)与玛丽亚·特雷莎结婚,并于 1745 年做了皇帝。

耶稣会被解散后,维切特继续住在布鲁塞尔。1776 年 9 月 4 日,他给在多尔的亲戚写了一封信[①]。公爵去世后,维切特的余生是在多尔庄园与表弟沃尔夫·丹尼尔·埃伯格(Wolf Danijel Erberg)[②]男爵共同度过的,表弟在其叔叔亚内兹·本杰明 1759 年去世后继承了这个庄园。沃尔夫·丹尼尔·埃伯格去世后,他年幼的儿子约瑟夫·卡拉桑克·埃伯格(Josef Kalasanc Erberg)[③]继承了庄园。1798 年,约瑟夫看管着庞大的图书馆目录以及古旧的卡尔尼奥拉纪念碑收藏品,他保存了刘松龄从北京寄给妹妹玛丽亚·安娜·伊丽莎白·哈勒施泰因的信件。直到 1810 年,图书馆一直位于卢布尔雅那的巴洛克宫殿里,即今天 17 号城市广场(以前的 279 号广场),该宫殿在 1748 年和 1758 年经过了两次修葺。1760 年,沃尔夫·丹尼尔·埃伯格男爵从杰弗里(Raigersfeld)后裔那里买下了这座宫殿[④]。18 世纪末,图书馆里有六十四盒编目为物理学但也涉及化学、生物学和农学的书目。埃伯格有很多数学著作,其中包括天文、地理和军事书籍。图书馆的藏书过去属于卢布尔雅那的埃伯格家族的不同分支,大部分图书来自刘松龄祖父同父异母的兄弟弗兰克·雅各布·冯·埃伯格(Franc Jakob von Erberg)[⑤]丰富的藏书室[⑥]。埃伯格图书馆丰富的藏书为年轻的刘松龄拓展知识奠定了基础。后来,藏书室被收购用作卢布尔雅那土地博物馆。

---

① 斯洛文尼亚共和国档案馆,卷宗 730,多尔庄园,第 200 分卷,第 577—578 页。

② 沃尔夫·丹尼尔·埃伯格男爵,1714 年 8 月 27 日出生于卢布尔雅那,1783 年 8 月 7 日在多尔去世。

③ 约瑟夫·卡拉桑克·埃伯格男爵,1771 年 8 月 27 日出生于卢布尔雅那,1843 年 7 月 10 日在多尔去世。

④《斯洛文尼亚传记词典》,1925—1932 年,第 1 册第 163 页;乌梅克,1991 年,第 17 页。

⑤ 弗兰克·雅各布·冯·埃伯格,1630 年出生于科切维;1690 年在卢布尔雅那去世。

⑥ 乌梅克,1991 年,第 14、18 页。

2 学　习

刘松龄的启蒙教育来自庄园的教庭教师或孟格斯教堂附近的学校(孟格斯的教堂如今是现代博物馆),老师是未来的巴洛克画家杰洛夫谢科(Franc Jelovšek)[①]的父亲。

刘松龄在卢布尔雅那完成了基础教育。去维也纳之前,他在那里接受了三年哲学教育。他没有在维也纳或稍后在卢布尔雅那学习哲学[②],尽管1722年和1723年他是卢布尔雅那一所修院的初学生。和弟弟不同的是,刘松龄不是在卢布尔雅那而是在圣安娜(Saint Anna)的维也纳修院加入了耶稣会。

在维也纳期间,年轻的刘松龄遇见了以前是卢布尔雅那数学教授的图勒讷尔。1718年12月4日,图勒讷尔担任维也纳修院院长。1705年至1709年间,他在林茨(Linz)、维也纳和卢布尔雅那的耶稣会修院讲授数学。他的《几何学》(1711年)是那个时代耶稣会士的最杰出成就之一。图勒讷尔指导刘松龄进入数学科学领域,因为刘松龄在卢布尔雅那学习时,那里并没有数学教授。即使在刘松龄离开该国后,他们之间的合作研究仍旧继续。

几年后,刘松龄那位比自己大八岁的叔父安东·埃伯格开始在格拉茨(Graz)发表他的拓扑、物理和神学思想著述。在刘松龄被任命为北京钦天监监副的一年后,1744年12月8日,安东·埃伯格担任卢布尔雅那修院院长。18世纪20年代,安东把他继承的

---

① 杰洛夫谢科,1700年出生于孟格斯,1764年去世。

② 斯多尔,1855年,第199页。

20000 荷兰盾捐给卢布尔雅那耶稣会修院，这样他成了修院的捐助人之一。因为缺乏资金，自 1718 年以来卢布尔雅那已有 25 年没有数学教授了，因此这笔钱简直是雪中送炭。拥有丰富天文学和物理学知识的安东·埃伯格，竭尽全力帮助自己年轻的侄子刘松龄。

刘松龄在卢布尔雅那低年级所学的数学也包括一些物理学和力学知识。1718 至 1719 年间，其高年级的第一年伊始，卢布尔雅那的数学和物理教授克劳斯(Jožef Kraus)①就生病了。克劳斯曾被聘为 1717 至 1718 年度的数学和物理学教授，1718 至 1719 年度的物理学教授。他生病后，物理课就转交给了一年前讲授逻辑学的乔治(Jožef de Giorgio)教授②。在没有新的数学教授之前，刘松龄开始了自学。在卢布尔雅那高年级的第一年，刘松龄很可能接受了必要的数学训练，在第二年接受了物理学训练。

在卢布尔雅那的第一学年(1718—1719 年)，刘松龄选修了扬科维奇(Anton Jankovich)③教授的逻辑学课程，第二学年(1719—1720 年)选修了物理学，第三学年(1720—1721 年)选修了纯粹哲学。刘松龄年仅 18 岁就完成了哲学学习是很不简单的。多尔尼恰尔(Aleš Žiga Dolni čar，1685—1708 年)于 1703 年和 1704 年 3 月 16 日在戈里察(Gorica)编写了其教授图勒讷尔的物理学课程时，比刘松龄大不了多少④。刘松龄的弟弟维切特年仅 13 岁半就在卢布尔雅修完了低年级课程⑤。那时，玛丽亚·特雷莎作了革

---

① 克劳斯，1678 年 11 月 9 日出生于施蒂利亚州；1696 年 10 月 6 日在尤登堡进入耶稣会；1718 年 11 月 16 日在奥西耶克(Osijek)去世[斯洛文尼亚共和国档案馆“手稿部分”，I/37r(1712 年 1 月 1 日—1721 年 12 月 31 日)，975D/14，1010D/12]。

② 乔治，1683 年 4 月 22 日出生于卢布尔雅那；1699 年 12 月 24 日在维也纳入耶稣会；1764 年 2 月 14 日在卢布尔雅那去世。

③ 扬科维奇，1682 年 6 月 13 日出生于雷卡；1704 年 12 月 6 日入耶稣会；1768 年 5 月 7 日去世。

④ 卢布尔雅那神学院图书馆，手稿 74 和 75。

⑤《斯洛文尼亚传记词典》，1925—1932 年，第 1 册第 290 页。

新，课程不再受年龄大小限制。

1719 年，或是独立或是在一个学生的帮助下，考克（Janez Kaugg）[①]教授在卢布尔雅那修院撰写了物理学教程。后来，手稿中有标题和作者名字的前几页被撕去了，没有保存下来。在考克之前，卢布尔雅那的物理学教授是乔治，他于 1715 年至 1722 年间在卢布尔雅那和克拉根福讲授哲学。安东·埃伯格去世后，他担任卢布尔雅那修院院长。与保存在卢布尔雅那的其他有日期和署名的手稿相对照[②]，这份手稿的作者最有可能是考克。

和许多同时代人一样，考克指出"物理"这个词源于希腊[③]。因为恐惧太空以及相信天使的存在，他批评原子论者的观点[④]，并在一篇单独的文章中拒绝接受自然界中存在真空[⑤]。在论述亚里士多德（Aristotle）十一本物理学书籍的演讲附录中，他讨论了连贯性，这后来成为博斯科维奇（Ruđer Josip Bošković，1711—1787 年）物理学的核心之一[⑥]。

他讨论了亚里士多德关于流星的论著，描述了云、雷、火、彗星、星系、火山爆发、水域、不同的金属和矿物质等等[⑦]。在亚里士多德的特殊物理学中，他描述了托勒密（Ptolemy）、亚里士多德、哥白尼（Copernicus）和第谷·布拉赫（Tycho Brahe）体系[⑧]，特别提及物质的可分性、原子、固体和液体聚集条件[⑨]以及宇宙中的恒星数目[⑩]。

---

① 考克，1681 年 8 月 19 日出生于马里博尔（Maribor）；1699 年 10 月 14 日在格拉茨入耶稣会；1746 年 4 月 28 日在瓦拉日丁（Varaždin）去世。

② 斯坦科，1723 年。

③ 考克，1719 年，152^{v}。

④ 文章八（考克，1719 年，260^{v}）。

⑤ 文章九（考克，1719 年，268^{v}—269^{v}）。

⑥ 考克，1719 年，307^{v}。

⑦ 考克，1719 年，316^{v}—328^{r}。

⑧ 考克，1719 年，331^{v}—332^{v}。

⑨ 考克，1719 年，347^{r}—347^{v}，352^{r}。

⑩ 考克，1719 年，253^{v}。

在评论亚里士多德的《论生灭》时，他解释了折射、反射以及逆激化，包括有关热水为什么会比冷水结冰更快等等有趣的逍遥派哲学的理由①。在手稿物理学部分的最后，他讨论了力学，特别是子弹的运动②。

考克离开了卢布尔雅那，成为匈牙利北部埃格尔(Eger)的辩证神学教授。他不再讲授物理了。1720—1721学年，扬科维奇在考克离开后，接替他在卢布尔雅那讲授物理学。1720—1721学年，维默尔(Gabrijel Wimmerl)③又接替了扬科维奇。他们都没有出版有关数学科学的著述。1716年至1718年间，扬科维奇在萨格勒布(Zagreb)讲授了三年哲学课程，后又在卢布尔雅那讲授了三年。稍后，斯坦科(Anton Stancker)④和皮顿(Danijel Pitton)⑤亦是如此。18世纪20年代，大部分教授在该省的一个或其他耶稣会修院讲授过某个课程后，接着就会在卢布尔雅那讲授为期三年同样的课程。在刘松龄高年级的第一年至最后一年，扬科维奇一直为他们授课，同时也是他们的告解神父。扬科维奇不再讲授哲学或物理学。当结束初学时，刘松龄又在卢布尔雅那遇见了他，此时后者是神学教授和当地教会首领。1725至1739年间，扬科维奇是居住在意大利的斯拉夫学生的告解神父，无疑他也与以前的学生刘松龄保持着联系。

1722—1723学年，迈尔(Janez Krstnik Mayr)⑥在卢布尔雅那讲

---

① 考克，1719年，401[r]。

② 考克，1719年，403[r]和413[v]。

③ 维默尔，1685年9月2日出生于维也纳；1700年10月9日在维也纳入耶稣会；1741年7月13日在克拉根福去世。

④ 斯坦科，1682年12月16日出生于蒂罗尔州(Tyrol)；1700年10月9日在维也纳入耶稣会；1730年6月12日在雷卡去世[斯洛文尼亚共和国档案馆“手稿部分”，I/38r(1722年1月1日—1736年10月31日)，1160D/4；卢卡奇，1988年，第3册第1590页]。

⑤ 皮顿，1686年6月24日出生于格拉迪茨(Gradišče)；1704年10月9日在格拉茨入耶稣会；1769年3月19日在里雅斯特去世。

⑥ 迈尔，1696年6月17日出生于蒂罗尔州；1703年11月2日在尤登堡入耶稣会；1748年12月6日在卢布尔雅那去世。

授物理学，这是他三年哲学课程的第二年。在结束哲学教学之后，他教了两年道德神学。1721 年至 1725 年，他在卢布尔雅那被聘为教授。同样，在结束哲学教学之后，扬科维奇在雷卡（Reka）、斯坦科在戈里察和雷卡开设道德神学讲座。当刘松龄在卢布尔雅那工作时，迈尔和他的学生撰写了两部物理学手稿。后来，迈尔翻译了一本由维也纳历史教授编写的年代学书。

迈尔那两部撰写于 1722 年、关于普通物理学和特殊物理学的讲稿至今仍保存在卢布尔雅那。在普通物理学“水”的部分，他描述了虹吸管和泵[①]；在雷电部分，他描述了维也纳和卢布尔雅那的恶劣天气[②]；在真空部分，他特别提到波西米亚方济各会士麦坚尼（Valeriano Magni，1586—1661 年）的著述，该人特别尖锐地批评了耶稣会士关于真空的描述。迈尔接受莱纳斯（Linus）关于晴雨表上液体水银的蒸汽理论，但同时他承认大气压力。他还介绍了温度计和湿度计[③]。

在特殊物理学的世界和宇宙部分，迈尔的学生——学习最后一年哲学的西多会僧侣托弗（Aleksander Tauffer），绘制并描述了托勒密（Ptolemy，90—168 年）、哥白尼和耶稣会士利齐奥里（Giovanni Battista Riccioli，1598—1671 年）体系[④]。利齐奥里体系与第谷·布拉赫的旧体系有关。利齐奥里设想三个行星围绕着太阳运转，但土星、木星和恒星的轨道在地球中心有其自己的中心。他分别用稀释与浓缩来描述液体和固体物质[⑤]。在讨论元素时，他把火描述为独立的基本实体[⑥]。那个时代，特殊物理学的最后一部分通常涉及今天部分生物学和心理学领域，如化石、灵魂、生物体以及生

---

① 迈尔，1722a，168^{v}。

② 迈尔，1722a，181^{r}、181^{v}、185^{v}。

③ 迈尔，1722a，166^{v}（第 443 段）、168a（第 447 段）。

④ 迈尔，1722b，12^{r}—12^{v}。

⑤ 迈尔，1722b，26^{r}，97^{r}。

⑥ 迈尔，1722b，105^{v}—197^{v}。

命力量运作的原因①。在特殊物理学中，他没有提及真空。

1723年至1724年，在卢布尔雅那作为初学生期间，刘松龄遇见了来自蒂罗尔的另一名教授斯坦科，他接替迈尔讲授物理学。斯坦科在萨格勒布讲授了三年哲学课程后，1722年至1725年间在卢布尔雅那讲授同样课程。第二年，他讲授道德神学。1722—1723学年结束时，霍勒(Holler)编写了物理学讲义。卢布尔雅那的神学生名单中没有霍勒的名字②。首先，霍勒在附录部分讨论了有关超自然、自然和人工三个问题。接下来，他讨论了罗马大学基歇尔(Athanasius Kircher)③的自然魔力说法④。他描述了几何物体，如立方体、圆锥和圆柱⑤。与原子论者(atomists)以及笛卡尔派(Cartesians)相比，他倾向于动态哲学⑥。他用两页纸描述了真空和虹吸管实验。他没有提及一些研究者的名字，而这些研究者发表了用水泵和晴雨表进行重要试验的结果⑦。最后，霍勒用神学理论总结了全书，并附了许多祈祷文⑧。

在卢布尔雅那结束见习期时，刘松龄对到中国传教非常兴奋。1723年7月12日，他在格拉茨第一次请求到中国传教，但是十年

---

① 迈尔，1722b，143ʳ，148，158ʳ。

② 写作约瑟夫·霍勒(Joseph Holler。手稿目录，卢布尔雅那国立大学图书馆，1980年，第64页；斯坦科，1723年)。在霍勒下面，写的是刘松龄于此年庆祝了20岁生日；1750年9月18日，在致英国皇家学会的一封信中，刘松龄使用了不同的笔迹，特别是字母D和P。格尔梅克(1963年)没有提到1723年的手稿。1695年，安东·哈勒(Anton Haller)在卢布尔雅那入耶稣会中学。1736年、1737年和1738年，刘松龄的弟弟劳伦斯·西格蒙德·克萨韦尔·哈勒施泰因(1720年出生)也在那里学习。卢布尔雅那修院再没有学生与他名字相似了，1723年人数超过100的入学学生中也没有他(切尔尼维策等，1999年，第178、180、239页)。

③ 基歇尔，1601年5月2日出生于德国盖萨，1618年于帕德博恩(Paderborn)入耶稣会，1680年在意大利罗马去世。

④ 斯坦科，1723年，15ʳ—16ᵛ。

⑤ 斯坦科，1723年，27ᵛ。

⑥ 斯坦科，1723，29ʳ。

⑦ 问题九(斯坦科，1723年，150ᵛ—152ʳ)。

⑧ 斯坦科，1723年，154ʳ—172ᵛ。

后他的请求才被批准[1]。刘松龄的传教兴趣更为浓厚是因为其叔叔伊诺森西·沃尔贝克·安东·弗兰克·埃伯格于1726年后在巴拉圭传教，并于1738年成为乌拉圭圣·路德维希(Saint Ludwig)修会的会长。1727年，伊诺森西·沃尔贝克·安东·弗兰克·埃伯格绘制了巴拉圭地图，如同日后侄儿刘松龄绘制了澳门和中国木兰地区地图那样。伊诺森西·沃尔贝克·安东·弗兰克·埃伯格的传教工作被写进了斯洛文尼亚的小说中[2]。

1723—1724学年，刘松龄在莱奥本与学生复习了耶稣会中学教育体系的经文。第二年，他在克拉根福高级中学的低年级文法班授课。1726—1727学年，他在维也纳高级中学的低年级讲课。同时，他帮助学生复习演讲。刘松龄可能在维也纳和格拉茨已经学过天文学和数学，1723年7月他写信要求从事传教工作时就住在那里[3]。1727—1728学年，刘松龄作为修会长上、圣会首领和修辞学教授回到卢布尔雅那。那时，他的亲戚安东·哈勒施泰因(Anton Hallerstein)[4]在卢布尔雅那高级中学的低年级授课，斯坦纳以前的学生瓦尔瓦瑟(Jošef Valvasor)[5]讲授物理。1741年9月27日至1744年12月8日间，瓦尔瓦瑟担任卢布尔雅那修院院长。1727—1728学年，卢布尔雅那有21位高级学教授、16位初级学教授。所有高级学教授都是神父，包括两位哈勒施泰因在内的5位

---

① 什米特克，1993年，第29页；斯多尔，1855年，第120页。

② 扬查尔，2000年；什米特克，1995年，第154页。

③《斯洛文尼亚传记词典》，1925—1932年，第1册第290页；什米特克，1993年，第29页。

④ 安东·哈勒施泰因(1704年2月1日出生于克拉根福；1720年10月14日在维也纳入耶稣会；1773年去世)的简历如下：1721—1722年，维也纳，初学生；1723—1725年，格拉茨，研究哲学；1726—1728年，卢布尔雅那，讲授语法；1729年，莱奥本，讲授人文学科，担任当地教会首领；1730年，格拉茨，学习神学；1761年，林茨，担任修院院长；1762—1765年，帕绍，教区长；1766—1773年，克拉根福，担任修院院长、图书馆员、忏悔师(卢卡奇，1987年，第501页)。

⑤ 瓦尔瓦瑟，1695年5月17日出生于卢布尔雅那；1713年10月28日在维也纳入耶稣会；1758年5月27日在洛雷托(Loreto)去世。

初级学教授都是修会长上，另10位教授是助理(*domestica adiutor*，*coadiutor* 辅理主教)。登记在册的学生有500名，其中10位伯爵，12位男爵，15位低等贵族。那一年，里奇坦博格(Joseph Lichtenberg)伯爵就逻辑学进行了公开答辩[①]。

1728—1729学年以及1729—1730学年，刘松龄在格拉茨研究神学。最后一年，他和亲戚安东在一起。安东在尤登堡进行灵修，最终成为蒂米什瓦拉耶稣会修院的院长[②]。1718年7月21日，佩斯(Lorenz Pez)出任蒂米什瓦拉耶稣会修院的第一位院长。1727年5月16日，在刘松龄到来前不久，蒂米什瓦拉的耶稣会士创办了有3个班的高等学院。在离蒂米什瓦拉东南250公里、位于特兰西瓦尼亚(Transylvania)的克卢日(Cluj)耶稣会修院，卡尔尼奥拉人布雷克费尔德(Franc von Breckerfeld)在1734年之后负责天文观测站，他出版了几本关于天文和计时器方面的著述[③]。

---

① 史学年刊，第42、55、60、61页。

② 1773年，蒂米什瓦拉的耶稣会士也有教区住所。

③ 布雷克费尔德(1681年2月17日出生于卢布尔雅那；1697年入耶稣会；1744年10月29日在克卢日去世)的简历如下：1698—1699年，卢布尔雅那，初学生；1700—1703年，维也纳，复习人文课程、研究哲学；1704年，格拉茨，复习数学课程；1705年，萨格勒布，讲授语法、担任图书馆馆长；1706—1707年，卢布尔雅那，讲授语法和人文课程、担任图书馆馆长；1714年—1717年，萨格勒布，哲学系教授、图书馆馆长、历史学家；1721—1722年，特尔纳瓦(Trnava)，数学教授、历史学家；1723年，科希策(Košice)，数学教授；1724—1725年，格拉茨，数学教授、忏悔神师；1728—1733年，科希策，数学教授；1734—1744年，克卢日，省长、皇家天文台的天文学家(格拉希利，1998年，第108页；斯多尔，1855年，第280页；索默尔沃热尔，第6册第1192—1193页；卢卡奇，1988年，第1281页)。

3 赴东方的行程

刘松龄所处的时代，卡尔尼奥拉人对外面的世界已经有所了解，荷博斯坦（Herberstein）那些关于俄罗斯版图的描述仍在使用。1678年秋，书商迈尔（Mayr）为卢布尔雅那市民带来许多介绍外国的新书籍。

作者	书名	地区	篇幅	开本
舍费尔（J. Scheffer）	拉波尼及拉波尼族概要	拉普兰	89页	4
舍费尔	拉普兰介绍	拉普兰	118页	4
弗朗索瓦·卡龙（François Caron）	日本、暹罗和朝鲜介绍	远东地区	109页	8
乔治·克里斯托夫·冯·诺伊奇（Georg Christoph von Neutzschitz）	欧洲、亚洲和非洲的七年惊险历程	旧世界	115页	8
约翰·威廉·安蒙（Johann Wilhelm Ammon）；威廉·塞林（Wilhelm Serlin）	英格兰王国变形的幸福	英国	115页	3
	意大利全境速览	意大利	117页	12
	万国趣史漫谈		117页	12
	尼德兰和荷兰旅行指南大全	荷兰	119页	12
亚当·文纳（Adam Wenner）	土耳其概观	奥斯曼帝国	120页	4

续 表

作者	书名	地区	篇幅	开本
蔡勒(Zeilers)	日耳曼旅行指南(德文)	德意志	120页	8
蔡勒	加利亚旅行指南(德文)	法国	120页	8

迈尔展示了几本地图集，其中有瓦尔瓦瑟的同伴明斯特(Sebastian Münster)[①]的《宇宙志》。《宇宙志》中有一张中国地图。因此，刘松龄在家乡时就获得了一些自己将度过余生的那片土地的零碎资料。

刘松龄在蒂米什瓦拉等待长上对自己于1727年10月8日送往维也纳的、到海外传教申请的答复。长上同意了他的请求。1735年9月，刘松龄前往里雅斯特。1735年9月26日，波尼巴里迪(Udalrik Bonbardi)给他一封信，让其转交在里雅斯特的传教士博纳尼(Jožef Bonani)[②]。1725—1726学年，波尼巴里迪担任雷卡修院院长。1731—1734学年，波尼巴里迪任哲学教授[③]。在波希米亚音乐家魏继晋(Florian Josef Bahr)[④]和维也纳耶稣会士南怀仁(Gottfried-Xavier Laimbeckhoven)[⑤]的陪同下，刘松龄从里雅斯特乘船航行至热那亚(Genoa)。南怀仁后来成为南京教区主教。

1735年10月30日，刘松龄和南怀仁搭乘英国潘娜洛普号(Penelope)商船，从热那亚航行至里斯本。17名乘客中有一位是

① 明斯特，1489年出生于美因茨和宾根间莱茵平原的尼德·英格尔荷(Nieder Ingelhem)，1552年在巴塞尔去世(杜勒，2002年，第121页)。

② 什米特克，1995年，第94、133页。

③ 瓦尼诺，1987年，第219页。

④ 魏继晋，1706年出生于法耳肯堡(Falkwnberg)，1726年在波希米亚教区入耶稣会，1771年在北京去世(科拉切克，1999年，第300页)。

⑤ 南怀仁，1702年1月9日出生于维也纳，1722年1月27日入耶稣会，1787年5月22日在中国苏州附近的汤家巷去世(斯多尔，1855年，第201页；什米特克，1992年，第226页)。

方济各会士[①]。整个行程中,刘松龄一直晕船[②]。

1735 年 11 月 16 日,刮起了大风。突然,两道强光刺破黑暗,一道打在船尾,另一道打在船头。光落了下来,在绳子上熠熠发亮。水手们看到后开始大喊:"圣埃尔莫,圣埃尔莫!"他们向惊魂未定的乘客解释说这非但不意味着危险,反而预示更好的天气。他们观察了短短三分钟内光发生的变化[③]。

大家对圣埃尔莫(Saint Elmo)[④]之火并不完全陌生。水手们把它和圣伊拉斯谟(Saint Erasmus)联系在一起,但是后来圣伊拉斯谟的名字不知怎的拼写得有些不同了。1602 年,本笃会修士因佩拉蒂(Pietro Imperati)在杜伊诺(Duino)附近注意到这个现象。1754 年,比安契尼(Giovani Fortunato Bianchini, 1719—1779 年)报道说,意大利人了解圣埃尔莫之火这个现象及其成因。耶稣会士马考(Paul von Kerek-Gede Mako)[⑤]在一本书中描述了此现象,该书于 1775 年在卢布尔雅那以德文出版。所有研究者都认为,圣埃尔莫之火是由地球表面电荷引发的放电现象。

1735 年 11 月 18 日,刘松龄和同伴抵达里斯本。刘松龄和南怀仁在船上休息了一天半,然后才去了圣安东修院自己的房间。一个月后,1735 年 12 月 21 日,南怀仁在一封信中描述了他们行程中所发生的各种事情[⑥]。

在里斯本,他们读到一封戴进贤(Ignatius Kögler)[⑦]于 1734 年

---

① 南怀仁,1740 年,第 7 页。

② 南怀仁,1740 年,第 9 页。

③ 南怀仁,1740 年,第 25 页。

④ 亦写作圣埃尔穆、海姆、海伦(马考,1775 年,第 93 页;比安契尼,1754 年)。

⑤ 马考(1721—1793 年)。

⑥ 南怀仁,1740 年,第 28、47 页。

⑦ 戴进贤,字嘉宾。1680 年 5 月 11 日出生于上德意志巴伐利亚邦的兰次堡-阿姆-利奇(Landsberg-am-Leich); 1696 年 10 月 4 日在兰次堡入耶稣会;1746 年 3 月 29 日或 30 日在北京去世(荣振华,1973 年,第 136—137 页;费赖之,1934 年,第 643 页;德日曼,1881 年,第 11、14 页;蒙蒂克拉,1799 年,第 2 册第 471 页;科拉切克,1999 年,第 24 页)。

11 月 15 日从北京寄出、由南京出发的船只带来的信件[①]。里斯本的一位数学教授告诉刘松龄说斋浦尔(Jaipur)的君王贾伊·辛格二世(Jai Singh II, 1686—1743 年)向他们发出了邀请。贾伊·辛格是印度莫卧儿王国的一个君主,他想聘请一名精通数学和天文学的传教士。贾伊·辛格在北印度刚建成几个大型天文观测站,它们分别位于德里(Delhi,1725 年)、斋浦尔(1725 年)、希布拉(Shipra)河上的乌贾因(Ujjainu)以及贝拿勒斯(Benares)[今天的瓦拉那西(Varanasi)]。尽管自己是印度人,而且这些工作是印度人自己做的,但是贾伊·辛格完全墨守穆斯林阿拉伯天文学的成规,并把自己看作是具有穆斯林阿拉伯血统的兀鲁伯(Ulugh Beg)[②]后裔。他使用的是托勒密、弗拉姆斯提德(John Flamsteed, 1646—1719 年)和拉·伊尔(Philippe de la Hire, 1640—1718 年)的著述[③]。

在一封给罗马耶稣会总长的信中,来自那不勒斯的葡萄牙宫廷天文学家卡波内(Giovanni Baptista Carbone)建议贾伊·辛格聘请刘松龄或南怀仁,或者两位都聘请。那时,南怀仁仍对天文学和博物学感兴趣。耶稣会士卡波内教刘松龄和南怀仁观察恒星,并把数学书和仪器借给他们。

考虑到印度的邀请,刘松龄在坦比尼(Francesco Tambini)的帮助下作出了决定。坦比尼是一位来自西西里省的传教士,已经在印度马德里王国工作了十四年,同时他是印度群岛的总会长[④]。稍晚一点的传教士德斯特尼艾提(Destinati)在葡萄牙科英布拉(Coimbra)耶稣会艺术学院教书。坎普斯(Emanuel de Campus)是数学系教授,卡波内是里斯本圣安东修院天文学系教授。卡波内对国王若昂五世(Joao V, 1689—1750 年)的影响很大。耶稣会士

① 南怀仁,1740 年,第 49 页。

② 兀鲁伯,1393 年出生于波斯的苏丹尼耶(Soltaniyeh),1449 年 10 月 27 日在撒马尔罕(Samarkand)去世。

③ 李约瑟、王铃,1959 年,第 3 卷第 300 页。

④ 南怀仁,1740 年,第 6 页。

管理的是埃武拉(évora)大学,而不是科英布拉大学[①]。在科英布拉大学,他们仍保存了中国皇帝赠给若昂五世的十二公斤重的磁铁石[②]。

那时,中国已经禁教,因此刘松龄偏向于贾伊·辛格的邀请。在等待罗马回复的日子里,刘松龄在里斯本学习天文学和葡萄牙语。他住在为前往"印度"的人准备的房子里。他立誓大部分时间将在教会、修院和饭厅度过,不喝葡萄酒以及注意自己的形象。在耶稣会士书籍中,他找到一本索萨(Sousa, 1590—1649 年)关于葡萄牙在亚洲殖民地的西班牙语书。空闲时间,他复制了书中一些在东亚靠近中国边境的葡萄牙城堡的图片。在寄往副省的信中,他夹了一些用于装饰维也纳修院院长图勒讷尔数学橱柜的图片。因此,在刘松龄去中国的途中,图勒讷尔对其也有一定影响[③]。1731 年,索萨与曾德昭(Alvaro Semedo, 1585—1658 年)合著的、关于中国耶稣会士的书在里斯本出版了。后来的版本中包含了对鞑靼战争的描述,这点在传教士卫匡国(Martino Martini)[④]的书中也提及了。

刘松龄没有被批准去印度,因此他又于 1736 年 4 月开始准备去中国,尽管卡波内并不支持他的这一打算。刘松龄和南怀仁拜访了葡萄牙王后玛丽亚·安娜(Maria Ana)[⑤]。王后赠给他俩各 250 枚葡萄牙银币、一只纯金鞋子、一架小手风琴和为北京圣若瑟驻所准备的一只装在玻璃球里的表[⑥]。玛丽亚·安娜是哈布斯堡

---

① 德日曼,1881 年,第 5 页;刘松龄,1735 年,斯洛文尼亚共和国档案馆,卷宗 730,多尔庄园,第 194 分卷,第 810 页;南怀仁,1740 年,第 57 页。

② 马丁斯、菲奥海斯,2003 年,第 156 页。

③ 刘松龄,1735 年,斯洛文尼亚共和国档案馆,卷宗 730,多尔庄园,第 194 分卷,第 816 页;凯勒,1755 年。刘松龄写图勒讷尔(Thullner)的姓时只写了一个"l"。

④ 卫匡国,字济泰,1614 年出生于意属提罗耳首府特兰托城;1632 年 10 月 8 日在罗马入耶稣会;1661 年 6 月 6 日在杭州去世(科拉切克,1999 年,第 17 页)。1637 年,卫匡国来华,1650 年因为中国的礼仪问题返回欧洲。

⑤ 奥地利的玛丽亚·安娜,1683 年出生;1754 年 8 月 14 日去世。

⑥ 刘松龄,1781 年,第 29 页;德日曼,1881 年,第 5 页。

皇帝利奥波德一世(Leopold I, 1640—1705年)的女儿、国王若昂五世的妻子以及国王约瑟夫一世(D. José I, 1714—1777年)的母亲。刘松龄出发前往北京后,她一直与他保持通信联系。在王后的宫殿上,刘松龄和南怀仁遇见了卡尔尼奥拉人卡雷尔·格林菲斯(Karel Gallenfels)[①]。1706年至1708年,卡雷尔·格林菲斯在卢布尔雅那讲授逻辑学、物理学和纯粹哲学(形而上学)。后来,他去了里斯本。直至去世前,他一直担任女王的告解神父。他接替的是去世了的施蒂夫(Anton Stief)和斯宾德勒(Jožef Spindler)[②]。施蒂夫在女王1708年从维也纳到里斯本的行程中曾全程陪同[③],斯宾德勒则是卢布尔雅那修院院长。1721年,卡雷尔·格林菲斯公布了耶稣会传教士纪理安(Kilian Stumpf)[④]去世的消息,那时刘松龄在卢布尔雅那学习,自然读到了讣告。纪理安在维尔坎堡(Würzburg)跟卡斯帕·肖特(Kaspar Schott)[⑤]的继任者学习哲学和博物学,1695年,皇帝下诏让纪理安从广州北上进京。两年后,纪理安在中国建立了第一座玻璃制造厂。1710年,他任在京葡萄牙修院院长;1714年至1718年,任远东视察员;1711年至1719年,负责治理历法。1720年,戴进贤负责治理历法,并任钦天监监正,再后来刘松龄任监正。随着纪理安那些信件的发表,卡雷尔·格林菲斯对松龄到中国传教的兴趣产生了影响。1743年11月1日,刘松龄开始从北京写信给卡雷尔·格林菲斯[⑥]。

---

① 卡雷尔·格林菲斯,1673年1月6日出生于布莱德(Bled);1689年10月22日在卢布尔雅那入耶稣会;1741年9月18日在里斯本去世。

② 斯宾德勒,1674年3月3日出生;1689年10月12日在维也纳入耶稣会;1730年6月21日在格拉茨去世(科瓦契奇,1998年,第56、60页)。

③ 罗德里斯格,1990年,第42页。

④ 纪理安,字云风,1655年9月13日出生于维尔茨堡(Würzburg);1673年7月17日在美因茨(Mayence)入耶稣会;1720年7月24日在北京去世(荣振华,1973年,第261—262页)。

⑤ 卡斯帕·肖特,1608年出生于维尔茨堡附近的柯尼斯霍芬(Königshofen);1627年在维尔茨堡入耶稣会;1666年在维尔茨堡去世。

⑥ 什米特克,1995年,第89、130页。

卡雷尔·格林菲斯的弟弟佛兰克·格内伍因·格林菲斯(Franc Genuin Gallenfels，1680年2月1日出生于布莱德)男爵是葡萄牙在印度几个要塞的司令官①。他们的另一个兄弟格奥尔格·安德烈·格林菲斯(Georg Andreas Gallenfels)②是斯蒂纳男修道院院长，已经去世了。他们的父亲约翰·安德烈(Johan Andreas)是布莱德的总督③。刘松龄与卡雷尔·格林菲斯的侄子弗兰克·格林菲斯(Franc Gallenfels)④非常熟悉。刘松龄离开后，1728—1729学年，弗兰克在卢布尔雅那已经讲授哲学和物理学了。

1736年4月24日，刘松龄和南怀仁登上了阿勒康特尔(Alkantar)的圣彼得号，第二天出发前往果阿(Goa)。八名葡萄牙籍耶稣会士与他们同行，分别为：阿尔讷乌特(Custodo Arnaut)神父、何塞·佩雷拉(José Pereira)神父、菲利波·德·马塞多(Filipo de Macedo)、曼努埃尔·苏亚雷斯(Manuel Soares)、何塞·平托(José Pinto)、康斯坦丁·德·阿马拉尔(Constantino de Amaral)、若·佩雷拉(Joao Pereira)和迦尔范(Verissimo de Carvalho)诸位修士。在搭载葡萄牙船只前往远东的耶稣会士中，刘松龄是第一千八百三十七位⑤。

在航行过程中，南怀仁和刘松龄使用了航海象限仪，并运用三角学的方法计算纬度。他们使用的是法国和德国制造的4英尺高、8根线宽的仪器，参照的是德卡尔(Claude François Millet Dechales)、福涅尔(Fournier)以及为国王制造数学器械的工程师比

① 什米特克，第70—71、96页；斯洛文尼亚共和国档案馆“手稿部分”，I/36r(1707年1月1日—1711年12月31日)，763/3；卢卡奇，1987年，第1册第389页；斯多尔，1855年，第94页；索默尔沃热尔，第3册第1121页。

② 格奥尔格·安德烈·格林菲斯(安东修士)，1654年出生于布莱德，1719年去世于斯提奇那(帕斯科莱蒂，1998年，第69页)。

③ 德日曼，1881年，第4册第6页。

④ 弗兰克·格林菲斯，1696年1月25日出生于布莱德；1711年10月27日在卢布尔雅那入耶稣会；1733年6月4日在卢布尔雅那去世。

⑤ 威基，1969年，第326页。

昂(Nikolas Bion，1652—1735 年)所写的书[①]。1664 年，德卡尔运用混合数学对欧几里得(Euclid)几何学进行了解释。德卡尔的书出版了四年之后，卢布尔雅那的耶稣会士购买了此书，并视其为自己拥有的第一本数学书。刘松龄在学生期间曾使用过该书。卢布尔雅那的奥古斯丁修士们藏有福涅尔的袖珍版《地理学》(1649年)，4×7 厘米大小，共 651 页，福涅尔描述欧洲时也描述了土耳其和鞑靼的部分地区。在一张单页上，他把卡尔尼奥拉描述成"on the Upper Sau"[②]。1628 年至 1644 年间，福涅尔在拉弗勒希(La Flèche)、迪耶普(Diepe)和埃斯丹(Hesdin)的耶稣会修院讲授数学。1654 年，他出版了有关防御工事的小册子[③]。

普瑞森(Mathias Presheren)购买了比昂的《数学仪器手册》德文本。该书于 1713 年和 1717 年两次出版，1728 年在卢布尔雅那出版。那时，刘松龄在卢布尔雅那的耶稣会修院任教。比昂描述并图示的一些仪器后来刘松龄也用过，如较古老的拉·伊尔式样的测微器[④]和天文象限仪[⑤]，其中测微器作了专门调整以用于观测水星凌日的路径[⑥]。比昂介绍了船上所使用的仪器：罗盘、测量恒星视位置的仪器、象限仪和地图[⑦]。表盘上的刻度对预测日食、月食非常有用[⑧]，那时欧洲在准确预测日食、月食方面比中国先进。在后来的版本中，比昂增加了光学和流体静力学仪器的图示和描述：如拉·伊尔和荷兰人哈尔措克(Nicholas Hartsoeker，1656—1725 年)制作的水平衡、成像暗箱、显微镜和神奇的投影术[⑨]。中

---

① 南怀仁，1740 年，第 71 页。德卡尔，1621 年出生于里昂以东 100 公里的沙贝里(Chambéry)；1636 年入耶稣会；1678 年 3 月 28 日在都灵去世。

② 福涅尔，1649 年，第 650、590—591 页。

③ 莫迪凯，2003 年，第 34 页；鲍德温，2003 年，第 325 页。

④ 刘松龄，1774 年评论，第 157 页。

⑤ 比昂，1713 年，第 208 页。

⑥ 比昂，1713 年，第 231—232、260—261 页(表 18，图 1)。

⑦ 比昂，1713 年，第 261—288 页。

⑧ 比昂，1713 年，第 253—260、260—261 页(表 18，图 5)。

⑨ 比昂，1713 年，第 18、23、36、45、47 页。

国人在公元前3世纪发明了这种投影。他们用它在白色屏幕上投影，让细小的物体放大，这可以称为现代电影的远祖。卫匡国从中国返回欧洲后，1654年，他在鲁汶(Louvain)[①]讲演时就使用了这种奇妙的投影。18世纪中期，传教士麦伽伦(Gabriel de Magalhaens)神父向欧洲人介绍了这种神奇的投影[②]。1755年，卢布尔雅那耶稣会士购买了这种投影。

南怀仁和刘松龄利用大海反射的光线来测量太阳的视高度角和视差，测得太阳高度角为15°49′和16°24′，估计的误差为1′。他们运用了沃尔夫(Christian Wolff)[③]和德卡尔的三角测量法，这种测量方法在几年后使博斯科维奇名声大振[④]。刘松龄和南怀仁根据刊载于评论上的一份物理学和植物学观察的法文手册，使用了较大的航海罗盘针来测量赤纬角。他们用罗盘来测量北极星的位置，使用史蒂夫·列伊塔(Stevel-Leutha)的仪器来测量太阳的视高度角。

在一个晴朗的日子，他们到达了好望角。一个世纪以前，荷兰总督里贝克(Jan van Riebeeck)在这里观测到了彗星，并第一个公布了观测结果。1685年，塔查尔(Guy Tachard)[⑤]和同伴在去暹罗(Siam)的途中曾于好望角停留，在那里建立了第一个临时天文台。1707年，德国人科尔贝(Pieter Kolbe，1675—1726年)在那里曾作过一些观测。刘松龄经过这儿后，1750年至1754年间，拉卡伊

---

① 鲁汶在布鲁塞尔东面30公里。

② 坦普尔，1991年，第87—88页。葡萄牙人麦伽伦(1722年出生；耶稣会士；1790年去世)1756年之后在巴黎进行了观测、1764年之后在伦敦进行了观测。1765年，麦伽伦向英国皇家学会展示他发明的由晴雨表和医药温度计组成的"aerostathmion"(伯努利，1771年，第88页；梅德勒，1872年，第529页；马丁斯、菲奥海斯，2003年，第154页)。这位麦伽伦不是来华传教士安文思[Gabriel de Magalhaens，字景明，1610年出生于葡萄牙的佩特罗加斯(Pedragao)；1625年在葡萄牙入耶稣会；1677年5月6日在北京去世](科拉切克，1999年，第17页)。

③ 沃尔夫，1679年出生于波兰弗罗茨瓦夫(Breslau)，1754年去世。

④ 南怀仁，1740年，第70—75页。

⑤ 塔查尔，1648年出生于马勒松(Marthion)；1668年9月20日在波尔多入耶稣会；1712年10月21日在孟加拉传教区的尚德纳戈尔(Chandernagor)去世(荣振华，1973年，第263页)。

(Abbé Nicolas Louis de Lacaille)[①]率领探险队来到好望角。他在那里测量了子午线、描述了南半球的10000颗恒星、准确地测量了太阳和月亮的视差大小,并测算了地球和月球之间的距离。他们精准地测量出月球的视差为57′05″、太阳的为9.5″,这与之前G. D.卡西尼(Giovani Domenico Cassini, 1625—1712年)在巴黎测算的结果一致[②]。1761年,拉卡伊观测到金星凌日的路径。1763年,拉卡伊刚去世,南半球恒星目录册就出版了。刘松龄和南怀仁在好望角重复进行了塔查尔的地理和天文观测[③]。

1736年10月29日,刘松龄和其他乘客一道驶入莫桑比克海湾等待更好的天气以继续其航程。莫桑比克有一个耶稣会修院,但是只有院长住在那里。南怀仁把莫桑比克岛屿和建筑的精美分布图寄给了欧洲[④]。1737年8月16日,在英国天主教徒坦普斯特(Tempest)的率领下,他们搭乘"欧洲号"继续前行。同行的耶稣会士中还有诺伊格鲍尔(Chrysostom Joseph Neugebauer, 1706—1759年)和后来很早就去世的波希米亚修士斯拉门斯基(Carolus Slamenski)。斯拉门斯基最初在特兰西瓦尼亚地区的修道会中服务,稍后去了但泽(Danzig)(格但斯克,Gdansk),最终从那里乘船到达阿姆斯特丹(Amsterdam)和里斯本。在北京,斯拉门斯基接替了医生谢贝尔(Johann Siebert)[⑤]的工作。

1737年9月19日,他们抵达果阿附近的阿瓜达(Aguada)。在果阿,刘松龄试图找到一块被称作"ariquirize"的宝石。弟弟维切特在1736年曾告诉他在日本列岛附近发现这种宝石。但是没有人

① 拉卡伊,1713年出生于吕米尼(Rumigny),1762年在巴黎去世。1741年是巴黎科学院会员。

② 舍瓦尔利奇,1986年,第46页。视差在太阳系是半角。半角的上端在物体上,下端在地球赤道两端之间。太阳视差是观测者同时从太阳上能够看到的角度,是地球的半径。至于恒星的视差,其下端是地球的轨道直径。

③ 南怀仁,1740年,第86—87、89、107、131页。

④ 南怀仁,1740年,第264—265页。

⑤ 谢贝尔,1706年出生于波希米亚,1762年前在北京去世(夏伯嘉,2006年,第33页)。

听说过这种宝石[①]。

南怀仁记述了被祝圣的意大利神父鲁道夫·阿夸伊瓦(Rudolf Aquaviva, 1550—1583 年,耶稣会士),他是第五任耶稣会总长克劳迪·阿夸伊瓦(Claudio Aquaviva, 1543 年出生;1567 年入耶稣会;1615 年去世)的侄子。鲁道夫·阿夸伊瓦是果阿南部 Salsett 地区的长上,他在访问一个传教区时被杀死了[②]。

1735 年,雍正去世后,其 24 岁的儿子乾隆继位。乾隆对耶稣会士显得更宽容一些。1738 年 5 月 11 日,刘松龄带领十一位耶稣会士搭乘葡萄牙商船前往澳门。除三位葡萄牙耶稣会士外,其他耶稣会士有:南怀仁、鲍友管(Anton Gogeisl)[③]、魏继晋、诺伊鲍格尔、文泽尔·帕列切克(Venceslav Palaczek)、波希米亚人谢贝尔和后来任卢布尔雅那教授的卡布里埃尔·格鲁伯(Gabriel Gruber)的一位亲戚约翰·格鲁伯(Johann Gruber)。帕列切克和约翰·格鲁伯不得不去了日本传教区,其他人则前往中国[④]。准备工作做了整整五天。航行中,刘松龄和南怀仁在正午利用恒星赤纬和视高度角来计算他们的路程。他们用象限仪当然也用肉眼进行观测[⑤]。南怀仁还记述了具有历史意义的自然观察:血液颜色的变化和把自己埋进沙子里的海龟[⑥]。一个世纪后,罗伯特·迈耶(Robert Mayer, 1814—1878 年)在赤道附近用静脉血液颜色的变化证明了能量守恒定律。

1738 年 6 月 29 日,他们在离葡萄牙统治的马六甲(Malacca)港口一英里处、一个与马六甲名字相似的半岛停了下来。这群耶

---

① 德日曼,1881 年,第 6、7 页;什米特克,1995 年,第 113 页;刘松龄,来自威尔特-博特的德日曼信件手写本,第 822 页。

② 南怀仁,1740 年,第 363 页。

③ 鲍友管,1701 年 10 月 30 日出生于巴伐利亚的锡根堡城(Siegenburg);1720 年 9 月 13 日在上德意志教区入耶稣会;1738 年抵达中国;1771 年 10 月 12 日在北京去世(荣振华,1973 年,第 110—111 页)。

④ 南怀仁,1740 年,第 369 页;科拉切克,1999 年,第 65 页。

⑤ 南怀仁,1740 年,第 377—378 页。

⑥ 南怀仁,1740 年,第 161、274、388 页。

稣会士中只有刘松龄留在了这个要塞。1738年8月4日，他搭乘一艘法国船只前往中国。1738年8月28日，他们在葡萄牙人占据的中国澳门附近停了下来。1738年9月1日，刘松龄在广州登陆，三天后到达在广州南面100公里的澳门。1738年底，应两广总督之请，刘松龄绘制了一幅澳门城镇与街坊分布图。为便于总督使用，次年在法国印制了该地图。诺伊格鲍尔为葡萄牙国王复制了一份①。

1738年12月4日，南怀仁高兴地从澳门汇报了刘松龄奉旨进京的消息。南怀仁想进行传教工作。他知道刘松龄在科学方面超过了自己，而以刘松龄的数学才能极有可能劝化中国皇帝皈依天主教。在中国，“他们特别重视修订历法、计算月食和日食发生的准确时间和离木星最近的卫星”②。1739年10月10日，南怀仁就中国医术作了汇报。1739年12月3日，他写回欧洲的信中述及在澳门仔细观测月食的一些必要方法③。

---

① 德日曼，1881年，第9页。
② 南怀仁，1740年，第424、426、430页。
③ 斯多尔，1855年，第201页；德日曼，1881年，第4页。

4　北京的数学科学

4.1　刘松龄的前辈

作为一位未来的传教士，刘松龄对在京耶稣会前辈科学家的成就如数家珍。1743 年，他报告了意大利耶稣会士利玛窦（Matteo Ricci）①的成就。1577 年前，利玛窦在罗马修院追随克拉维乌斯（Christopher Clavius，1537—1612 年）学习。1577 年至 1582 年，利玛窦在印度传教。根据刘松龄的记述，万历朝时利玛窦于 1601 年进京，开始了耶稣会的传教使命。在利玛窦之前，北京钦天监由回回人掌管，他们依据阿拉伯数表计算历法。回回人掌管天文机构开始于 1268 年，他们用的是中国人并不太了解的测量法。在稍低的部门，官吏负责观测天象②。

利玛窦把欧几里得《几何原本》的前六卷、克拉维乌斯的论文及论著的节选本翻译成了中文。1607 年，他用中文出版了《测量法义》③。耶稣会士把等数符号以及代数的其他要素等相对先进的欧洲成就引入了中国④。

---

① 利玛窦，字西泰，1552 年 10 月 6 日出生于马切拉塔（Macerata）；1571 年在罗马人耶稣会；1610 年 5 月 11 日在北京去世（荣振华，1973 年，第 219 页）。刘松龄，1781 年，第 5 页；达迪奇，1982 年，第 1 册第 200 页。

② 蒙蒂克拉，1799 年，第 2 册第 474 页；哈夫，1995 年，第 241 页。

③ 李约瑟、王铃，1959 年，第 3 卷第 110 页。

④ 李约瑟、王铃，1959 年，第 3 卷第 114 页。

除利玛窦外，刘松龄还介绍了建筑师汤若望（Johann Adam Schall）[①]的成就。汤若望在罗马修院跟随接任克拉维乌斯的波西米亚德国人克里斯托夫·格林伯格（Christoph Grienberger，1564—1636年）学习数学。1618年，汤若望抵达澳门。因为旧的《大统历》推算1630年的日食时发生偏差，崇祯皇帝令汤若望继续修订旧历法。汤若望邀请耶稣会士罗雅谷（Giacomo Rho）[②]接替去世的邓玉函（Johann Schreck Terrentius）[③]协助其治理历法。

汤若望和罗雅谷得以参与修订历法是由于中国天主教徒徐光启[④]的大力举荐。徐光启曾于1604年至1607年间与利玛窦交往密切。汤若望还研究了地震[⑤]。1640年，他制造了一个带指南针的便携式日晷[⑥]。日晷是耶稣会士的主要研究领域之一，而后来罗马的基歇尔尤其精于此道。

汤若望在中国生活了四十七年。他和同伴一共写了150本中文天文学书籍，内容包括日月食、望远镜、宇宙天体的阴影、测量法和历法。汤若望修订了历法和历表中的错误。1644年，当新的满清王朝执政时，汤若望掌管钦天监事务，因此延续了邓玉函以前的工作。汤若望还是满清入关后第一位皇帝顺治的老师[⑦]。1651年，顺治尽管尚未成年，但他在摄政王死后执掌国家大权。1658

---

① 汤若望，字道未，1592年5月1日出生于科伦；1611年10月21日在罗马入耶稣会；1666年8月15日在北京去世（荣振华，1973年，第241页）。

② 罗雅谷，1592年1月29日出生于帕维亚（Pavia）；1614年8月24日在阿罗纳（Arona）入耶稣会；1638年在北京去世（荣振华，1973年，第215页）。罗雅谷于1617年乘船前往中国。

③ 邓玉函，字涵璞，1576年出生于巴德大公国的康斯坦茨城（Konstanca）；1618年4月17日在卡洛斯（Carlos）入耶稣会；1630年5月11日在北京去世（荣振华，1973年，第242页）。邓玉函于1618年抵达北京。

④ 徐光启（徐保禄），1562年出生于上海，1633年去世。在王重民的《徐光启集》（1963年，第31页）中，徐光启于1630年去世。

⑤ 刘松龄，1781年，第5页。

⑥ 李约瑟、王铃，1959年，第3卷第312页。

⑦ 蒙蒂克拉，1799年，第2册第469—470页。不同的资料见于李约瑟、王铃，1959年，第3卷第444—445页。

年，汤若望受封为一品大员。但是顺治帝在三年后仅 23 岁时就去世了。继位的康熙帝不喜欢汤若望。汤若望被控推定皇族大婚的喜庆日子有误，这是大逆不道的行为。在杨光先的指控下，朝廷对汤若望进行了审问。与攻讦者相比，西洋传教士能够更准确地预测 1665 年 1 月 16 日发生的日食，因此汤若望被免于一死。汤若望在京的工作由助手南怀仁(Ferdinand Verbiest)[①]接管。1665 年 5 月 15 日，南怀仁和皇太后请求允许汤若望返回京城，第二年，汤若望在北京去世。汤若望刚去世，基歇尔就出版了其传记[②]，但是该书像许多现代史书籍那样没有运用中国记载的史料。直至 1668 年底、1669 年初，南怀仁计算了星体位置、预测了正午日影所至，以此证明了西洋天文学的优越性后，耶稣会士才走出困境。

利玛窦在京的耶稣会同伴金尼阁(Niklaas Trigault)[③]曾经携带七千余部欧洲印制的书籍入华，其中有德国科学家阿格里科拉(Georgius Agricola，1494—1555 年)所著的《论矿冶》(*De re metallica*)(《坤舆格致》——译者注)。崇祯初年，汤若望偕同众人在 1638 年至 1640 年间把它翻译成了中文。崇祯帝希望把它作为国家采矿的参考。但是，户部尚书倪元璐反对这个想法，他担心过度采矿会损害百姓的利益。这场争论随着 1644 年 6 月 4 日满人占领北京而告终。

刘松龄没有提到克罗地亚传教士、天文学家邬若望(Ivan Ureman)[④]。1615 年，邬若望抵达中国，大部分时间住在澳门。基

---

① 南怀仁，字敦伯，1623 年 10 月 9 日出生于布鲁日附近的皮塞姆(Pitthem)小村；1641 年 9 月 29 日在梅赫伦(Mechelen)入耶稣会；1688 年 1 月 28 日在北京去世(荣振华，1973 年，第 288—289 页)。

② 基歇尔，1667 年，第 110—112 页。

③ 金尼阁，字四表，1577 年 3 月 3 日出生于杜埃城(Douai)；1594 年 11 月 9 日在图尔奈城(Tournai)入耶稣会；1628 年 11 月 14 日在杭州去世(荣振华，1973 年，第 274 页)。

④ 邬若望，字瞻宇，1583 年 4 月 6 日出生于今克罗地亚境内的斯普利特(Split)；1600 年在罗马入耶稣会；1620 年 4 月 22 日在南京去世(荣振华，1973 年，第 277 页；达迪奇，1982 年，第 1 册第 198—201 页)。

歇尔在罗马出版了邬若望那些涉及磁偏角的书信[①]。

在刘松龄的前辈中，南怀仁亦曾担任钦天监监正。南怀仁于1658年抵达澳门，两年后赶赴京城。他用中文出版了三本神学、九本哲学和博物学方面的著述。南怀仁首先在中国使用蒸汽机驱动船舶，这比富尔顿（Robert Fulton，1765—1815年）还要早许多年。1670年，他制作了一个在大气压力巨大影响下工作的温度计，这与伽利略（Galileo）的那种有点相似。这种温度计用的是动物内脏进行观测，而中国人很早就用炭观测过[②]。中国天文学家对南怀仁不使用中国传统天文仪器而使用欧洲的十分不满。但是南怀仁离开欧洲太早，以至于他不知道G. D. 卡西尼、哈雷（Edmond Halley，1656—1742年）、弗拉姆斯提德和皮卡尔（Jean Picard，1620—1682年）的现代科学[③]。纪理安用中国古代天文仪器中的材料制造了象限仪。当中国数学史官梅谷成[④]为此指责他时，纪理安辩解说用的仅仅是一位官员带来的一件熔化了的黄铜工艺品，这一点他敢作保证[⑤]。梅谷成在数学方面很有成就，他是著名数学家梅文鼎（1633—1721年）的孙子，梅文鼎的算学书籍《历算全书》于1726年再次刊刻出版。梅谷成坚信中国传统天文学的实力，他与何国宗合作，不愿改变自己祖父的算学方法。梅谷成把天文学从占星术中分离了出来，因为天文学属于儒家范畴，而占星术不是[⑥]。1810年出版的四卷本《畴人传》中载有梅谷成的成就。《畴人传》记载的都是些伟大的天文学家和数学家，在附录部分列举了大约从1645年开始的汤若望等来华西洋天文学家的资料[⑦]。

---

① 达迪奇，1994年，第196页。

② 李约瑟、王铃，1959年，第3卷第466、470页。

③ 蒙蒂克拉，1799年，第2册第470页。皮卡尔，1620年7月21日出生于拉·弗勒希（La Fleche），1682年7月12日去世。

④ 梅谷成，1681年5月19日出生，1763年去世（王重民，1963年，第35页；席文，1965年，第202页；詹嘉玲、韩琦，2003年，第105页）。

⑤ 德日曼，1881年，第14页；李约瑟、王铃，1959年，第3卷第380、452页。

⑥ 祝平一，2003年，第196、197、200、201页。

⑦ 祝平一，2003年，第193、213页。

戴进贤和徐懋德(Andrés Pereyra)[①]也受到类似的指控,他们成功地为自己作了辩护[②]。为确保平安,戴进贤请康熙帝圣驾光临耶稣会修院,并进奉给他一瓶巴西产的烟叶,康熙帝欣然接受[③]。

4.2 刘松龄的同伴

4.2.1 葡萄牙传教士[④]

1739年3月1日,刘松龄以宫廷天文学家和数学家的身份前往北京,在那度过其三十五年余生。同行的还有魏继晋和鲍友管两位神父,他们都有天文观测方面的经验。鲍友管被任命为数学家,魏继晋被任命为乐师[⑤]。那时,北京有三十多位耶稣会神父和一些俄罗斯东正教神父。南怀仁认为1551年至1681年间中国有105位耶稣会士[⑥]。1580年至1773年间,共有920名耶稣会士来华。1701年,在华耶稣会士人数最多,达到96名,其中很多是法国耶稣会士。不过,与散布全球的22000名耶稣会士相比,这只是很小一部分。1731年至1743年间,在华法国耶稣会士人数较多。1748年至1767年间,中国籍耶稣会士人数较多,法国耶稣会士仅在1755年超过他们。18世纪中期,中国籍耶稣会士占了在华传教士的三分

① 徐懋德,字卓贤,1689年2月4日出生于波尔托(Porto)[在费赖之(1934年,第652页)和维埃加斯(1921年,第257页)的著述中,徐懋德于1690年2月4日在波尔托出生];1707年6月17日入耶稣会;1743年12月2日在北京去世。

② 斯特斯卡,1918年,第146页。

③ 刘松龄,1781年,第45页。

④ 15、16世纪是葡萄牙的全盛时代,它享有对东方的"保教权",即所有前往东亚的传教士应向葡萄牙政府登记、宣誓向葡萄牙国王效忠、搭乘葡萄牙的商船,葡萄牙政府负责提供传教经费。当时,在中国的传教事业几乎为葡萄牙所垄断。后来随着法国国力的日益强大,国王路易十四一心想削弱葡萄牙在东方的势力,遂自行派出传教士前往中国,导致双方在华传教士关系并不融洽——译者注。

⑤ 德日曼,1881年,第10页;南怀仁,1740年,第424页。

⑥ 德日曼,1881年,第1页。

之一。一般而言，耶稣会士在华平均时间为 20.5 年[①]，他们中四分之一都出生于贵族[②]。

刘松龄在 1739 年和 1740 年寄出的那些信中，描述了自己的新同伴。林济各(Franciscus Stadelin)是在京最有趣的耶稣会士之一[③]，他在瑞士和欧洲的各大城市研究了十八年的钟表。1689 年至 1700 年间，他在布雷斯劳(Breslau)(弗罗茨瓦夫 Wroclaw)、后来在布吕恩(Brünn)、利格尼茨(Liegnitz，波兰的莱格尼察)以及其他地方担任"钟表主管"。1707 年，他抵达北京。康熙帝和宫人们发现林济各的器械非常有趣。中国人喜欢察看欧洲的机械钟表，却没有视其为自己在八世纪时一项发明的改进[④]。1739 年底之前，刘松龄搬到圣若瑟教堂附近的处所，在那里他与长上陈善策(Dominic Pinheyra，1688—1748 年)、魏继晋、画师兼建筑师郎世宁(Giuseppe Castiglione)[⑤]以及来自佛罗伦萨的雕刻师兼泥水匠利博明(Andreas Moggi，1684—1761 年)住在一起。徐懋德、葡萄牙传教士高尚德(Karl de Resende，1664—1746 年)、傅作霖(Felix de Rocha)[⑥]、戴进贤、鲍友管、来自那不勒斯(Naples)的医生兼药剂师罗怀忠(Giuseppe de Costa)[⑦]、北京主教索智能(Polikarp de

① 钟鸣旦，1989 年，第 4、8、9、15 页；科拉切克，1999 年，第 114 页。

② 迪代伊，1994 年，第 30 页。

③ 刘松龄，1781 年，第 54 页；刘松龄，1737 年，斯洛文尼亚共和国档案馆，卷宗 730，多尔庄园，第 194 分卷，第 844 页。林济各，字雨苍，1658 年 1 月 18 日出生于瑞士的祖格城(Zug)；1740 年 4 月 14 日在北京去世(荣振华，1973 年，第 260 页)。

④ 坦普尔，1991 年，第 9、103—104 页。

⑤ 郎世宁(1687 年 7 月 19 日出生于米兰；1707 年 1 月 16 日在热那亚入耶稣会；1766 年 7 月 16 日在北京去世)(荣振华，1973 年，第 48—49 页)于 1715 年 12 月 22 日抵达北京(刘松龄，1781 年，第 49 页；南怀仁，1740 年，第 426 页；科拉切克，1999 年，第 27 页)。依据其他资料，郎世宁则是在 1749 年去世(斯特斯卡，1918 年，第 148 页)。

⑥ 傅作霖(1713 年出生于葡萄牙里斯本；耶稣会士；1781 年在北京去世)于 1751 年开始在钦天监效力。

⑦ 罗怀忠，1679 年出生于那不勒斯王国；在那不勒斯王国入耶稣会；1747 年在北京去世(科拉切克，1999 年，第 150—151、190 页)。

Souza)[1]、鲁仲贤(Jan Xaver Walter)[2]以及中国传教士程儒良(Julian Chim)和范·路德维希(Ludwig Fan)住在葡萄牙耶稣会住院里[3]。1743 年,罗怀忠在御医们束手无策之际,治愈了皇后的疾病[4]。

戴进贤是刘松龄科学上的良师,他承继了利玛窦的学术传教路线,用精确的数表激发了皇帝的兴趣,"所有来华传教士被称誉最多的除了天文学外就是数学了,尤其是天文计算"[5]。

1712 年至 1714 年间,戴进贤是德国英戈尔斯塔特(Ingolstadt)大学的数学教授。后来,他乘船前往中国,于 1716 年 8 月 30 日抵达。比他小四岁的学生格拉马蒂西(Nichloas Grammatici)[6]接替了其在英戈尔斯塔特的教学。格拉马蒂西在英戈尔斯塔特和弗赖堡(Freiburg)进行研究,后来在特里安(Trient)修院预科班讲授语法和诗歌,在安贝格(Amberg)高等学校讲授神学。1720 年,格拉马蒂西成为英戈尔斯塔特大学的希伯来文和数学教授。他翻译了牛顿(Newton)和哥白尼的思想。国王腓力五世(Philip V, 1683—1746 年)邀请他到马德里(Madrid)为贵族而办的新神学院讲授数学。三年后,格拉马蒂西返回英戈尔斯塔特。1730 年至 1732 年,他在安贝格高等学校讲授道德神学,后来去了雷根斯堡(Regensburg)。戴进贤把格拉马蒂西的月离表翻译成了中文。

徐懋德是戴进贤的助手,他是在京唯一一位有英国血统的耶稣会士。徐懋德是杰克逊(Jackson)家族的后裔。因为从事葡萄酒贸易,他们搬至波尔托并加入了葡萄牙国籍[7]。徐懋德深为康熙的儿子雍正所信任。1724 年,雍正下令禁止天主教在华传播,但是允许

---

① 索智能,1697 年 1 月 26 日出生于科英布拉城;1712 年 10 月 31 日在葡萄牙入耶稣会;1757 年 5 月 26 日在北京去世(费赖之,1934 年,第 701 页)。

② 鲁仲贤,字尚德,1708 年 1 月 6 日出生于波希米亚西北面的西利那城(Žilina);1729 年 10 月 10 日在波希米亚入耶稣会;1759 年 6 月 24 日在北京去世(荣振华,1973 年,第 296 页;科拉切克,1999 年,第 299 页)。1742 年,鲁仲贤以画家身份抵京。

③ 什米特克,1995 年,第 101、102 页;德日曼,1881 年,第 11 页。

④ 德日曼,1881 年,第 15 页;斯特斯卡,1918 年,第 147 页。

⑤ 南怀仁,1740 年,第 424、426、430 页。

⑥ 格拉马蒂西,1684 年出生于特里安;1701 年入耶稣会;1736 年在雷根斯堡去世。

⑦ 李约瑟、王铃,1959 年,第 3 卷第 448 页。

徐懋德继续传教[①]。

4.2.2 法国耶稣会士

1739年，北京的法国耶稣会住院里有十三人。他们是宋君荣(Antoine Gaubil)[②]、巴多明(Dominique Parrenin)[③]、冯秉正(Joseph Marie-Anne de Fong Mailla)[④]、孙璋(Alexandre de La Charme)[⑤]、殷弘绪(Francois-Xavier D'Entrecolles, 1662—1741年)、白晋(François Joachim Bouvet)[⑥]、吴君(Pierre Foureau)[⑦]、两位中国神

---

① 什米特克，1995年，第133页。

② 宋君荣，字奇英，1689年7月14日出生于盖拉克城(Gaillac)；1704年9月13日在图卢兹(Toulouse)入耶稣会；1759年7月24日在北京去世(荣振华，1973年，第106页)。1722年6月26或27日，宋君荣抵达广州。

③ 巴多明，字克安，1665年9月1日出生于贝藏松(Besançon)主教区的大鲁赛镇(Grand-Russey)；1685年9月1日入耶稣会；1741年9月20日在北京去世(索默尔沃热尔，第6册第284页，第9册第757页；费赖之，1932年，第501—517页)。

④ 冯秉正，字端友，1669年12月16日出生于迈拉堡(Maillac)；1686年入耶稣会；1748年6月28日在北京去世。

⑤ 孙璋，字玉峰，1695年7月18日出生于里昂；1712年9月7日在里昂入耶稣会；1729年3月抵达北京；1767年6月27日在北京去世。

⑥ 白晋，字明远。1656年7月18日出生于勒芒(Mans)；1673年10月9日在法国入耶稣会；1730年6月28日在北京去世(荣振华，1973年，第34页)。他和刘应(Visdelou，字声闻，1656年8月12日出生于法国布列塔尼州；1673年6月5在法国特雷布里入耶稣会；1737年11月11日在印度本地治里去世)(荣振华，1973年，第294—295页)、洪若翰(De Fontaney，字时登，1643年2月17日出生于布列塔尼州的圣波尔德来翁主教区；1658年2月18日在巴黎入耶稣会；1710年1月16日在巴黎去世)(费赖之，1932年，第419页)、李明(Le Comte，字复初，1655年10月10日出生于波尔多；1671年10月15日在波尔多入耶稣会；1728年4月19日在波尔多去世)(荣振华，1973年，第146—147页)、塔查尔和张诚肩负法国国王路易十四的使命出发。1685年，路易十四派出这六位传教士携带礼物及最先进的测量仪器前往中国。塔查尔描述了其航程。1699年，康熙帝派白晋带着礼物返回欧洲。1700年，白晋回到广州，后又至北京。白晋和张诚一起向康熙帝讲授数学，并建立了中国第一个化学实验室。

⑦ 吴君，字多禄，1700年11月13日出生于勒芒；1720年9月26日入耶稣会；1749年11月10日在巴黎去世。

父[1]，此外，会长沙如玉(Valentin Chalier)[2]是钟表匠，他和同行杨自新(Gilles Thibault, 1703—1766年)都供奉于内廷，他为皇帝制作了放在盒子里的翡翠钟表[3]，王致诚(Jean-Denis Attiret)[4]修士是备受内廷赞誉的画师，安泰(Etienne Rosset, 1689—1758年)修士是位医生[5]。1743年，法国住院里仅有6位耶稣会神父和4位修士。

1698年，巴多明抵达北京。他是雍正禁教后，得到皇帝恩准、住在京城的少数几位欧洲人之一。作为翻译家和自然哲学家，他侍奉过康熙、雍正、乾隆三位皇帝，他在京主持为满族青年学习拉丁文的学馆，以培养日后跟俄罗斯打交道的人才。巴多明为满族亲王苏努一家授洗，并把欧洲解剖学的新成就介绍到中国。他一直与拜尔(Teophil Siegfried Bayer)[6]以及弗雷列(Nicolas Fréret, 1688—1749年)互致信函。18世纪30年代，梅朗(Jean Jacques Dorotheus de Mairan)[7]定期与巴多明通信，信中讨论了中国天文学和语言[8]。梅朗是气象学专家、巴黎科学院的成员，后来担任巴黎科学院的秘书。

宋君荣多次在信中高度赞扬其年轻同伴刘松龄的测量法[9]。1730年3月16日，宋君荣成为圣彼得堡(Petersburg)科学院的外国会员。宋君荣是植物学家、天文学家和制图师。1742年至1748

---

① 什米特克，1995年，第102页。

② 沙如玉(字永衡，1679年12月17日出生于布里昂松；1715年9月8日在法国入耶稣会；1747年4月12日在北京去世)于1733年12月3日(一说12月12日)抵达北京，钟表匠(费赖之，1934年，第718页)。

③ 迪代伊，1994年，第289页。

④ 王致诚，1702年7月31日出生于多耳城(Dole)；1735年7月31日在阿维尼翁入耶稣会；1768年12月8日在北京去世(钱德明，1943年，第472页；科拉切克，1999年，第27页)。

⑤ 德日曼，1881年，第11—12页；刘松龄，1781年，第44页。

⑥ 拜尔，1694年出生于波希米亚；耶稣会士；1738年在圣彼得堡去世(马若安，2000年，第315页；维埃加斯，1921年，第257—259页)。

⑦ 梅朗，1678年11月26日出生于贝济耶(Béziers)；1771年2月20日在巴黎去世。

⑧ 梅朗，1759年；高夫，1981年，第20页。

⑨ 亚纳科内，2005年，第384页。

年间，他是在京法国传教会的会长。宋君荣与巴黎的 G. D. 卡西尼以及马拉尔蒂(Giacomo Filippo Maraldi)①开展合作研究，第一个向欧洲介绍了中国古老的天文观测记录②。一个世纪后，拉普拉斯侯爵(Pierre-Simon marquis de Laplace，1749—1827 年)出版了宋君荣的手稿，这份手稿记述了中国古代的天文观测结果，如太阳运行轨道的位置、围绕太阳运转的地球轨道、岁差以及其他天文观测③。

蒋友仁(Michel Benoist)④是最重要的法国耶稣会天文学家之一，他为乾隆服务了三十年。蒋友仁在第戎(Dijon)和巴黎圣叙尔皮斯(Saint Sulpice)修院学习。经过三年不断地请求到中国传教，最终他如愿以偿。离开之前，他不得不结束了与德利斯尔(Joseph Nicolas Delisle)⑤、拉卡伊以及勒莫尼埃(Pierre Charles de Monnier，1715—1799 年)在巴黎的天文合作研究，但来中国后他一直与他们保持书信往来。1745 年，蒋友仁获得"国王的数学家"头衔⑥。蒋友仁到达北京之际，在京传教士处境艰难，但是他凭借渊博的学

① 马拉尔蒂是 G. D. 卡西尼的侄子，1665 年 8 月 21 日出生于尼斯(Nice)附近的佩里纳尔多(Perinaldo)，1729 年 12 月 1 日在巴黎去世。

② 何丙郁，1970 年，第 261 页；拉普拉斯，1982 年，第 280 页。

③ 李约瑟、王铃，1959 年，第 3 卷第 173、761 页。

④ 蒋友仁，字德翊，1715 年 10 月 8 日出生于第戎城(Dijon)；1737 年 3 月 19 日在南锡入耶稣会；1744 年 7 月 12 日抵达北京；1774 年 10 月 23 日在北京去世(荣振华，1973 年，第 30 页)。

⑤ 巴内兹·克尔斯尼科·德利斯尔(1688 年出生于巴黎，1768 年去世)，1714 年成为巴黎科学院会员，1726 年至 1746 年间任圣彼得堡科学院首席天文学家、柏林和伦敦科学院的院士。他的哥哥吉尧姆·德利斯尔(Guillaume Delisle，1675—1726 年)是地理学家、"学生"(1714 年)以及巴黎科学院会员(1716 年)，1718 年后，他是国王学院数学教授(伍尔夫，1962 年，第 7 页)。1757 年，他的亲戚让·巴蒂斯特·罗姆·德利斯尔(Jean Baptiste Romé Delisle，1736 年出生于灰度，1790 年在巴黎去世)是印度本地治里炮兵部队秘书。七年战争中，他们在本地治里与英军作战。1764 年，他回到巴黎，出版了许多书。1778 年，他撰文批评布冯伯爵的理论。1775 年，他与刘松龄的朋友扎加尔(Janez Krstnik Mihael Žagar)一起被哈雷市"自然爱好者学会"授予"阿基劳斯第二"(Archelaus II)这一学术头衔(穆西奇、巴提斯，1975 年，第 55—56 页)。

⑥ 埃梅·马丁，1843 年，第 4 册第 122 页；蒋友仁于 1767 年 11 月 16 日从北京寄给德·奥特罗什(Papillon d'Auteroche)的信。

识在宫中得到重用。蒋友仁奉命在圆明园设计建造巨大的喷泉(大水法——译者注)[1],经过多年的劳作,那项工程十分成功。他在圆明园里建造了欧洲风格的房屋,把有趣的水时计置于意大利风格的房屋前。他运用中国本土题材,采用十二生肖来标识一天中的24小时。在三角型蓄水池的两侧,蒋友仁放置了三种动物的雕像。在一个机械装置的引导之下,水每隔两小时从一种生肖的口中轮流喷出。1766年5月21日,蒋友仁和王致诚拜访大臣,领命为宫殿绘制装饰图画[2]。

法国国王路易十五(Louis XV, 1710—1774年)令蒋友仁另外制作几份《乾隆平定准部回部战功图》十六幅铜版画的副本。为此,蒋友仁发明了浸润画纸和用墨的新方法。

北京有如此重要的科学家团队,刘松龄很乐意参与其中。作为一名新人,他向中国信徒学习语言和书写。中国教区新任视察员徐大盛(Giacomo Filippo Simonelli)支持刘松龄[3]。乾隆很高兴地看到刘松龄学习中文的速度飞快。1740年11月,刘松龄把日食和月食的计算结果寄给弟弟维切特。不久,人们发现刘松龄有极好的组织才能,因为他知道如何从葡萄牙修院中选择适当的搭档。最初,一同来华的鲍友管对他帮助最大。后来,傅作霖和高慎思(José d'Espinha)[4]于1751年从菲律宾半岛来到中国。在他们到来的前一

---

① 什米特克,1995年,第113页;刘松龄一封落款时间为1749年11月28日的信件(普瑞,1781年,第28—29页)。

② 钱德明,1943年,第470页。

③ 什米特克,1995年,第109、136页;斯特斯卡,1918年,第147页;李约瑟、王铃,1959年,第3卷第454页;南怀仁,1740年,第427页。徐大盛,1680年出生于意大利马切拉塔,1754年在澳门去世。中国一位有名的耶稣会士科学家是艾若望神父(Jean Simonelli, 1716年出生于江西省,1784—1785年的教案中被关进大牢,1785年去世)。另两位有名的中国耶稣会士科学家是胡若翰(1744年出生;耶稣会士;1773年去世)和黄巴桐(1711年出生于北京,1776年在中国去世)。1729年至1763年间,黄巴桐在那不勒斯的圣约瑟学院学习、授课。

④ 高慎思,字若瑟,1722年12月22日出生于葡萄牙拉梅古城(Vilar Torpin);1739年6月4日入耶稣会;1788年7月10日在北京去世。1751年8月2日,高慎思抵华(克拉切克,1999年,第28页)。

年即1750年，学识鸿博的钱德明(Jean-Joseph-Maria Amiot)[①]来到中国，并很快成为法国耶稣会士中刘松龄的最佳搭档。钱德明翻译了中国兵法和地图方面的书，修正了安多(Antoine Thomas)[②]自1702年开始测量的北京经纬度[③]。1760年，钱德明出版了关于孔子生平的著述《孔子传》。尽管刘松龄没有神学方面的文章，但是他向弟弟维切特仔细地描述了自己对伊斯兰教徒的印象以及中国的政治环境和自己在内廷的工作[④]。

耶稣会士在直隶、山西、陕西、山东、河南、四川、湖广、江西、江南、浙江、福建、广东和广西等省都有传教处所。因为他们与中国皇帝、大臣之间存在"礼仪之争"等许多问题，故而刘松龄所处的时代，他们劝化的中国人并不多[⑤]。他们做得更多的是把欧洲科学家尤其是天文学家的重要发明介绍给中国人，但是这些知识并没有给中国的社会系统带来多少影响[⑥]。

---

① 钱德明，字若瑟，1718年2月8日出生于土伦；1737年9月27日在里昂入耶稣会；1754年11月1日抵京；1793年10月8日或9日在北京去世(荣振华，1973年，第12页)。他的父亲是国王公证人。他在土伦研究了三年哲学和一年神学，在阿维尼翁任初学生。1739至1741年，钱德明在贝桑松讲课；1742至1744年，在阿尔勒(Arles)和艾克斯(Aix)的耶稣会中学高年级；1744至1745年间，在尼姆(Nimes)讲授修辞学；1749年11月21日，乘船前往中国，第二年抵达澳门。1749年11月19日，在离开前两天，钱德明寄出致德利斯尔的信(罗什蒙特，1915年，第6、8、11页)。

② 安多，字平施，1644年1月25日出生于纳缪尔(Namur)；1680年9月8日在纳缪尔入耶稣会；1709年7月28日在北京去世(荣振华，1973年，第270—271页)。安多曾打算赴日本传教。1682—1685年，他离开澳门赴广州；1685年，在南京，年底在北京继南怀仁职。闵明我回欧洲期间，安多代为治理历法。1688年，他和曾担任南怀仁秘书的徐懋德一同随康熙皇帝巡行塞外。1695年11月12日，他从北京写信寄回欧洲。

③ 刘松龄，1761年，斯洛文尼亚共和国档案馆，卷宗730，多尔庄园，第194分卷，第851页；1781年，第37—38页。什米特克，1995年，第114页；蒙蒂克拉，1799年，第2册第478页。

④ 刘松龄，1761年；斯洛文尼亚共和国档案馆，卷宗730，多尔庄园，第194分卷，第852页；《两个故乡》，1988年，第46页；迪米茨，1861年，第84页。

⑤ 傅安德，1747年，第918页。

⑥ 哈夫，1995年，第361页。

4.2.3 中国共事者

钦天监官员名册上记载了刘松龄的中国共事者。1754 年，康熙的第十六子庄亲王允禄[①]担任总理监务大臣。在其父亲执政时期，允禄与同父异母的兄弟们关系并不好。但当雍正夺取皇位时，他和同父异母的哥哥皇十三子胤祥(1686 年 11 月 16 日—1730 年 6 月 18 日)都支持雍正(胤禛)。1723 年 3 月，雍正命其出继为庄亲王博果铎(1650—1722 年)后嗣，承袭庄亲王爵位。博果铎是皇太极的孙子，去世后没有子孙。允禄精于数学、乐律，参与编修了新的《律历渊源》大全，可能也参与编修了《古今图书集成》，这两大部书都由精通历法和数学的允祉负责[②]。

钦天监的第二位负责人是三等王公、前兵部尚书鄂尔泰。第三位是刑部尚书张照[③]，他工于书法。1733 年至 1742 年间，他历任刑部侍郎、刑部尚书。1736 年，张照获罪被判死刑，但其“天骨开张，气魄浑厚”的书法深得乾隆的垂青，实在无人可与之媲美，乾隆最终赦免了他。张照兼管理乐部大臣事务。

除三位大员外，观象台还有两位兼管钦天监监正事务。一位是理藩院左侍郎、镶红旗满洲副都统觉罗勒尔森，另两位是何国宗(1766 年去世)。数学家何国宗是《律历渊源》的主编，该书于 1723 年首次印刷。1739 年，何国宗是国子监的算学总管。1755 年和 1756 年，他与高慎思合作绘制了额鲁特和鞑靼地区地图[④]。1757 年初，何国宗担任礼部尚书。1757 至 1759 年间，他在皇宫为皇子们教授数学(南书房，尚书房)[⑤]。

天文学家有钦天监监正兼礼部侍郎戴进贤、后来继任监正的刘松龄和监副鲍友管。1755 年，傅作霖加入。

---

① 允禄(1695 年 7 月 28 日出生，1767 年 3 月 20 日去世)承袭了庄亲王的爵位。

② 恒慕义，1944 年，第 926 页；祝平一，1994 年，第 390 页。

③ 张照，1691 年出生于江苏省娄县(今属上海市——译者注)，1745 年 2 月 19 日去世。

④ 钱德明，1943 年，第 436、438 页。

⑤ 恒慕义，1944 年，第 286 页；祝平一，1994 年；詹嘉玲，1994 年，第 241 页。

有九人拥有天算学家头衔[①],他们中首推明安图[②]。明安图在钦天监负责一年的节气。1721年,他已经在钦天监任职。

1756年至1760年间,明安图与傅作霖、高慎思一起参与了新疆西北地区的地理测量工作。新疆是乾隆刚征服的省份。1759年至1762年间,明安图与钦天监继任监正刘松龄进行了测绘工作,他撰写了一部三角函数及圆的平方速算方面的书。虽然该书于1774年已经完成,但却迟至1839年才出版。明安图在书中使用了无穷级数,这在中国是前所未有的[③]。

1754年,明安图手下有三位负责季节(春季、夏季和冬季)的官正。此外,还有五位国子监算学博士。

钦天监有五名学生(天文生)。他们中有著名画家张庚[④]。张庚师从陈舒(1660—1736年)学习之后,出版了几本有关绘画史的书籍。此外,钦天监里还有一位画家和其他三名学生。

4.3 刘松龄与朝鲜科学家

刘松龄所处的时代,欧洲人无法访问朝鲜或日本。日本在1616年至1720年间完全闭关。1725年,日本建造了第一座现代天文观测台,由大臣中根元圭(Nakane Genkei, 1661—1733年)负责。日本人完全接受哥白尼学说。

朝鲜人在中国典籍中了解到欧洲的科学、技术和宗教。西方数学、天文学和科技远比宇宙学更受他们的欢迎。

由于计算上的失误,朝鲜历法的误差非常大,历表中对天象的预测都不准确。因为每部历法都有错误,朝鲜人对此已经作过好几次修改。既然星辰和辰星都不再在预测的位置出现,因此他们不得不改变整个星图。韩兴一(Han Hungil, 1587—1651年)在北

---

① 乔宾华、蔡尚质,1914年,第Ⅱ页。

② 明安图,1712年出生,蒙古人;1764年去世。

③ 詹嘉玲,1990年,第39、156页。

④ 张庚(1685—1760年),原名焘,字溥三,后改名庚,字浦山、公之干,号瓜田逸史,又号弥伽居士、白苎村桑者,秀水(今浙江嘉兴)人。雍正十三年(1735)应鸿博诏。——译者注。

京获得一本介绍西洋历法的书。但对这本书研究了十年之后，朝鲜人仍然无法编修出一部完全有用的历法。

从公元前370年直到1742年，中国人依据夏至测量的常数、行星的运动以及日、月、年的长度编修了100种历书或各式天文历表①。1636年至1637年间，他们接受了西洋计算历法的方法。后来，新的中国历法影响到其邻国朝鲜。但是作为外国人，朝鲜人不能观看中国历法的推算过程。因此，朝鲜人从钦天监通事（译人）那里获得新历表的副本。从那时起，他们开始研究历算的方法。

朝鲜高级官员金堉（Kim Yuk，1580—1658年）赞成使用西洋新法来计算历法。1645年，作为孝宗时期的观象监提调天文台和气象台的长官，他成功地说服孝宗接受历法中的西洋科学技术。1653年，朝鲜王国亦抛弃自古以来《七政算外篇》而采用西洋历法“时宪历”。

尊崇西洋历法并不一定代表尊崇所有西方文化。朝鲜人乐意接受西方科学技术却对欧洲人的评价不高。科学家的地位要低于儒学家。

利玛窦认定儒学科学家易于接受欧洲新事物。朝鲜人获得的第一部准确介绍地理知识的西书是《职方外记》，由意大利耶稣会士艾儒略（Giulio Aleni，1582—1649年）于1623年撰写而成②。艾儒略绘制了文艺复兴时期的世界地图，附以各个民族和文化的准确描述。获得这个新信息，李瀷（Yi Ik，1681—1763年）感到很高兴并期待朝鲜人能够接受。如在他之前的金万重（Kim Manjung，1637—1692年）那样，李瀷还介绍了艾儒略的“世界地理书”，视其推动了儒家传统地理观的变革。

按照朝鲜人的观念，地球位于宇宙的中心。地球是静止不动的，而宇宙每天转一圈。因为宇宙很大，就需要巨大的向心力使所有的恒星固定在自己的位置。因此，朝鲜人旧的宇宙观与其说接近哥白尼学说不如说更接近托勒密学说。

朝鲜人只能在中国遇见欧洲人。1631年，向中国朝贡之际，郑

① 李约瑟，1984年，第3卷第210页。

② 李约瑟、王铃，1959年，第3卷第584页。

斗源(Chong Tuwon, 1581 年出生)见到了来自日本耶稣会省的传教士陆若汉(João Rodrigues)①。陆若汉送给他一些欧洲书籍和工艺品,后来郑斗源把它们都带回国了。礼物中还有一个望远镜,但是郑斗源只把其用于军事上,而不是用于天文观测。在满人入关之前,陆若汉于 1632 年到了澳门②。

18 世纪初,李颐命(Yi Imyong, 1658—1722 年)在京拜访了两位耶稣会士——葡萄牙传教团的戴进贤和葡萄牙人苏霖(Joseph Suárez)③。他们一起讨论了西方天文学和神学。苏霖于 1692 年从北京寄出的介绍中国基督教的信件也引起了著名学者莱布尼茨(Gottfried Wilhelm Leibniz)④的关注。

1708 年,Tyentung Sanguiko 记录了东方天空出现的异象⑤。1741 年,朝鲜天文学家安国麟(An Kuk-pin)在北京耶稣会院跟随徐懋德学习天文知识。日官安国麟与译官卞重和(Pyon Chunghwa)都是朝鲜来华使臣。戴进贤给了他们日、月和行星的推算表、对数表、日月交食表、《数理精蕴》以及他自己绘制的平面天体图副本⑥。

刘松龄特别尊重聪明的朝鲜人,他们总爱询问却并不索取答案。1766 年,朝鲜人洪大容(Hong Taeyong, 1722—1809 年或 1731—1783 年)在北京拜访了刘松龄和鲍友管。他们讨论了朝鲜人感兴趣的天文学和耶稣会士感兴趣的神学。洪大容曾任过一些小官职并直至郡守,退隐后大部分时间都用于学术研究。他的叔叔是朝鲜赴华使臣。因此,他是那个时代极少数能够访问中国这

① 陆若汉,1561 年出生于葡萄牙拉梅古教区的塞南赛勒(Sernacelhe);1580 年 12 月在日本入耶稣会;1633 年 8 月 1 日在澳门去世(荣振华,1973 年,第 227 页)。

② 李约瑟、鲁桂珍、康布里基、梅厄,1998 年,第 176 页。

③ 苏霖,字沛苍,1656 年 2 月 15 日出生于克英布拉附近的圣京信道(Santa Comba Dao);1673 年 3 月入耶稣会;1736 年 9 月 15 日在北京去世(荣振华,1973 年,第 256 页)。

④ 莱布尼茨,1646 年出生,1716 年去世。

⑤ 李约瑟、王铃,1959 年,第 3 卷第 683 页。

⑥ 什米特克,1995 年,第 117 页;李约瑟、鲁桂珍、康布里基、梅厄,1998 年,第 178—179 页。

个儒学文化中心的朝鲜人。在夏季访问中国期间，他研究了朝鲜宇宙学和哲学的基础。他把自己的问题视为传统新儒学与一位来自中朝边境辽宁省医巫闾山思想相对自由的人之间的对话。实学派假定地球不只是圆的，而是每天也围绕其轴心旋转。这个假设不完全是哥白尼学说，因为它没有否定地球中心说。洪大容也没有深思地球自转的任何科学原因，他的哲学假设并不是建立在经验的基础之上。这反映了在欧洲人影响之下朝鲜人思考问题的新方法。

1759 至 1761 年间，洪大容在朝鲜建立了一个私人天文台。他利用重力来推动天体仪和钟表，利用水力来转动星球仪。1777 年，该天文台得到修缮①。

① 李约瑟、鲁桂珍、康布里基、梅厄，1998 年，第 98、113—114、168 页。

5 刘松龄写回欧洲的信件

刘松龄的信件漂洋过海需要很长时间。这些信件对那个时代的欧洲产生很大影响。大多数信件都发表于科学期刊、星历表和书中。19 世纪，这些信件主要由卡尔·德日曼(Karl Dežman, 1821—1889 年)和弗兰克·亨利克·冯·杰弗里(Franc Henrik von Raigersfeld, 1697—1760 年)负责誊写。1725 年，刘松龄的大表妹玛丽亚·安娜·伊丽莎白·埃伯格(Marija Ana Elizabeta, 1710—1752 年)嫁给了杰弗里男爵。作为亲戚，杰弗里誊写了刘松龄的一些信件。但刘松龄在北京收到的那些信件则不知去向。

5.1 寄给卢布尔雅那的妹妹玛丽亚的信件

刘松龄给在卢布尔雅那的妹妹玛丽亚(1704—1782 年)写信。1750 年 10 月 31 日，他从北京给她寄了一封信。刘松龄在信中记述了来华欧洲传教士以及欧洲天文学①，并提及谈方济(Tristan Attimis)②神父的有关事情。谈方济神父在帕尔马(Parma)学习了三年哲学后，于 1744 或 1745 年乘船前往中国。谈方济因传布天主教而被官府抓获，病倒在监狱里。在谈方济神父被处死一年之后，刘松龄在 1749 年 11 月 28 日给弟弟维切特的一封信中提及此事。

---

① 刘松龄，1750 年(斯洛文尼亚共和国档案馆，卷宗 730，多尔庄园，194 分卷，第 892 页)。

② 谈方济，意大利人，1748 年被处死(科拉切克，1999 年，第 204、213 页)。

刘松龄在1750年的一封信中叙述了北京的傅作霖神父和法国耶稣会士的广州长上费若瑟(Joseph Louis Le Febvre, 1706—1780年)神父共同设法营救在1747年前被官府抓获的神父①。在信的结尾,刘松龄向挚爱的妹妹致以特别的问候。

1756年10月17日,刘松龄再次从北京写信给妹妹。而她在两年半后,即1759年3月25日才在卢布尔雅那收到这封信。一个世纪以后,杰弗里誊写了这封信。刘松龄在信里描述了1753年其从广东赴北京的行程以及中国礼部官员的职责②。

玛丽亚一生未婚,因此弟弟维切特负责照顾她。为了姐姐,维切特曾从布鲁塞尔寄钱给多尔的庄园主埃伯格表弟。维切特还给过她一笔3000荷兰盾的资助③。

玛丽亚很可能在卢布尔雅那购买了刘松龄的著述。刘松龄的著述印制在赫尔(Maximilian Hell)④和皮尔格拉姆的星历表中。1784年,普龙贝格(Mihel Promberger)在《卢布尔雅那报》(Laibacher Zeitung)上公告要出售星历表、古老的维加对数表以及其他一些东西⑤。

5.2 寄给布鲁塞尔的弟弟维切特的信件

从布鲁塞尔寄往北京的信件需要很长时间才能到达。刘松龄曾等了大约两年才收到维切特的两封信,一封于1763年6月21

---

① 刘松龄,1750年(斯洛文尼亚共和国档案馆,卷宗730,多尔庄园,第94分卷,第893页);傅安德,1747年,第918页;斯特斯卡,1918年,第148页。

② 斯洛文尼亚共和国档案馆,卷宗730,多尔庄园,第194分卷,第886—887页;乌梅克,1991年,第419页;德日曼,1881年,第17页。

③ 斯洛文尼亚共和国档案馆,卷宗730,多尔庄园,第200分卷,第563、571—572、575页。

④ 赫尔,1720年5月15日出生于奥匈帝国的申尼茨(Schemnitz,今天斯洛文尼亚的班斯卡-什佳夫尼察);1738年10月18日在特伦辛(Trenčin)人耶稣会;1792年4月14日在恩泽尔斯多(Enzerstorf)去世(斯多尔,1855年,第128—129页)。

⑤ 杜勒,2002年,第165页。

日寄出，至1765年2月收到；另一封于1764年6月28日寄出，至1766年8月11日收到[①]。1736年4月24日，刘松龄写信给弟弟维切特，叙述了自己去远东之前向葡萄牙王后辞行的经过。那时，维切特是维也纳的伦理学教授。刘松龄还描述了里斯本附近的英国船只以及葡萄牙的耶稣会修院。

1781年，匈牙利耶稣会士普瑞（Georg Pray，1723—1801年）出版了刘松龄在1743年至1766年间寄给弟弟维切特的八封书信，共55页。普瑞把这些信作为附录置于其书的最后部分。普瑞为读者撰写了4页未标注页码的序言、2页索引以及272页正文，以此来反对本笃·切蒂（Benedict Cetti，即约瑟夫·英诺森·德斯李 Josephus Innocentius Desericius）神父。切蒂声称中华文化是蛮族文化[②]。切蒂的论断与匈牙利人是源于匈奴族的争论有密切关系。1775年，普瑞出版了一本关于匈奴人和阿瓦尔人（Avarians）起源的书，书中他主要援引了刘松龄的信件[③]。莱布尼茨已经在著述中表示反对别人对中国文化的批评，而其对中国的认识来自于闵明我（Claudio Filippo Grimaldi）[④]的汇报。闵明我凭藉南怀仁神父在京所受的恩宠，于1671年奉命从广州来到北京。1683年至1685年，闵明我随康熙帝出巡塞外。1711年，他在京绘制星图。1686年至1691年，他访问了罗马、巴黎、维也纳和慕尼黑（Munich），后越过以士麦那（Smyrna）和波斯（Persia），于1694年回到中国。1689年，他在罗马见到莱布尼茨，直至1696年12月6日，他们一直保持通信联系。

在钦天监治理历法的闵明我与安东尼·韦尔朱思（Antoine

---

① 刘松龄，1781年，第45页、48页。

② 什米特克，1995年，第89页。

③ 什米特克，1995年，第89页；普瑞，1775年。

④ 闵明我，字德先，1638年9月27日出生于皮埃蒙特（Piemont）的科尼城（Cuneo）；1658年1月13日在基耶里（Chieri）入耶稣会；1712年11月8或9日在北京去世（荣振华，1973年，第120页）。

Verjus)①、白晋和张诚(Jean François Gerbillon)②展开合作。1693年12月3日,闵明我在果阿写信给莱布尼茨。莱布尼茨学说的一位追随者——沃尔夫通过阅读耶稣会士卫方济(François Noël)③的著作,对中国人的发明创造有所了解。作为语言学家和天文学家,卫方济计算出了中国许多地方的地理坐标。卫方济和莱布尼茨对中国科学家的成就均十分推崇④。

普瑞出版了刘松龄以下几封信

信件	1	2	3	4	5	6	7	8
时间	1743年10月6日	1749年11月28日	1753年10月21日	1757年10月6日	1761年10月29日	1764年2月12日	1765年10月27日	1766年9月24日
页码	第1—16页	第17—29页	第29—32页	第33—37页	第37—40页	第40—44页	第45—48页	第49—55页
地点	北京	北京	广东	北京	北京	北京	北京	北京

这对弟兄俩一直保持书信往来,尽管一些信需要差不多两年的时间对方才能收到⑤。刘松龄在第一封信中描述了自己抵达北京后发生的一系列事情。他感谢弟弟分别于1739年12月2日在匈牙利、12月28日在维也纳寄信给自己。获悉蒂米什瓦拉的发勒肯斯坦(de Falkenstein)主教去世的消息后,刘松龄感到很难过,因为发勒肯斯坦主教漫长的一生令人钦佩。1733年,阿达伯特·发

① 安东尼·韦尔朱思(1632—1706年),耶稣会中东事务员。

② 张诚,字实斋,1654年6月11日出生于凡尔登;1670年10月6日在南锡入耶稣会;1717年或1707年3月25日在北京去世(荣振华,1973年,第108页;克拉切克,1999年,第20页)。

③ 卫方济,1651年8月18日出生于海诺(Hainautu)的埃斯特昌(Hestrud),今天的北方区;1670年9月30日在图尔奈(Tournai)入耶稣会;1729年9月17日在里尔(Lille)去世(荣振华,1973年,第185—186页)。

④ 秦家懿,1989年,第242页;刘松龄,1781年,第34页;李约瑟、王铃,1959年,第3卷第454页。

⑤ 刘松龄,1781年,第33页。

勒肯斯坦(Adalbert de Falkenstein)男爵就任主教。同年,皇帝卡尔六世(Karl VI, 1685—1740年)把主教办公处所搬到了蒂米什瓦拉。那段时间里,他们建造了主教座堂、主教宫殿和几处神职人员住所。1736年8月6日,刘松龄乘船前往中国后,他们开始建造著名的多姆教堂。刘松龄很可能在蒂米什瓦拉修院见过发勒肯斯坦,因为刘松龄于1735年夏季才离开那里。后来,皇帝约瑟夫二世(Josef II, 1741—1790年,1765年摄政,1780年就任皇帝)在悄悄进行的旅行中使用了"发勒肯斯坦伯爵"这个名字。刘松龄在北京写第一封信时,这位未来的皇帝约瑟夫二世才两岁。

在后来的一些信件中,刘松龄对澳门和北京作了描述。与在京耶稣会士徐懋德、巴多明以及苏霖的观点一样,他证明了基督信仰的圣洁性①。他描述了在京的俄罗斯人以及俄罗斯专使抵京后的争端。1743年,俄罗斯致函中国皇帝,宣称伊丽莎白·彼得罗夫娜(Elizabet Petrovna, 1709—1761或1762年)登上了女皇宝座。伊丽莎白是彼得一世(Peter I, 1672—1725年)的女儿,1741年,在亲戚安娜·伊凡诺芙娜(Anna Ivanovna, 1693—1740年)去世后,宫廷近卫军将她推上了王位。俄罗斯专使不愿接受中国宫廷赠送的礼物,因为他们自己并没有准备礼物,这引起了外交争议。

刘松龄汇报了费隐(Ehrenwert Xaver Fridelli)②神父去世的消息。费隐神父在中国生活了三十七年。刘松龄描述了1720年和1730年发生的地震,地震造成北京的一座教堂严重损坏。费隐神父去世后,1740年,刘松龄开始建造一座新教堂。新教堂预计要比原来的教堂更高一点。但是一些中国人对此很不高兴,他们试图阻止耶稣会士的这项工程。他们编了一个故事,说在拟建的新教堂下面藏着一条龙。乾隆帝的一位汉人老师告诉他说,如果耶稣会士继续施工,那么龙就会在1740年12月18日重新制造一个大地震,因为

① 刘松龄,1781年,第14页。

② 费隐,字存诚,1673年3月11日出生于林次;1688年10月12日在莱奥本入耶稣会;1739年6月4日在北京去世(荣振华,1973年,第102页)。

它当然不喜欢有这么重的屋子压着自己。乾隆遂把建造教堂一事延至来年。刘松龄没有介绍1755年里斯本地震之后欧洲发展出来的地震学说[①]。稍后,刘松龄还汇报了中国其他地区发生的一些地震[②]。

在第二封信中,刘松龄讲述了自己受邀与圣彼得堡、伦敦、巴黎科学院展开合作之事。刘松龄对北京观测结果的准确性及次数感到非常自豪。他们观测了日食、月食,偶尔被木星遮住的木卫,一些恒星、行星和卫星的蚀,以恒星为参照物时行星的坐标。他们使用了测微器、精准度高的摆钟、一架象限半径为两英尺的望远镜以及一架装在箱子里的巨型测微器[③]。

刘松龄的第三封信写于北京之外的广东省[④]。好几次他向弟弟提及交趾支那[⑤],交趾的首都西贡在今天越南境内。刘松龄对那里天主教的发展状况很感兴趣。1739年,耶稣会向那里派遣了一个由数学家和医生组成的探险队,其中有来自奥地利耶稣会省的斯拉门斯基、谢贝尔、诺伊格鲍尔[⑥]。诺伊格鲍尔是数学家,他在参加此任务之前是一位神父。耶稣会士施特克莱因(Stöcklein)出版了诺伊格鲍尔的多封德文书信。

1761年10月29日,刘松龄从北京给在布鲁塞尔的弟弟维切特寄出一封信。维切特把这封信抄写了一份寄给卡尔尼奥拉的杰

① 斯特斯卡,1918年,第146—147页;迪米茨,1861年,第83页;德日曼,1881年,第14页;刘松龄,1743年10月4日(普瑞,1781年,第6—7页);斯洛文尼亚共和国档案馆,卷宗730,多尔庄园,第194分卷,第848页。

② 刘松龄写于1766年9月27日的信(普瑞,1781年,第54页)。

③ 刘松龄,1781年,第22—23页;斯特斯卡,1918年,第148页;德日曼,1881年,第16页。

④ 迪米茨,1861年,第83页;刘松龄写于1753年10月21日的信(普瑞,1781年,第32页)。

⑤ 刘松龄,1781年,第17、26、37页;斯洛文尼亚共和国档案馆,卷宗730,多尔庄园,第194分卷,第851页。

⑥ 刘松龄写于1749年11月28日的信(普瑞,1781年,第26页);克拉切克,1999年,第65页。

弗里。该信作为刘松龄在多尔的亲戚埃伯格存档的一部分，至今仍保存在斯洛文尼亚共和国档案馆里。尽管信上的拉丁字母已经褪色了，但是仍可以辨认。在信的结尾有几行笔迹不同、用深色墨水写的德文。普瑞在书中把它列为第五封信。

刘松龄向弟弟描述了绘图，并提及在京的法国耶稣会负责人钱德明神父。1774 年 7 月 29 日，刘松龄第一次中风。1774 年 10 月 12 日，他给弟弟维切特写了最后一封信。1775 年 8 月 26 日，维切特从布鲁塞尔把这件事告诉了表弟沃尔夫·丹尼尔·埃伯格男爵。埃伯格男爵用德语和法语写了回信。1773 年 11 月 13 日，刘松龄向乾隆提出辞呈，但是乾隆委婉地令他尽其所能继续工作。1774 年 7 月 29 日刘松龄中风后，他的右边身子不能动，暂时也不能说话。后来，他的病情有所好转，能够在给弟弟的最后一封信中述及此事。维切特读到信后非常难过，因为他们已经有四十年没有见过面，而且肯定再也没有见面的机会了[①]。

刘松龄的死讯最先刊载于欧洲的《科隆报》(Kölner Zeitung)上[②]。1774 年 10 月 12 日，维切特收到南怀仁主教从南京发回的刘松龄去世的消息。1775 年 10 月 18 日，维切特把这个噩耗告诉了多尔庄园的表弟[③]。

1776 年 7 月 24 日，维切特用法文写了一份关于哥哥遗嘱的报告。刘松龄留下的银子价值 800 荷兰盾。维切特的报告在正方形笔记本中写了正反整整一页[④]。一个世纪后，德日曼记述了刘松龄遗嘱中提到的 200 盎司银子。除去殓葬费之后，剩下的银子价值 500 荷兰盾[⑤]。

---

① 斯洛文尼亚共和国档案馆，卷宗 730，多尔庄园，第 200 分卷，第 574—575 页；德日曼，1881 年，第 20 页。

② 德日曼，1881 年，第 20 页。

③ 斯洛文尼亚共和国档案馆，卷宗 730，多尔庄园，第 200 分卷，第 576 页。

④ 斯洛文尼亚共和国档案馆，卷宗 730，多尔庄园，第 194 分卷，第 923 页。

⑤ 斯洛文尼亚共和国档案馆，卷宗 730，多尔庄园，第 194 分卷，第 944 页；德日曼，1881 年，第 20 页。

5.3　寄往维也纳的信件

抵达里斯本两周之后，刘松龄于1735年12月7日向奥地利教区区长莫林德(Franciscus Molindes)神父作了汇报。他曾写到法比尼(Franciscus Fambini)神父以及南怀仁神父[①]。

1738年1月13日，刘松龄向维也纳的通信者描述了自己在莫桑比克、摩洛哥和澳门的行程体验。他再次提及南怀仁神父、耶稣会修院院长以及与被自己称为“莫斯科人”的俄罗斯人会面[②]。

1739年11月4日，刘松龄在北京已经开始和弟弟通信了。旅途困顿之后人肯定会很兴奋，但刘松龄是位现实主义者。在那些信的结尾，他都提及开展科学工作的可能性：“我认为传教团里必须要有更多一些有用的书籍。北京与外部世界几乎隔绝，一些书籍这里都没有。我们需要一些测定恒星和行星的数值表，我深信在中国印制哈雷数值表、圣彼得堡德利斯尔数值表以及维也纳马里诺尼数值表将会节省很多钱。”

刘松龄很可能抄录了马里诺尼(Giovanni Jacopo de Marinoni)[③]书中的一部分内容，因为1745年后者那部著名的《天文学》才印刷出版。十年后，伯纳德・费迪南德・埃伯格(Bernard Ferdinand Erberg)[④]为卢布尔雅那耶稣会士购买了此书。马里诺尼于1720年在维也纳为哈布斯堡王朝创建了第一个天文台，这个天文台在当时被公认为是欧洲最好的。这样，马里诺尼为自己的后继者们奠定了基础。稍后，弗兰茨(Franz)担任了二十年的维也纳科学院院长[⑤]。

---

① 斯洛文尼亚共和国档案馆，卷宗730，多尔庄园，第194分卷，第812页；凯勒，1755年。

② 斯洛文尼亚共和国档案馆，卷宗730，多尔庄园，第194分卷，第828、845页。

③ 马里诺尼，1676年出生于乌迪内(Udine)，1755年1月10日在维也纳去世。

④ 伯纳德・费迪南德・埃伯格，1718年5月20日出生于卢布尔雅那；1734年10月27日在格拉茨入耶稣会；1773年在克雷姆斯(Krems)去世。

⑤ 瓦尼诺，1969年，第153页。

之后，由赫尔继任。在那个年代，耶稣会士赫尔、博斯科维奇以及刘松龄都被归入世界顶级天文学家之列。1739 年，刘松龄建议出版耶稣会士的天文学著述，但是这一提议付诸实践已经是后来的事了。

1740 年 11 月 6 日，刘松龄向弟弟提及自己的朋友——法国耶稣会士吴君神父。他还提及北京传教团中的同伴戴进贤神父、徐懋德神父以及来自意大利莫德纳地区（Modena）、刚刚去世的任重道（Giacomo Antonini，1701—1739 年）神父。在 1743 年 10 月 6 日给弟弟的信中，他再次提到吴君神父[①]。

5.4 与欧洲科学院、天文台的合作

刘松龄与那个时代最重要的三个科学院开展合作，它们分别位于圣彼得堡、伦敦和巴黎。刘松龄对意大利尤其是博洛尼亚院士们的观测结果很感兴趣。

5.4.1 柏林和莱比锡

刘松龄个人没有与柏林科学院开展合作，该科学院由皇帝弗雷德里克一世（Fredrick I，1657—1713 年）于 1700 年创立。他也没有在莱比锡的科学期刊《博学者学报》（Acta Eruditorum of Leipzig）上发表多少研究成果，该期刊由莱布尼茨提议、于 1682 年创办[②]。1689 年，《博学者学报》刊登了瓦尔瓦瑟的研究成果，后来刊登了法国传教士卫方济的中国报告，1768 年，他们也刊登了一篇对刘松龄著作报以高度评价的书评。丹尼尔·伯努利（Daniel Bernoulli）[③]在柏林出版了刘松龄数学研究论文的德文译本。

耶稣会士和新教徒之间的矛盾只是刘松龄与柏林、莱比锡的科学期刊合作相对不密切的原因之一。因为刘松龄与新教背景的英

① 刘松龄，1781 年，第 1 页。

② 波格列宾斯基，1971 年，第 247 页。

③ 丹尼尔·伯努利，1700 年 1 月 29 日出生于荷兰罗宁根省（Groningen），1782 年 3 月 17 日在瑞士巴塞尔（Basel）去世。

国皇家学会之间的合作比较愉快，至少在1742年至1752年这十年间非常顺利。即使是1774年刘松龄去世后，他的那些学生还在伦敦出版了他们的研究成果。

5.4.2 圣彼得堡

5.4.2.1 与桑切斯（Antonio-Nunes Ribeyra Sanchez）[①]的合作

桑切斯是葡萄牙籍犹太人。他在葡萄牙学习医学，1724年成为贝内文特城（Benevente）的一名医生。由于犹太人受到迫害，他在刘松龄到达里斯本之前就不得不离开葡萄牙了。桑切斯在伦敦做了两年实习医生，但因为不喜欢那里的气候，后来前往莱登（Leyden），受业于波哈夫（Herman Boerhaave）[②]的门下。桑切斯的同学范·斯威坦（Gerhard van Swieten，1700—1772年）只比他小几个月，他们一直保持通信联系。范·斯威坦把改革哈布斯堡教育体系作为终身职业。

1731年，波哈夫请求俄罗斯女皇安娜·伊凡诺芙娜聘请桑切斯和其他两位医生。同年，桑切斯前往俄罗斯，成为圣彼得堡军校的医生。1747年，桑切斯成为圣彼得堡科学院的一名外国成员，同时兼女皇伊丽莎白以及后来继位的叶卡捷琳娜二世（Catharine II Aleksejevna，1729—1796年）的医生。1740年5月9日，欧拉（Leonhard Euler，1707—1783年）用拉丁文给桑切斯写了一封长信，信中提及数理分析、丹尼尔·伯努利的无限射线方法、惠更斯以及英国的天气情况[③]。欧拉在桑切斯之前的四年即1727年5月24日就到了圣彼得堡。1733年，丹尼尔·伯努利回瑞士后，欧拉成为圣彼得堡科学院数学部的负责人。1741年，即给桑切斯写信的一年之后，欧拉离开俄罗斯，于6月19日前往柏林。1766年6

---

① 桑切斯，1699年3月7日出生于蓬纳-马科尔（Penna-Macor），1783年10月14日在巴黎去世。

② 荷兰人赫尔曼·波哈夫，1668年出生，1738年去世。

③ 卡瓦略，1955年，第199、200页。

月 17 日，欧拉返回圣彼得堡。同年，他向在巴黎的桑切斯讲述了自己的眼疾[①]。眼疾导致欧拉于 1738 年右眼失明、1771 年双目几乎完全失明。

尽管桑切斯取得了成就，但是因为是犹太人，1747 年他被解雇了。桑切斯只得前往巴黎。后来，拉祖莫夫斯基(Kiril Grigorjevič Razumovski，1728—1803 年)告诉他是伊丽莎白女皇的种族歧视导致其失掉工作的。桑切斯在巴黎与那个时代的顶尖科学家们保持联系，这其中有达朗贝尔(Jean le Rond d'Alembert，1717—1783 年)。1782 年 11 月 3 日，达朗贝尔从罗浮宫发出一封信向桑切斯讲述了自己的健康状况[②]。

桑切斯与北京的耶稣会士保持联系。徐懋德把 1730 年 7 月 15 日自己观察到的日食、1729 年和 1730 年观察到的多个木卫告诉了桑切斯的朋友萨克拉门托(De Castro Sacramento)[③]。萨克拉门托与桑切斯一样，也是位葡萄牙籍犹太人医生。他住在伦敦一个比较安静的地方，是英国皇家学会成员。萨克拉门托和桑切斯与德国人拜尔这位语言学家兼汉学家保持着联系。拜尔是汉学研究的先驱，他是圣彼得堡科学院古希腊语和拉丁语教授。1737 年，拜尔让欧洲发表了戴进贤和徐懋德的北京天文观测结果，而这些结果很可能就发表在苏熙业(Etienne Souciet)神父那本《耶稣会士在印度和中国所作的数学、天文和地理考察》中。苏熙业的书中有大量印刷错误，这使戴进贤很生气。后来，戴进贤决定在意大利出版这些观测结果。在 1747 年桑切斯离开圣彼得堡之前，刘松龄送给他两卷北京的天文观测结果[④]，它们很可能是日、月食观测结果以及布利加(Della Briga)神父的月面图。1744 至 1747 年间，上述

① 傅作霖，1980 年，第 340 页；维也纳大学图书馆，12713，第 564 页。

② 维也纳大学图书馆，编目 12713，第 575 页；傅作霖，1980 年，第 198、339、341 页；卡瓦略，1955 年，第 197、198 页。

③ 萨克拉门托，1692 年出生于葡萄牙，1762 年在伦敦去世(维埃加斯，1921 年，第 261 页)。

④ 宋君荣，1970 年，第 652 页(宋君荣 1751 年 11 月 18 日寄给莫蒂默的信)。

观测结果在罗马和卢卡(Lucca)出版了,共四卷(名为《中国交蚀图录》——译者注)[①]。这样,北京耶稣会士不断在欧洲发表他们的观测结果。

徐懋德曾于1732年9月12日、1734年7月25日写信给桑切斯,最后一封信写于1742年。第二年,徐懋德就去世了。徐懋德学过四年哲学,在1715年乘船前往中国之前,他任教于科英布拉高级中学的高年级。他可能在科英布拉遇到了比自己年长十岁的桑切斯。1721年,徐懋德到达了广州。1736年12月30日,他向桑切斯表达了谢意,因为后者请热那亚(Genua)的船只给他捎来了格雷戈里(James Gregory, 1638—1675年)的物理天文学和几何学方面的书籍,特别是沃尔夫的书。徐懋德描述了在京葡萄牙和法国修院的处境以及那些来自里斯本埃武拉(Évora)大学和科英布拉大学他们共同认识的朋友。他还记述了乾隆帝和钦天监监正戴进贤。

在下一封信中,徐懋德感谢桑切斯于1734年9月12日写信给自己,这封信于1737年12月底寄达。他再次提及曾在科英布拉和里斯本学习哲学和数学的北京同伴们,其中有一位叫索智能,曾在葡萄牙跟随锡尔韦拉(Joseph da Silveyra)和巴普蒂斯塔(Manoel Baptista)研究哲学。与麦有年(Paolo de Masquita, 1696—1729年)神父一起完成数学论文答辩后,1725年,索智能离开科英布拉乘船前往中国。1729年,他与陈善策神父进宫为皇帝效力[②]。

谁也没有想到徐懋德在53岁时就去世了。之后,桑切斯与徐懋德的继任者、钦天监监副刘松龄继续保持联系。桑切斯送给刘松龄一些科学书籍和科学仪器,用以交换中国的种籽、块茎以及博

---

① 惠特克,1999年,第91页;索默尔沃热尔,第2册第163页;李约瑟、王铃,1959年,第3卷第454、791页。

② 维埃加斯,1921年,第262页;《档案馆、图书馆和博物馆杂志》,1904年10月第10期第8卷;《时代报》第11版,第307—311页(在京耶稣会士寄给桑切斯的文件和信件);莱莫斯,1913年。

物志的资料。在京耶稣会士也把中国陶瓷赠送给他[①]。就在1747年离开圣彼得堡之前，桑切斯请自己在伦敦的朋友卡斯特罗·萨克拉门托把柯林森(Peter Collinson, 1694—1768年)的发电机以及贝维斯(John Bevis)[②]制造的用于交食观测的设备送给了刘松龄。

5.4.2.2　与耶拉西奇(Franc Luka Jelačič)[③]的合作

刘松龄与圣彼得堡的耶拉西奇和桑切斯这两位医生开展合作。1745年后，刘松龄及其在京同伴们与科尔夫(Ivan Albert Korff)男爵[④]通信以交换天文数据及书籍。科尔夫于1734至1740年间担任圣彼得堡科学院院长，同时担任哥本哈根宫廷大使。1740年至1744年间，贝尔维特(Karl von Brevert)担任科学院院长。1745年，院长位置暂时空缺。1745年至1748年间，科尔夫担任驻斯德哥尔摩的特别代表[⑤]。由于持不同政见，后来他被召回了哥本哈根。

科尔夫和北京耶稣会士间交换书籍并不奇怪，因为他是那个时代最大的藏书家之一。圣彼得堡学术图书馆就是在科尔夫所收藏的三万册书籍和手稿的基础上发展而来。科尔夫送给北京耶稣会士三本圣彼得堡科学院出版的期刊，在京每个修院一本。作为回赠，耶稣会士把自己出版的各种中文书籍送给了他。1747年，圣彼

---

① 维埃加斯，1921年，第261页。

② 贝维斯，1695年10月31日出生于威尔特郡(Wiltshire)的老塞勒姆(Old Sarum)，1771年11月6日在伦敦去世。他毕业于牛津大学，是一名医生、英国皇家学会会员。贝维斯在《皇家学会会刊》发表了大量天文观测结果，还出版了哈雷的星表和电力试验。1731年，他发现了星云，后来被称为巨蟹星座。1737年5月28日，他是唯一一位观测到“掩星”——金星合木星现象的天文学家。1738年3月6日和1739年3月6日间，他绘制了最精确的星图。该星图虽没有公开，但它对刘松龄开展类似的工作产生了影响(基尔伯恩、帕萨乔夫、金格里奇，2003年，第132页)。

③ 耶拉西奇，1720年出生于维也纳，1776年之后在莫斯科去世。

④ 科尔夫男爵，1697年11月30日出生于库尔兰的俄根多夫(Eegendorf)，1766年6月7日在哥本哈根去世。

⑤ 1749年11月28日致弟弟维切特的信(普瑞，1781年)。

得堡科学院送给北京耶稣会士更多的书籍和一张西伯利亚新地图[①]。耶拉西奇是俄罗斯探险队的成员。

自1746年至1798年，在拉祖莫夫斯基伯爵担任圣彼得堡科学院院长期间，刘松龄与圣彼得堡学者的科学合作继续进行。拉祖莫夫斯基自己尽管不是科学家，但他成功地对科学院进行了革新。拉祖莫夫斯基是效力于波兰王国的乌克兰哥萨克后裔。他是最后一位乌克兰将军(1750—1764年)，后来担任近卫军中尉。拉祖莫夫斯基的医生杜费(Jean Thadée Felicité Du Fay)[②]曾在蒙彼利埃(Montpellier)学习，他是巴尔萨泽・阿凯(Balthazar Hacquet)在卢布尔雅那的一位朋友。杜费接受林奈(Carl von Linné，1707—1778年)的观点。拉祖莫夫斯基的哥哥阿列克谢・拉祖莫夫斯基(Aleksej Grigijevič Razumovski，1709—1771年)是女皇伊丽莎白・彼得罗芙娜的情人。院长拉祖莫夫斯基组建了探险队，该探险队于1747年访问北京。队员中有一位有着克罗地亚血统的俄罗斯医生，名叫耶拉西奇，他于1740年离开克罗地亚前往圣彼得堡。1743年，耶拉西奇毕业于圣彼得堡总医院医学系，在那里他与桑切斯开展了合作。耶拉西奇先后参加了三次到中国的探险(1747年，1754年至1756年，1757年至1764年)。

在11月3日寄给德利斯尔的信中，宋君荣记述了“匈牙利医生”耶拉西奇访问北京一事[③]。1754年，弗拉德金(Aleksej Vladikin)负责这次远行[④]，但是给北京耶稣会士的信件和书籍都由耶拉西奇负责[⑤]。在访问北京期间，耶拉西奇与刘松龄合作收集了天文观测结果、中国动植物的物种，并为圣彼得堡科学院购买了四

---

① 刘松龄，1781年，第23—24页；迪米茨，1861年，第83页；德日曼，1881年，第16页。

② 杜费，1728年出生于克莱蒙・费朗(Clermond Ferrand)，1770年去世(塞米翁，1996年，第98—99页)。

③ 埃梅・马丁，1843年，第4册第73页。

④ 弗拉德金是负责对外事务的俄罗斯馆汉人和满人的翻译。

⑤ 宋君荣(1970年，第803页)把他误写作为“外科医生”。

十二种涉及历史、医药、天文和数学等方面的中文书籍。北京耶稣会士送给耶拉西奇五本书：星图（天体图）、中国古地图、《云南通志》、《湖广通志》、《安陆府志》[①]。星图很可能是那时已经完成，但几个月后才印行的3083颗恒星总录。今天，我们能够在圣彼得堡十八世纪的中文图书类中找到九种“数学”著述[②]，它们大概就是刘松龄为耶拉西奇采购的。这些书名都与天文学、几何学以及建筑学有关，其数目是耶拉西奇藏书的好几倍，其中一些是关于历史和建筑方面的[③]，还有十六种保存的书籍是天文学和几何学方面的[④]。物理学方面的书籍没有单独分类。

圣彼得堡科学院医学系要求耶拉西奇带回中国著名的根茎类植物人参，以研究其特性。刘应神父像在其之后的李明神父一样已经对人参作了描述[⑤]。1711年4月12日，杜德美（Pierre Jartoux）[⑥]神父自北京给法国传教会会长写信，信中对人参进行了描述。他写道：蒙古边境的中国人和鞑靼人（满人）都认为人参是一种灵丹妙药。杜德美绘制了人参图，并用字母A、B、C、D标注人参的不同部位[⑦]。1718年，巴黎的《科学院论丛》对人参作了描述。刘松龄和法国耶稣会士把人参的相关资料送给了耶拉西奇，并帮助他得到几棵实物人参，但是后来探险队的头领弗拉德金从耶拉西奇那里把人参都拿走了。

从中国回来后，1756年，耶拉西奇成为莫斯科医院的外科主治医生。在参加了克罗波托夫（Kropotov）率领的第二次探险之后，1764年，他成为圣彼得堡医院的外科主治医生。耶拉西奇的后裔

---

① 什米特克，1995年，第110页。

② 沃尔拉文斯，1998年，第401页（第35—43节）。

③ 沃尔拉文斯，1998年，第409—411页。

④ 沃尔拉文斯，1998年，第411—412页（第149—164节）。

⑤ 迪代伊，1994年，第340页。

⑥ 杜德美，字嘉平，1669年8月2日出生于埃夫勒（Embrun）；1687年9月29日在阿维尼翁入耶稣会；1720年11月30日在北京去世（荣振华，1973年，第131—132页）。

⑦ 宋君荣，1970年，第176—177页；埃梅·马丁，1843年，第3册第183—185页。

至今仍住在俄罗斯，他们知道自己与著名的克罗地亚民族英雄、总督耶拉西奇(Josip Jelačić, 1801—1859 年)的关系(1848 年，耶拉西奇带领当地民众击败了匈牙利人的入侵，使克罗地亚第一次成为统一的国家——译者注)。

5.4.2.3 与圣彼得堡科学院的合作

拉祖莫夫斯基与高层政界的密切联系推动了圣彼得堡科学院的发展。刘松龄任职期间，克拉特齐斯坦(Christian Gottlieb Kratzenstein)[①]在桑切斯之后不久，成为圣彼得堡科学院的通讯院士。1754 年，马森布洛克(Pieter van Musschenbroek, 1692—1761 年)和范・斯威坦当选为通讯院士。1760 年，耶稣会士博斯科维奇和斯洛文尼亚人珀维奇(Žiga Popovič, 1705—1774 年)当选为通讯院士。

经过与圣彼得堡科学院的二十多年合作，1762 年，刘松龄成为其荣誉会员[②]。1765 年，他和来自意大利哈布斯堡地区的耶稣会士希梅内斯(Leonard Ximenes, 1716—1786 年)一起被选为圣彼得堡科学院的通讯(外国)院士。刘松龄去世后，1776 年，包恩(Ignaz von Born)成为圣彼得堡科学院通讯院士。包恩与卡尔尼奥拉的几位博物学家有联系，并出版了他们的研究成果。

即使在 1747 年之前，刘松龄也与巴黎科学院兼圣彼得堡科学院院士的德利斯尔保持联系，当时后者仍在圣彼得堡。1749 年，德利斯尔在致北京耶稣会士宋君荣的一封长信中描述了欧洲天文学研究的境况、英国皇家学会成员的研究情况以及巴黎和博洛尼亚的大学情况。他对行星运动的改进测量值以及行星的其他特性尤其感兴趣。德利斯尔要了一些本应从中国寄往巴黎的特殊观测结果。在京耶稣会士需要验证最先进的天文学成效并修正旧的天文记录，“但是一些中国人开始表示不满，因为他们发

---

① 克拉特齐斯坦，1723 年 1 月 30 日出生于韦尼格罗德(Wernigerode)，1795 年 7 月 6 日在哥本哈根去世。

② 什米特克，1995 年，第 124 页。

现耶稣会士掌管北京钦天监后改变了传统的天文学体系"[①]。德利斯尔与刘松龄合作,三次提议在巴黎出版刘松龄的天文观测结果[②]。

为了观测水星凌日,刘松龄使用了自己测定的北京皇家观象台和圣彼得堡天文台之间的相对时差,他打算把自己的观测结果和戴进贤的合在一起发表。最终,这些观测结果于1768年在维也纳发表了。但是圣彼得堡天文学家最感兴趣的是计算圣彼得堡与北京两地的子午线时差。他们在刘松龄去世后重印了其观测结果,但并不知道后者此时已经去世。

1754年,刘松龄已经计算出了时差。他依据戴进贤1713年至1745年间在京对木卫所作的观测以及德利斯尔在圣彼得堡所作的观测,准确计算出北京的经纬度。赫尔从维也纳把德利斯尔的天文观测书籍寄给了北京;俄罗斯探险队也带来了德利斯尔发表在圣彼得堡科学院期刊上的观测结果。这样,刘松龄可以对德利斯尔和戴进贤的观测结果进行无数次比较。刘松龄对坐标相同的木卫观测时刻进行比较,以尽可能得到一个准确结果。在1768年的书中,刘松龄指出:圣彼得堡与北京耶稣会修院之间的子午线时差是5小时44分16秒,耶稣会修院与钦天监之间的时差是14秒[③][后来,安国宁(Anoré Rodrigues)[④]指出这个时差应当是13秒],钦天监与北京子午线的时差是7秒[⑤]。而根据戴进贤以往的观测结果,圣彼得堡和北京之间的时差是5小时44分55秒[⑥]。

在递交给圣彼得堡科学院的报告中,刘松龄知道德利斯尔测量

---

① 什米特克,1995年,第92页;刘松龄写于1749年11月28日的信(普瑞,1781年,第24—25页);德日曼,1881年,第17页。

② 迪米茨,1861年,第82页。

③ 刘松龄,1770年,第187页;刘松龄,1774年评论,第157页。

④ 安国宁,字永康,1729年2月2日出生于科英拉布教区的莫尔塔涅(Mortagna);1745年4月23日在阿罗亚斯(Arrojas)入耶稣会;1796年12月2日在北京去世(克拉切克,1999年,第28页)。

⑤ 安国宁,1799年,第30页。

⑥ 刘松龄,1774年评论,第157页。

时用了一个比戴进贤更长的望远镜。因为拉朗德(Joseph Jerome le François de Lalande，1732—1807年)和赫尔已经考虑到使用不同望远镜的测量效果，因此刘松龄使用了他们的计算结果。

刘松龄再次计算了圣彼得堡天文台和北京观象台之间的时差，尤其是木星背后那些卫星的出现与隐没(木卫食——译者注)。这次结果和上次相比差了8秒，因此刘松龄公布两者之间的平均时差是5小时44分20秒[①]，这比他在1768年公布的结果多了4秒。

5.4.3 伦敦

在接受俄罗斯邀请后的一年，在京耶稣会士收到了《皇家学会会刊》(*Phil. Trans.*)，并接受了英国皇家学会秘书莫蒂默(Cromwell Mortimer，1693—1752年)于1746年2月5日签署的合作邀请[②]。刘松龄对哥白尼观点的最终质疑并不影响其与英国皇家学会之间交换数据。1752年9月之前，英国及其殖民地并没有使用格里历(Gregorian calendar)，使用的却是儒略历(Julian calendar)，历法的不同带来了一些问题。英国皇家学会首先发表了两封刘松龄未署名的信件，后来又发表几封签署了其全名的信件。刘松龄最终没有当选为英国皇家学会会员[③]。

5.4.3.1 中国观测到的彗星

中国人观测彗星的历史比较久远，来华耶稣会士只是继续了这项工作。1701年10月28日，托马斯观察到了C/1701 U1这颗彗星，与此同时，法国人在比利牛斯山脚下的波城(Pau)也观测到了这颗彗星。1723年10月11日，喜大教神父(Nicholas Giampriamo，1686—1759年)和戴进贤在北京观测到C/1723 T1这颗彗星。宋

---

① 刘松龄，1775年，第633页。

② 刘松龄，1781年，第24页；普瑞，1781年，第94页。莫蒂默，出生于埃塞克斯(Essex)；1752年在伦敦去世。

③ 什米特克(1995年，第110页)注明了1751年10月的这次选举，但是没有资料能够证明他的假说。

君荣和雅嘉禄(Motel Jacques, 1688—1728 年)在北京也观测了这颗彗星,六年后,他们的观测结果在巴黎发表。1723 年年底前,卡波内和比安契尼(Francesco Bianchini)[①]在意大利、佩斯利(Paisley)勋爵和一位名叫布拉德利(James Bradley)的牧师在英国都观测到了这颗彗星。他们的观测结果发表于英国皇家学会的期刊上。比安契尼在罗马东南 20 公里处的阿尔班山(Alban)上建了一座天文台。他发现了三颗彗星并观测了月球和火星的表面。他从金星上那些斑点的移动估算出金星的自转周期是 24.5 天。后来,人们修正了这个论断,因为天文学家发现金星上包围着一层比地球更浓厚的大气,金星表面是看不见的。1711 年,巴黎科学院出版了比安契尼那台用于制造长焦距反射镜或透镜机器的使用说明[②]。

1737 年 7 月 3 日,戴进贤在北京发现彗星 109P/1737 N1[③]。那是当年观测到的第二颗彗星,斯威夫特-塔特尔(W. Swift-Tuttle)对这颗彗星作了深入探究。

卡波内很可能在刘松龄首次与英国皇家学会接触时给予了一些帮助。刘松龄在寄往伦敦的第一封信中记述了 1740 年 11 月北京的观测结果。很明显,刘松龄熟悉那个时代的天文符号,这对于行家之间进行数据交换非常必要。这份报告包含了日期、各种行星的符号以及相对于恒星(也用符号作了标记)的行星坐标。

在第二封信中,刘松龄描述了自 1742 年 3 月初至 4 月初在北京观测到的一颗彗星运行轨迹。除了有关数据外,刘松龄还增加了一些解释。这正是那年观察到的第一颗彗星。1742 年 2 月 5 日,他们曾在好望角观测到这颗彗星。1742 年 2 月底,本杰明·富兰克林(Benjamin Franklin, 1706—1790 年)在费城观测

---

① 比安契尼,1662 年 12 月 13 日出生于维罗纳(Verona),1729 年 3 月 2 日在罗马去世。

② 舍瓦尔利奇,1986 年,第 87 页;奥尔森、帕萨乔夫,1999 年,第 334 页;李约瑟、王铃,1959 年,第 3 卷第 761 页;宋君荣,1729 年,第 105 页。

③ P/确认回归 1 次以上的短周期彗星;C/长周期彗星,200 年周期以上。——译者注

到这颗彗星。1742 年 3 月 2 日、3 月 4 日和 3 月 11 日，富兰克林在费城的《美利坚信使周报》(American Weekly Mercury)上报道了这次观测。他提及著名学者威廉·惠斯顿(William Whiston)[①]的彗星理论和惠斯顿的评论家开尔(John Keill)[②]的天文学演讲。1742 年 3 月，人们在欧洲用肉眼就能看到这颗彗星，因为它有一条 5 至 8 度的彗尾。

计算彗星轨迹时，刘松龄可能运用了牛顿法(Newton's method)[③]，一如在他之前的博洛尼亚天文学家兼水力机械师萨诺第(E. Zanotti, 1709—1782 年)在 1739 年计算彗星轨迹时所做的那样[④]。

后来，刘松龄请在布鲁塞尔的弟弟把博洛尼亚天文学家的计算结果寄给自己。1739 年至 1741 年间，刘松龄已充分掌握萨诺第计算方法的有关资料，这可以在观测彗星时派上用场。但是刘松龄尚不知道仅在一年后即 1746 年博斯科维奇就对牛顿法进行了补充说明。刘松龄只能在后来即 1748 年观测彗星时才使用了博斯科维奇的资料。

刘松龄的长上、钦天监监副徐懋德也一起研究了 1742 年的那颗彗星并计算其轨迹。与戴进贤、刘松龄不同的是，徐懋德像传教团中的其他葡萄牙籍传教士那样，将大多数研究成果都在里斯本发表了。1737 年，他向里斯本科学院寄送了 82 卷本带有星云图的天象说明[⑤]。

---

① 威廉·惠斯顿(1667—1752 年)，牛顿的朋友与合作者。1702 年，他在剑桥大学继任牛顿的卢卡斯教席；1711 年，因为持自由神学观点被解聘，后在伦敦任教。

② 开尔(1671 年 11 月 1 日出生于爱丁堡，1721 年 8 月 31 日在英国牛津去世)是大卫·格雷戈里(David Gregory)的学生，1700 年后成为英国皇家学会成员，1712 年任牛津沙尔文(Salvin)天文学教授。他是牛顿思想的捍卫者。

③ 牛顿法，又称为牛顿-拉弗森方法(Newton-Raphson method)，它是一种在实数域和复数域上近似求解方程的方法。方法使用函数 f(x)的泰勒级数的前面几项来寻找方程 f(x)=0 的根。——译者注

④ 奥尔森、帕萨乔夫，1999 年，第 335 页。

⑤ 迪尼什，2000 年，第 166 页。

刘松龄没有发表自己对彗核和彗尾性质所持的观点。这个问题在一个半世纪后的1874年、全欧洲都能看到科嘉(Coggia)彗星时,引起了激烈的辩论。在相当长的时间里,天文学家认为来自太阳的排斥力作为一种光压迫使彗星的气体部分远离其彗核。人们经常聚在剑桥大学麦克斯韦(James Clerk Maxwell, 1831—1879年)教授的家里谈论彗星,以至于他家的小狗托比一听到人们讨论彗尾,它就转圈努力想咬住自己的尾巴。

1748年11月6日[①],在写给莫蒂默的下一封信中,刘松龄把1747—1748年度在北京冬季所观测到的结果告诉了他。1749年1月18日,英国皇家学会宣读了该信。1747年12月6日,刘松龄观察到月掩火星,他附了一张图示以助于解释自己的描述。

刘松龄描述了1748年1月1日发生的"金星合木星"现象以及两个多月后的"金星合火星"现象。他用图描述了"金星合火星"现象。在水平和垂直的轴线上,他标注了金星的位置,在两者之间的线上,他标注了火星的位置。

刘松龄报告了1748年4月27日至6月18日间对彗星C/1748 H1进行观测的结果。但有几次,云层妨碍了观测。刘松龄用的是1742年巴黎科学院期刊上登载的弗拉姆斯提德、赫维留(Johannes Hevelius, 1611—1687年)和拉卡伊的星图[②]。期刊是他从宋君荣那里得到的。几天后,即1748年11月9日,宋君荣向英国皇家学会报告了1748年对这颗彗星进行观测的结果。两封信可能是由同一条船带到伦敦的。1749年1月18日,英国皇家学会宣读了这两封信后,把它们相继发表于《皇家学会会刊》上。这两封信从北京寄往伦敦只花了一个半月。

这颗彗星首次用了皇家天体镜进行观测,很可能是置于北京皇家观象台的牛顿式反射望远镜。彗星大约位于双鱼座18度、南纬

---

① 刘松龄,1752年(1749—1750年),第306页。在英国皇家学会的草案中(1749年1月18日,第223—224页)这封信的日期被错写为1748年11月8日。

② 刘松龄,1752年(1749—1750年),第308、309、310页。

27 度，我们能在靠近 λ 和 μ 恒星的飞马座看见它。稍后，彗星划过这些星座以外的天区[①]。

刘松龄和宋君荣观测了 1748 年的第一颗彗星。四月底，巴黎、格林威治和南美洲也可以看到这颗彗星。它的彗尾有 20 度长，因此肉眼也可以清晰地看到。最迟至 1748 年 6 月 30 日，马拉尔蒂在巴黎还能见到它。与此同时，人们在荷兰哈伦（Haarlem）上空三次观测到一颗彗核更亮却没有彗尾的彗星。因为那些只是大概的观测，因此很难计算那颗彗星的运行轨迹。

南怀仁分别在 1760 年 5 月 28 日给姐姐玛丽亚 · 伊丽萨白 · 冯 · 苏美俄奥（Maria Elisabetha von Sumerau）以及 1761 年 4 月 20 日给姐夫安东尼厄斯 · 撒迪厄斯 · 冯 · 苏美俄奥（Antonius Thadeus von Sumerau）的信中描述了 1755 年和 1759 年 5 月、6 月出现的彗星[②]。这颗彗星于 1759 年 4 月 26 日消失，并于 1759 年 5 月 15 日在狮子座再次出现[③]。

在收到刘松龄和宋君荣的信件之前，英国皇家学会会员们讨论了月球的不规则运动，这种运动显然与牛顿的理论相悖。会员们必须在 1751 年 1 月 1 日之前把研究结果寄送给圣彼得堡科学院院长拉祖莫夫斯基。或许他们并没有在所递交的用俄文、拉丁文或法文撰写的文稿上署名，而在单独的纸上另外署名了[④]。在刘松龄观测天象时期，1748 年 7 月 25 日，欧洲人观看到了日全食，多佩尔迈尔（Johann Gabriel Doppelmayer）[⑤]在星图中亦作了记录。梅西耶

---

① 刘松龄，1774 年评论，第 158—159 页。

② 南怀仁，2000 年，第 97、110 页。

③ 钱德明，1774 年，第 557、558 页。

④ 1749 年 1 月 18 日英国皇家学会手写草案（第 223—224 页）。

⑤ 德国数学家、天文学家多佩尔迈尔（1677—1750 年）的简历如下：1696—1699 年，他是阿尔特多夫大学约翰 · 克里斯多夫 · 斯图姆（Johann Christoph Sturm，1635—1703 年）的学生，毕业论文是关于“照相机的暗箱”；1704 年之后，是纽伦堡贾尔斯高等学校的数学教授，在那里他编辑、翻译了比昂数学仪器方面的著述。多佩尔迈尔的父亲约翰 · 齐格蒙德 · 多佩尔迈尔（Johann Siegmund Doppelmayer，1641—1686 年）率先在纽伦堡制造了立式真空泵。

(Charles Messier)[①]也在巴黎发表了此次日全食的观测结果。

1750 年 9 月 18 日，刘松龄从北京再次给莫蒂默寄了一封信，并附赠两本中文书籍。一本是正弦、正切、正割和自然数的对数。1827 年，巴贝奇(Charles Babbage, 1792—1871 年)通过比较书中的错误，证实或是刘松龄或是宋君荣已经把 1713 年在中国重新印刷的佛拉格(Adriaan Vlacq, 1600—1667 年)1 至 10 万之间的对数表(1628 年)寄给了英国皇家学会。1721 年，佛拉格其他的一些简易对数表(1636 年)在中国重印后被献给了康熙皇帝[②]。

另一本是根据牛顿原理编制的格拉马蒂西"日躔月离表"。北京钦天监使用这本书进行历法和交食计算。戴进贤把它们翻译成了中文[③]。

刘松龄在北京收到了英国皇家学会的 1749 年《皇家学会会刊》，为此他向莫蒂默表示感谢。也许这正是《皇家学会会刊》第 46 期，上面刊有刘松龄讨论彗星以及其他观测结果的前一封来信，英国皇家学会于 1749 年 1 月 18 日宣读了该信。

1751 年 12 月 19 日，英国皇家学会宣读了刘松龄于 1750 年 9 月 18 日从北京寄出的这封信。他们用英文发表了信的前两页和第三页的大约一半。译者把第一段和第三段分成了两个部分。不知是什么原因，他们没有发表第三页的其余部分以及刘松龄只写了九行字的最后一页，仅印制了原信信尾刘松龄的地址和签名。

刘松龄把自己在 1746[④] 年所作的天文观测结果寄给了英国皇家学会，并答应在下一封信中汇报接下来两年里的观测。但是此

---

① 研究彗星的法国著名学者梅西耶，1730 年 6 月 26 日出生于南锡和斯特拉斯堡(Strasbourg)之间的巴东维莱(Badonviller)，1817 年去世。1751 年，梅西耶担任德利斯尔的助手。1770 年，他是巴黎科学院院士，六年后，同时任柏林科学院和圣彼得堡科学院院士。

② 李约瑟、王铃，1959 年，第 3 卷第 53、745 页。

③ 迪米茨，1861 年，第 83 页；刘松龄 1749 年 11 月 28 日的信(普瑞，1781 年，第 24 页)。

④ 在文稿的抬头，时间错误标注成 1744 年。

后伦敦再也没有发表过他的信件。1752 年 3 月 5 日，皇家学会宣读了刘松龄在 1746 年和 1747 年所作观测的选录部分，并把其与天文学家贝维斯博士寄给皇家学会萨克拉门托博士的评论放在一起出版了。

很难理解为何在 1750 年 9 月 18 日那封信之后，刘松龄不再让英国皇家学会出版自己的信件了。“没有全文发表最后一封信”这个理由不能让人信服，而且刘松龄也没有立即与欧洲其他任何研究中心开展合作。刘松龄打算把北京耶稣会士自 1717 年至 1752 年间的观测记录汇编成册后出版，最终，该书于 1768 年在维也纳刊行。自停止在伦敦发表观测记录到开始在维也纳出版《天文测验》这一期间，刘松龄的一些观测记录于 18 世纪 50 年代中期由圣彼得堡科学院发表了。后来，他也开始了与圣彼得堡开展合作。

刘松龄没有发表任何关于哈雷彗星的观测结果。1758 年 12 月 24 日，德国业余天文学家帕里奇（Johann Georg Palitzsch，1723—1788 年）在德雷斯顿（Dresden）附近观察到了哈雷彗星。1759 年 3 月 13 日，彗星飞越近日点[①]。刘松龄向英国皇家学会寄送的彗星记录无疑值得称道。1655 年至 1840 年间，皇家学会出版了 90 份关于彗星的报告，其中大部分来自 1737 年至 1795 年间。1759 年，他们出版了七份关于哈雷彗星的报告。关于流星他们出版的稍微有点少[②]。

1755 年 4 月，宋君荣把中国舆图连同刘松龄的书一起寄给英国皇家学会的新任秘书伯奇（Thomas Birch）。1758 年，英国皇家学会出版了宋君荣绘有一幅图片的北京介绍[③]。

---

① 奥尔森、帕萨乔夫，1999 年，第 29 页；别利亚耶夫、科日莫夫，1985 年，第 39、69 页。

② 奥尔森、帕萨乔夫，1999 年，第 32—33 页。

③ 宋君荣，1759 年，第 708—710 页。

1772年或1773年，刘松龄的钦天监同伴齐类思（Luigi Cipolla）①将一包观测记录交由在广州的东印度公司货船发往伦敦。广州商人布雷克（John Blake）把这个包裹交给了自己的父亲（与其同名），其父最终把它送到了英国皇家学会②。1773年11月4日，格林威治皇家天文学家马斯基林（Nevil Maskelyne）③向英国皇家学会宣读了这些观测记录。第二年，他们出版了这些观测结果。在齐类思所收集的葡萄牙耶稣会士测量记录中，夹有赫尔已经在维也纳出版的、刘松龄所编的《天文测验》。

马斯基林断言齐类思在北京所作的观测大多使用的是装在8英尺长望远镜上的测微器。他们还用了一个长度一样、带有两个物镜的罗默（Olaus Christensen Roemer）④望远镜。因为北京观象台的设备较好，他们观测1761年11月12日的月全食时比别人提前了34秒开始，同时也比别人提早18秒结束。在京耶稣会士注明观测那次月食的时间是用一个摆钟来测算的。齐类思把下列观测记录寄送给了伦敦：

1. 1769年6月4日，齐类思抵达中国之前观测的金星凌日现象
2. 1770年5月25日，用测微器观测日食
3. 1771年10月23日，月食初亏与复圆
4. 1770年7月5日，月掩木星（木星从月球背影里的出现）
5. 1772年1月25日，月球遮盖室女座最亮的恒星始末
6. 1772年1月29日，月球遮盖天蝎星座始末
7. 1772年1月5日，观测金星相对于太阳的视高度差以及金

---

① 齐类思，1736年出生于西西里巴勒莫（Palermo）的卡尔塔武图罗（Caltavuturo）；1757年在西西里入耶稣会；1771年抵达北京；1805年之后去世（费赖之，1934年，第964—965页；荣振华，1973年，第56页）。

② 齐类思，1774年，第31页。

③ 马斯基林（1732—1811年）是继弗拉姆斯提德、哈雷、布拉德利和布利斯（Nathaniel Bliss，1700—1764年）之后的英国第五位皇家天文学家。

④ 罗默，1644年9月25日出生于日德兰半岛的奥尔胡斯；1710年9月19日在哥本哈根去世。

星和太阳的赤纬

8. 分别用五英尺、七英尺以及八英尺长的望远镜观测1761年11月12日的月全食。同时，该天象也在经度相距14″以西的钦天监天象台用八英尺长、带有两片罗默物镜的望远镜进行观测。他们在北京的耶稣会士观测站分别用五英尺、七英尺以及八英尺长的望远镜观测了月食初亏、食甚、食长、复圆的时刻，该观测站曾作过其他一些观测。记录这些观测结果的纸不见了，直至1772年10月12日观测另一次月食的第二天才重新找到。这些记录在欧洲的出版仅见于英国皇家学会齐类思作品集中①。

9. 1772年10月11日，在广州观测的月食，由一位姓名不知的耶稣会士送给了布莱克。

因为那时中国需要医生和画师，所以齐类思进修了医学。1770年3月20日，齐类思和贺清泰(Louis de Poirot)②一起登轮启程，于同年10月20日抵达广州。耶稣会被解散后，1776年，齐类思加入宣教部北京传教士之列。尽管隶属于法国传教会，但齐类思申请批准让其转入葡萄牙传教会，这样就可以进入钦天监工作。1802年9月，贺清泰上书耶稣会会长、卢布尔雅那以前的教授格鲁伯神父，请求加入在俄国依旧存在的耶稣会。1805年，齐类思也提出同样的请求。1805年1月，耶稣会会长格鲁伯向中国派了三名俄罗斯耶稣会士，但是罗马下令停止传教运动③。

5.4.3.2 麝香鹿

在1750年9月18日的信中，刘松龄寄出了一些有关北京观象台仪器、中国及其城市地图以及汉语字典等方面的资料。他还描述了麝香鹿，这是来自内陆亚洲深山里无角的一种鹿。

---

① 齐类思，1774年，第32—33页。齐类思在同一文章中接下来也(错误地?)声称一个星期后即1772年10月19日找到了这些纪录(齐类思，1774年，第45页)。

② 贺清泰，1735年10月23日出生于洛林；1756年7月9日在罗马入耶稣会；1813年10月13日在北京去世(费赖之，1934年，第965—966页；荣振华，1973年，第207页)。

③ 因格洛特，2002年，第358页。

在刘松龄的描述中，雄性麝香鹿用上牙保卫自己。它们肩高50厘米或更长、身长在85至100厘米之间、体重是10至18公斤。麝香鹿的腿很长，背部特别结实。它们的耳朵较长、尾巴很短，棕色的长毛直立着。雄麝有麝香腺以及从上颌龇出的很长的犬科牙齿。麝香鹿生活在印度北部吉尔吉特(Gilgit)地区以西的喜马拉雅山、西藏、西伯利亚和西南亚的森林之中。它们生活在畜群之外的较高地区，主要食物是树叶和草。中国东部的南方麝香鹿种群有长长的、与众不同的黑耳朵。麝香是雄麝的肚脐和生殖器之间、类似桔子大小的腺囊分泌物，香味很浓，加工后用于制造香料。麝香的主要成分是氮化合物。

最好的麝香产于中国和藏区的“定结宗”(Tongking)，这个地名或许与沟壑有关。出口的香料装在小巧的、四周用铅和锡制造的、装饰精美的茶叶盒里。这种气味首先是中国官员发现的。欧洲人在十、十一世纪已经记载了麝香，但他们不知道这种动物。1655年，卫匡国曾提到它。1717年11月2日，一名耶稣会传教士从北京向欧洲报告了麝香鹿(法文转译为香獐子)。法语译文中第一个中国字“香”表示气味，“獐子”表示动物。贫穷的村民在北京西面的山里捕获了一雄一雌两头麝。一位传教士从他们手中买下了雄麝，保存了含有麝香的部位。与其他报告不同的是，这位传教士已经知道只有雄麝才有麝香。但他认为这种气味可以防蛇，中国人肯定就是那样用的。他确信有麝香的马麝才是真正的捕蛇高手。在刘松龄之前，没有多少关于麝香鹿以及从中国出口麝香的报告①。麝香是广州一种重要的出口商品，在那里，麝香被装在与麝鹿体形差不多大小的粗布袋里。十九世纪初，麝香每袋售价为65至80美元。把麝香放在烧酒中浸泡数日，可以判断它的纯度和强度②。

---

① 埃梅·马丁，1843年，第3册第286—287页。

② 龙思泰，1836年，第313页。

耶稣会士艾启蒙(Ignac Sickelbarth)神父[①]在修院里画了一头死了的雌麝香鹿。刘松龄描述了雌麝和雄麝之间的差别。1839年,来自加德满都的英国人布赖恩·霍顿·霍奇森(Brian Houghton Hodgson, 1800—1894年)在亚洲协会的一份报告中发表了关于麝香鹿的最新描述。

法国耶稣会士汤执中(Pierre Nicholas le Chéuron d'Incarville, 1706—1757年)是在京最好的动植物学专家。他把收集到的昆虫、蝴蝶、贝壳之类制成标本寄往巴黎。1749年,刘松龄把所收集到的标本寄往伦敦。他在1750年9月18日寄出、已发表的那封信信尾提及了此事。汤执中对刘松龄所收集标本的描述发表于1754年——《皇家学会会刊》的下一期。1751年11月15日,汤执中把臭椿的种子寄往欧洲,该植物野生于中国以及珊瑚岛上。18世纪末,臭椿被引进到美国。一时间,人们都把它当作观赏树并用来制造特殊的丝绸[②]。

汤执中还从南京省把一种日本树上长的、用于制造清漆的叶子和花朵寄往巴黎,这种树不同于巴黎皇家花园所生长的树。每年汤执中都把叶片和花朵寄回巴黎。他还描述了皇宫中用的白石蜡以及可用于制造靛蓝的一种植物。他还从中国的山里收集化石,研究云南省辰砂(炼汞的重要矿石——译者注)的采制[③]。刘松龄很可能在这方面给予他很多帮助,因为他知道自己家乡卡尔尼奥拉的伊德里亚(Idrija)——当时最大的汞矿的生产工序。

---

① 艾启蒙,字醒菴,1708年9月26日出生于波希米亚北部的纳德克城(Neudeuk);1736年10月20日在波希米亚入耶稣会;1780年10月6日在北京去世(荣振华,1973年,第247页)。艾启蒙于1744年到达澳门,第二年抵京。1767年2月26日,在老师郎世宁去世后,艾启蒙接替其位在内廷画院任职(克拉切克,1999年,第41页)。

② 布鲁斯、达克斯科布勒,2001年,第224页。

③ 汤执中,1753年,第253、255、257、259、260页。

5.4.4 巴黎

法国耶稣会士宋君荣搭建了刘松龄与巴黎科学院交流天文观测记录和图书资料的桥梁①。1748 年 11 月，刘松龄把一些天文记录寄往巴黎。后来，继刘松龄之后担任钦天监监正的傅作霖也与巴黎天文学家开展了合作②。

中国人口数字统计

刘松龄根据乾隆二十五年(1760)和乾隆二十六年(1761)各省统计数据计算出中国人口总数以及年增长数。与欧洲相比，中国人口增长很快。法国耶稣会士晁俊秀(François Bourgeois)③把刘松龄的统计结果寄往法国，在那儿引起了很多评论。刘松龄对中国人口的估算比钱德明始于 1743 年的估算准确得多。钱德明依据纳税户籍仅计算出中国大约有 200 万人。1778 年 7 月 31 日，晁俊秀把刘松龄的统计结果从北京寄出，第二年寄达巴黎。1779 年 11 月 10 日，这些数据得到认可，并于第二年公布。此时，刘松龄已经去世六年了④。

刘松龄用的是从户部获得的中国十九个省份居民数(法语翻译为户部，钦天或者钦天监隶属于礼部)。刘松龄时任钦天监监正，钦天监衙衙署设在礼部房舍(建于 1442 年)的后面。1766 年，在刘松龄计算出中国人口总数后不久，礼部房舍被重新加以修缮。该建筑的最终命运是从今天天安门广场的东南方位迁走了。

刘松龄所生活的时代，中国人口总数在 2 亿至 2 亿 5 千万之间。这次人口清查对成年男丁和女丁作了区分。刘松龄在统计时仅使用了汉地人口数。对于一些省份，他也列出了省会以及与其

---

① 刘松龄，1781 年，第 17 页(第二封信时间为 1749 年)、23—24 页。

② 刘松龄，1781 年，第 22—23 页。

③ 晁俊秀，字济各，1723 年 3 月 21 日出生于洛林的皮里尼(Pulligny)；1740 年 9 月 17 日在南锡入耶稣会；1792 年 7 月 29 日在北京去世(费赖之，1934 年，第 926 页)。

④ 什米特克，1995 年，第 114、137 页；刘松龄，1780 年，第 374、380 页。

他省之间的联系。依据人口数,他在统计资料中把城市划分为大城市、中等城市和小城市。

1760年,刘松龄计算出中国人口数为196,837,977,第二年则增加了1,375,741多人。刘松龄的继任者傅作霖神父把这些中文统计资料、一份刘松龄已经在重要处用红笔作了记号的统计表副本、一份用葡萄牙文对记号处作的解释以及法文译本寄给了巴黎。刘松龄用葡萄牙文书写是因为他尽管能阅读法文,但在说、写方面没有把握[①],因此在京法国耶稣会士承担了文本的翻译工作。

刘松龄在统计时犯了三个小小的错误。他计算第二个省份北京(北直隶、直隶)的人口数是15,222,040,但中国官方的统计资料显示要比这多900余人。这主要因为汉语中倒数第二个数字"900",那时的法文表达是"neuf cens"[②],而现代法语中是"neuf cents",这意味着刘松龄在统计中少算了900人[③]。

根据刘松龄的统计,第六个省份浙江(今天的浙江省)的人口数是15,429,692,但中国官方的统计数字显示比这少了两人,这归因于最后的数字"nonante"(90)。Nonante或者"neuf fois dix"[④]在那时的法语中表示90,今天在比利时和瑞士仍然用这个词,而现代法语中用的是quatre-vingt-dix。

根据刘松龄的统计,第十一个省份河南(今天的河南省)的人口数是16,332,570,但中国官方统计则比这少了63人,原因是最后一个数字"sept"的意思是"7"。"Septante"在那时的法文中意思是"70",今天比利时和瑞士仍有此用法,而在法国"soixante-dix"这个词后来用的较广。因此,刘松龄一共少统计了835人。这样,中国每年的人口增加数是1,376,576而不是1,375,741,正如刘松

---

① 宋君荣,1970年,第678页。

② 刘松龄,1780年,第375页。

③ 刘松龄,1780年,第292页。

④ 刘松龄,1780年,第379页。

龄起初计算的那样[①]。后来,他们更正了这个数据[②]。我们不知道刘松龄是否考虑了当时中国所有的省份,例如中国最西部的新疆维吾尔。1758 年至 1759 年间,乾隆帝曾两次出兵该地。

在 1736 年至 1796 年乾隆统治时期,中国人口数从 1.5 亿增加到 3 亿多。1766 年,中国的人均田亩数下降至不足一顷[③]。

5.4.5　博洛尼亚

1765 年 10 月 27 日,刘松龄写信给布鲁塞尔的弟弟维切特,请他寄一本博洛尼亚出版的天文期刊或巴黎出版的拉卡伊星表[④]。博洛尼亚的天文期刊上可能有曼弗雷迪(Eustachius Manfredi,1674—1739 年)于 1750 年发表的历表,宋君荣曾使用过该历表的老版[⑤]。另一方面,刘松龄心里可能还惦记着萨诺第在 1763 年出版的著述。B. F. 埃伯格和同伴为卢布尔雅那的耶稣会修院买了这两本书。1761 年,萨诺第观测到金星凌日。他与赫尔合作,在流体力学专业知识方面尽力帮助博斯科维奇和希梅内斯(Jimenez)。1761 年 2 月 17 日,依照格列高利历制定的萨诺第历表付与印刷。

5.4.6　维也纳:1768 年出版的《天文测验》

刘松龄誊写了后来戴进贤及其同伴在 1718 年至 1748 年间对天象进行观测的中文记录,并按照时间顺序以及所观测行星的组别作了排列。这本书起初打算在里斯本出版,但是 1759 年政治家庞巴尔(Sebastiaõ Jozé de Carvalho de Pombal,1699—1782 年)把耶稣会士赶出了葡萄牙。至 1762 年,驱逐耶稣会士运动也扩大到葡萄牙在海外的殖民地,澳门亦难幸免。同时,1763 至 1773 年间北

---

① 刘松龄,1780 年,第 292 页。

② 刘松龄,1780 年,第 400 页;什米特克,第 114 页。

③ 佩雷菲特,1991 年,第 XXVI、XXXI 页。

④ 迪米茨(1861 年,第 84 页)和德日曼(1881 年,第 19 页)错写作 1767 年。

⑤ 佛罗伦萨 C. 夏,1999 年,第 163 页。

京耶稣会士新增加了17位修士。

1763年8月，刘松龄把送给拉祖莫夫斯基的天象观测记录交给了俄罗斯在京使臣克罗波托夫。1763年5月，克罗波托夫曾抵达北京，通报叶卡特琳娜二世去年继任俄罗斯女皇的消息[①]。1768年10月18日，克罗波托夫再次来京并签署了一份双边协议。维也纳皇家天文学家——斯洛伐克人赫尔从拉祖莫夫斯基处获得了刘松龄的这份天文观测记录，最终于1768年5月4日把该记录分为两卷、共830页印刷出版[②]。这样，赫尔与刘松龄开始了卓有成效的合作，并直至后者去世为止。1770年，一位不知姓名的法国人对刘松龄的这本著述称赞有加，1771年，柏林的伯努利(J. Bernoulli)[③]对该书评价也很高。赫尔始于1768年的出版物以及始于1773年的星历表，和刘松龄的《天文测验》一起都保存在北京的北堂图书馆。

赫尔出生于今天斯洛文尼亚申尼茨(班斯卡·什佳夫尼察)的一位煤矿工程师家庭。加入耶稣会后，他被派往维也纳跟随弗勒里希(Erasmus Frölich)[④]学习数学，并成为维也纳大学著名的电力及早期电报研究者弗朗茨(Joseph Franz)[⑤]的助手。他在斯洛文尼亚的申尼茨和特尔纳瓦授课。大约在克卢日的天文学家布雷克费尔德(Franc Breckerfeld，1681—1744年)去世后，赫尔成为克卢日的数学系教授。1755年，赫尔在维也纳担任天文学教授和皇家天文台台长。1745年、1751年、1755年和1761年，他为耶稣会学校出版了一本算术教科书。赫尔患有风湿症，他设法用磁铁石治愈

① 刘松龄，1781年，第43页。

② 刘松龄，1770年评论，第155页。

③ 伯努利(Joannes Bernoulli，1710—1790年)或者是名字和他相同的其子伯努利(Joannes III. Bernoulli，1744—1807年)，他们都曾担任柏林科学院数学系主任(伯努利，1771年，第153页)。

④ 弗勒里希，1700年出生于格拉茨；1716年入耶稣会；1758年在维也纳去世。

⑤ 弗朗茨，1704年2月23日出生于林茨；耶稣会士；1776年4月12日在维也纳去世(瓦尼诺，1969年，第153页；波根多夫，第1册第994页)。

了此病。这种治疗对他非常有效，因此当别人向他求助时，他都极力推荐。1762 年，作为维也纳皇家天文学家，赫尔出版了一本磁石方面的书，该书于 1770 年在格拉茨再版发行。他列举了英国人——主要是约翰·米歇尔（John Michell，1724—1793 年）和约翰·坎顿（John Canton）为例[①]。1766 年，从迪林根（Dillingen）耶稣会修院毕业的年轻研究生梅斯默（Franz Anton Mesmer，1734—1815 年）从朋友赫尔处借来磁石，开始进行康复治疗的实验，从而开创了现代催眠术。

十八世纪六十年代，赫尔依据赫维留星图出版了月面图，但他增加了一些新发现的天体[②]。1767 年，赫尔接受丹麦皇帝的邀请，于 1769 年在拉普兰（Lapland）观测金星凌日现象。他的成功很快遭到别人的嫉妒。卡尔·利特罗（Karl L. Littrow，1811—1877 年）支持赫尔的反对者。他的父亲约瑟夫·约翰·利特罗（Joseph Johann Littrow，1781—1840 年）在赫尔去世后继任维也纳天文台台长，而卡尔·利特罗后来也继任了其父的职位。卡尔·利特罗声称：赫尔后来用不同颜色的笔篡改了 1769 年的原始记录以自圆其说。而美国天文学家纽康（Simon Newcomb，1835—1909 年）消除了大众的疑惑，还赫尔的科学声誉以清白。纽康证实赫尔的观测是正确的，他发现是卡尔·利特罗色盲的缘故，从而错误猜测了不同墨色间的差异。

1768 年出版的《天文测验》第一卷的目录，内容如下，共 320 页。

I. 1717 年 10 月 21 日至 1744 年 10 月 21 日间观测的日食和月食

II. 月球背后的 150 颗星星

III. 近 200 次月球与行星或者恒星之间的视接触（掩星除

---

① 赫尔，1762 年，第 10、11 页。约翰·坎顿，1718 年出生于英国斯特劳德（Stroud），1772 年在伦敦去世。

② 惠特克，1999 年，第 93—94 页。

外）

IV. 行星之间超过 50 次的视接触

V. 行星与恒星的 300 至 400 次的视接触（水星除外）

VI. 诸木卫超过一百次的复现与掩始

附录：包含了 1746 年至 1752 年间用于观测的各种仪器（第 321—382 页）

计时器（第 321—324 页）

测微器（第 325—330 页）

北京观象台纬度的测算（第 331—361 页，附有多张表格）

中国测绘（第 361—363 页）

北京观象台的纬度（第 364—372 页）

望远镜（第 373—382 页，附有表格）

勘误（第 383 页）

书的第二卷与第一卷的顺序一样，收录了 1746 至 1752 年间的天文观测记录。内容如下，共 448 页[①]。

I. 两次日食和月食

II. 150 次月掩星记录

III. 关于月球与其他行星的 30 次视接触

IV. 行星互掩[②]

V. 五年中观测到的第一等星与恒星的 200 次视接触，其中五次触及水星

VI. 木卫的出现。刘松龄在结尾处增加了 1748 年在北京观测的彗星历表

勘误（第 449 页）

---

① 刘松龄，1770 年评论，第 155 页。

② 法国评论在第三段描述了月球和行星的视接触、在第四段描述了行星与恒星的视接触。或许是因为失误，第五段没有提及（刘松龄，1770 年评论，第 182 页）。

6　北京的科学技术

6.1　天体背后隐藏的秘密

刘松龄所处的时代，月掩行星、行星互掩或行星凌日是测量所观测天体间距离的最好机会。从地球观测期间视直径的比率以及从已知的日地距离（天文单位）中，他们可以依据托勒密、第谷·布拉赫或哥白尼体系计算天体之间的距离。

6.1.1　水星凌日

法国耶稣会士洪若翰神父分别于1690年11月10日和1697年11月3日在广州观测到水星凌日现象。他的观测结果在寄送给巴黎科学院的报告中发表了。1737年，博斯科维奇出版了关于水星凌日研究的著述。

1753年5月6日，德利斯尔组织耶稣会士分别在印度、中国澳门和北京观测了水星凌日现象。他把测量以及望远镜长度对所观测凌日次数影响的相关技术资料寄送给了合作者[①]。宋君荣在北京观测了水星凌日现象，并把观测记录在圣彼得堡科学院发表了。宋君荣用的是十五英尺长的望远镜。水星在10时6分10秒或12秒时视接触日轮，在17时52分5.5秒时滑过日轮另一边。当时风雨交加，因此不太可能准确地观测到任何东西。巴黎和博洛尼

① 伍尔夫，1962年，第15、18页。

亚的历表以及卡西尼星表的预测都非常准确[①]。在其他人中，坎顿和肖特（James Short，1710—1768 年）在欧洲观测到了 1753 年 5 月 6 日的水星凌日。肖特使用的是格雷戈里折射望远镜[②]。

1753 年，刘松龄于 6 时 44 分在耶稣会修院开始观测水星的移动。10 时 9 分，水星中心最接近太阳中心。报告者没有记录刘松龄所使用的望远镜类型或尺寸[③]。刘松龄比宋君荣迟三分钟开始观测，他没有做非常精确的记录，因为他没有列出数秒中自己的观测次数。根据宋君荣 1753 年 9 月 11 日的报告，刘松龄和鲍友管当时在宫中当值，不可能观测到这次水星凌日，该报告于 1755 年 11 月 26 日寄达巴黎。钱德明和蒋友仁抵达观测点时已经太晚。钱德明仅用普通望远镜观测这次凌日，而蒋友仁是在位于北京西北八公里处的海淀法国修会驻所内进行观测，结果是他的眼睛疲惫不堪但却一无所获[④]。高慎思也观察了 1753 年的水星凌日[⑤]。

一些天文学家声称，水星凌日对于测量地球与太阳间的距离比十年后的金星凌日更为重要，因为大家猜测水星凌日会离太阳中心更近一些[⑥]。

1756 年 11 月 7 日，刘松龄和宋君荣分别在北京不同的观测点观测了水星凌日现象。同一天，宋君荣在寄给德利斯尔的信中叙述了自己所作的五至十次观测以及对水星与太阳之间距离的测定。一年后，德利斯尔于 1757 年 11 月 12 日在巴黎收到此信[⑦]。水星在早晨 9 时 29 分 49 秒视接触日轮，在 14 时 56 分 23 秒移开。宋君荣观测这次水星凌日现象用的是七英尺长的望远镜

---

① 宋君荣，1760 年，第 473 页。

② 《皇家学会会刊》，1753 年，48/1：199。

③ 安国宁（1799 年，第 31 页）误写为 1753 年 5 月 16 日，这比观测时间晚了 10 天。

④ 宋君荣，1970 年，第 732 页。

⑤ Espinha（高慎思）误写为 Spinha（宋君荣，1970 年，第 853 页）。

⑥ 伍尔夫，1962 年，第 10 页。

⑦ 宋君荣，1970 年，第 842—843 页。

和测微器[①]。

刘松龄可能把自己对1756年水星凌日现象所作的观测记录寄给了德利斯尔[②]。八年后，圣彼得堡公布了这些资料。博斯科维奇曾于1737年发表了著名的交食理论，刘松龄从弟弟维切特自布鲁塞尔寄来的那些信中获悉博斯科维奇对水星凌日所作的研究。作为哈布斯堡王朝尼德兰总督的告解神父，维切特曾见过博斯科维奇的朋友科本茨尔(Janez karel Filip Cobenzl)[③]。1753年，科本茨尔出任哈布斯堡王朝尼德兰首相。科本茨尔在布鲁塞尔收集了6000多张几乎欧洲所有学校的图片，但是1768年他在经济上遇到一些麻烦，女皇叶卡特琳娜二世为圣彼得堡隐修院买下了其藏品。1769年，科本茨尔成立了布鲁塞尔文学社。三年后，文学社被名为“布鲁塞尔帝国和皇家科学-人文研究院”。

1760年12月27日，博斯科维奇在布鲁塞尔拜访科本茨尔，并两次共进午餐。他送给科本茨尔一些伦敦刚刚出版的关于交食的装帧精美的小册子。科本茨尔把其中两本赠送给了女皇伦巴第(Lombardy)大区公使——维也纳的费尔米安(Karl Joseph Firmian，1716—1782年)伯爵。

欧洲人无法观测到1756年11月7日的水星凌日现象。在那里，太阳位于地平线的下方。下一次水星凌日预计发生的时间是1769年11月9日，所以人们对刘松龄和宋君荣的观测记录充满好奇。

刘松龄使用的是十四英尺长的望远镜，这是桑切斯在1750年或更早一些时候送给他的。还有一些观测，他使用的是带有格雷厄姆(George Graham)[④]测微器的八英尺长望远镜。

刘松龄用法国摆钟测量时间。凌日开始于9时29分15秒。1

① 宋君荣，1760年，第473、477—478页。

② 宋君荣，1970年，第842页。

③ 科本茨尔，1712年出生于卢布尔雅那，1770年在布鲁塞尔去世。

④ 格雷厄姆，1675年出生于Horsgills，1751年11月20日在伦敦去世。他是伦敦钟表匠托姆皮翁(Thomas Thompion，1638—1713年)的徒弟。

分15秒之后即9时30分30秒，可以在太阳上看到整个水星的阴影。下午14时56分6秒，凌日现象结束。刘松龄比宋君荣提前36秒开始观测，也提前22秒结束观测。两个人都使用了测微器，但是刘松龄使用的望远镜英尺更长一些[①]。

刘松龄观测水星凌日以及交食时所产生的误差与当时欧洲的观测是一致的[②]，因此圣彼得堡院士们称赞刘松龄是继汤若望、南怀仁和戴进贤之后，北京钦天监中又一位非常出色的天文学家。

6.1.2 金星凌日

耶稣会士在葡萄牙(1759年)、西班牙和法国(1764年)遭驱逐时，他们已经在欧洲建有三十二个天文台[③]，几乎占了共计一百三十个在用天文台的四分之一。天文台构成的特殊网络以及全球传教士间的联系使得耶稣会士能够在地球上的不同位置观测到自然现象，而这是其他研究人员无法做到的。

刘松龄所处的时代，天文学家对金星凌日现象特别重视。这一现象与日食相似，尽管金星看起来比月球小得多而且只能遮住太阳表面的一小部分。金星凌日现象分别发生于1631年、1639年、1761年6月6日、1769年6月3日、1874年12月9日、1882年12月6日、2004年6月8日、2012年6月6日和2117年12月11

---

① 宋君荣，1760年，第477—478页；刘松龄，1764年，第503、510页。

② 石云里，2000年，第142页。

③ 17世纪初罗马天文台(沙伊纳)，1644年北京天文台，1702年马赛天文台，1745年里昂天文台，1745年格拉茨天文台，1750年穆森港(Port-a-Mouson)天文台，1751年布拉格天文台，1753年特尔纳瓦天文台(稍后匈牙利的布达)，1755年佛罗伦萨天文台，1757年帕尔马(Parma)天文台，1760年米兰(布雷拉)天文台，奥格斯堡(Augsburg)、阿维尼翁(Avignon)、帕尔马、威尼斯、布雷西亚(Brescia)、布雷斯劳(Breslau)、科英布拉、利沃夫(Lvov)、那不勒斯、奥洛穆茨(Olomouc)、波森(Posen)和锡耶纳(Siena)等地天文台。一些观测站是由当地政府建造的，后来送给了耶稣会士，如：里斯本(1722年)，维尔纳(1753年)，维也纳(1755年)，维尔茨堡(1757年)，施韦青根(Schwetzingen，1764年)，曼海姆(Mannheim，1772年)，见乌迪亚斯，2000年，第151—152页。

日。开普勒(Kepler,1571—1630 年)已经提出通过观测金星凌日，用视差来测量日地之间的距离(天文单位)。根据第谷对火星的观测，开普勒明确认为太阳的视差不到 1 分。1671 年后，里歇尔(Jean Richer,1630—1696 年)在卡宴布(Cayenne,法属圭亚那首府——译者注)测量了太阳视差，1750 年，拉卡伊在好望角也作了这样的测量[①]。

在《鲁道夫星表》上，开普勒预测 1631 年 12 月 7 日将发生金星凌日现象。因为巴黎在那个时刻太阳已经落山了，所以伽桑狄(Pierre Gassendi)[②]没有看到这个现象。开普勒使用了日地之间太小的值，因此错误地预测金星会在 1639 年 12 月 4 日从南面经过太阳表面。比利时天文学家兰茨贝格(Philip van Lansberge,1561—1632 年)准确预测了这次凌日，这是所能观测到的第一次凌日现象。霍罗克斯(Jeremiah Horrox)[③]在利物浦北面 24 公里的霍勒村(Holle)、他的朋友布商克雷布里特(William Crabtree)在曼彻斯特都观测到了这次凌日。1622 年，赫维留在格但斯克出版了霍罗克斯的观测结果。因为政务在身，霍罗克斯不得不中断对这次凌日现象的观测。至 15 时 50 分太阳下山，霍罗克斯整个观测时间只有 30 分钟。与 1631 年伽桑狄观测水星凌日现象一样，霍罗克斯也把金星直径计算的比预计要小得多。他得出的数值是 1 分，但正确的最大值是 1 分 5.2 秒、中间值是 37.3 秒、最小值是9.5 秒。他没有计算金星和地球之间的距离[④]。

在圣海伦岛观测与此相似的 1677 年 11 月 7 日水星凌日现象期间，1663 年提出光学理论的斯哥特人詹姆斯·格雷戈里和英国人埃德蒙·哈雷对这次金星凌日现象的描述更为准确。与巴黎的 G. D. 卡西尼和伦敦的约翰·弗拉姆斯提德一样，哈雷在 1691 年

① 舍瓦尔利奇，1986 年，第 32、35 页。

② 伽桑狄，1592 年出生，1655 年去世。

③ 霍罗克斯，1619 年出生于利物浦附近的托克斯泰斯(Toxteth)，1641 年去世。

④ 查普曼，1990 年，第 30 页；马奥尔，2000 年，第 31、37、38 页；摩尔，2002 年，第 174 页。

和1716年预测1761年发生的金星凌日将是从太阳视差测量中精确测定日地之间距离的好机会。为了测量金星和太阳视中心间的变化，持续几个小时的金星凌日现象必须从遥远的地理观测点、使用精确的时钟和六分仪进行观测。

6.1.3 1761年6月6日的观测

博斯科维奇记述了这次观测[①]，但他把记录遗忘在了君士坦丁堡。伦敦科学仪器商人本杰明·马丁(Benjamin Martin, 1714—1782年)[②]描述了自己用“万能显微镜”观测到的金星凌日现象。法国科学院派遣奥特罗什(Abbé Jean Chappe d'Auteroche, 1722—1769年)到西伯利亚的托波尔斯克(Tobolsk)、派遣勒·让蒂(Guillaume Le Gentil, 1725—1792年)乘船前往法属东印度中心本地治里(Pondichery)进行观测。不幸的是，那种情况下勒·让蒂无法观测到这个现象，八年后，他依旧没有观测到金星凌日现象[③]，但他却看到了一个有趣的海市蜃楼。俄罗斯人罗蒙诺索夫(Mihail Vasiljevič Lomonosov, 1711—1765年)在这次凌日现象中发现了金星大气[④]，但他的贡献不为西方人所知。三十年后，赫歇尔(William Herschell, 1738—1822年)再次发现了气场。

贝维斯从伦敦附近的基由(Kew)天文台观测了这次金星凌日现象。他是最早描述“黑滴效应”的天文学家之一。“黑滴效应”妨碍了人们更准确测定金星凌日开始以及结束的时间。

意大利耶稣会士阿斯克勒皮(Giuseppe Maria Asclepi, 1706—1776年)[⑤]在罗马和锡耶纳组织观测了1761年6月6日发生的金星凌日现象。就在一年前，他继任了博斯科维奇的数学教授席位。

---

① 博斯科维奇，1760年；马科维奇，1969年，第1107页；博斯科维奇，1930年，第99—100页。

② 奥尔森、帕萨乔夫，1999年，第41页。

③ 马丁，1759年，第123页(后记)；马科维奇，1969年，第2册第609—610页。

④ 舍瓦尔利奇，1986年，第87页。

⑤ 阿斯科勒皮，1761年；阿斯科勒皮，1768年，第32页。

1765 年，在讨论目镜测微计时，他提醒道：在金星凌日过程中，金星直径的理论测量和实验测量结果并不一致。在他之前，斯德哥尔摩的沃根廷(Pehr Wilhelm Wargentin)[①]和圣彼得堡的巴留斯(Jakov Vilimovič Brjus)[②]已经注意到这种不一致。沃根廷测量金星的视直径是 50″、巴留斯测量的是 64″。使用目镜测微计后，他们得到的结果在 57″和 59.8″之间[③]。

和今天不同的是，那个时代以地球直径作为天文单位，计算时用十进位的布里格斯(Briggs)对数。哈雷计算了金星到地球间的距离与地球直径之间的比例。这个结果的十进位对数是 3.733577。确实，距离和直径之间的比例大约为 10,000，因此他得到一个相当准确的结果。他把以前的金星视直径测量结果降低了 0.7″，得到的是 32.05″[④]。阿斯克勒皮对使用类似测微器的筒状物以及这样测量的例子都作了描述。赫尔在 1761 年 5 月 21 日至 5 月 23 日间的观测与哈雷对金星和地球间距离的测量是一样的。至于金星视直径的测量，他测出的最大值为 71″[⑤]。1761 年 5 月 22 日，他测出下合时金、地间距离比的十进位对数是 3.51033，由此他计算出地球直径大约为 12700 公里，这和现代数值非常接近。根据那一结果，他们不得不把金星的测量视直径改为 54″，因为测微器的测量显示直径应该再降低 17″。除了赫尔之外，爱丁堡的肖特和阿斯克勒皮还设计了观测金星凌日的方法。阿斯克勒皮使用测微器以消除图片的色差。在已知金星或者火星与地球之间距离的情况下，通过比较金星或火星的视直径，他计算出了这两颗行星的直径。1751 年，C. F. 卡西尼(César Francois Cassini de Thury，1714—1784 年)在火星冲日期间测量了火星直径(冲：天体的黄经和太阳的黄经相差 180 度。此时观测该天体最亮，也整夜

---

① 沃根廷，1717 年 9 月 11 日出生于孙纳(Sunne)，1738 年 12 月 13 日去世。

② 巴留斯，1670 年出生，1735 年去世。

③ 阿斯科勒皮，1768 年，第 7 页。

④ 阿斯科勒皮，1768 年，第 32—33 页。

⑤ 错误地标注为 71′(阿斯科勒皮，1768 年，第 32 页)。

可见，是观测这个天体的大好时间，但是只有在地球轨道之外的行星才叫冲——译者注）。他的父亲雅克·卡西尼（Jacques Cassini，1677—1756年）也测量到了这个数据，赫尔在1764年获得了自己的观测结果[①]。

1762年至1765年间，利格（Kristjan Rieger）[②]任马德里数学系教授和“皇家宇宙学家”。在那儿，他出版了七页有关1761年6月6日金星凌日的观测资料。舍特勒（Janez Krstnik Schöttl）[③]在卢布尔雅那组织一群比他小十岁的人观测了这个现象。1754年至1757年间，舍特勒已经在特利斯安林（Theresianum）与利格开展了合作。1762年，正当利格离开去西班牙时，舍特勒回到了特利斯安林。他们的再次见面是在帕绍。在成为卢布尔雅那修院的院长之前，1772年，利格在帕绍担任萨尔茨堡（Traunkirchen）修院的院长。

1761年6月，赫尔组织了许多耶稣会修院如卢布尔雅那和北京的耶稣会修院观测金星凌日现象。他发表了舍特勒、利格和其他一些人在1761年6月6日观测的金星凌日报告。巴黎科学院赞扬了舍特勒的观测[④]，这是那个时代在卡尔尼奥拉的最重要观测。哈布斯堡王朝的观测者也与巴黎观测者保持直接联系。因为巴黎观测不到的缘故，巴黎天文台台长C. F. 卡西尼在维也纳观测了金星凌日现象。年轻的皇帝约瑟夫二世也与他一同观测。

在1761年的历表中，赫尔首先介绍了以前关于金星凌日现象的观测，然后标注了1761年6月6日完成的所有观测。他还增加了交食、月掩木星和木卫的观测记录。他描述了开普勒、霍罗克

---

① 阿斯科勒皮，1768年，第21—23、24、32—33、37页。

② 利格，1714年5月14日出生于维也纳；1731年10月17日在维也纳入耶稣会；1780年3月26日在维也纳去世。

③ 舍特勒，1724年6月23日出生于斯太尔（Steyr）；1739年10月28日在维也纳入耶稣会；1777年去世。

④ 赫尔，1761年，第83—84、100、103、120—121页；卢卡奇，1988年，第3册第1499页；斯多尔，1855年，第320—321页；索默尔沃热尔，第7册第859页；穆尔科，1974年，第19页。

斯、哈雷、魏斯(Franciscus Weiss,1717—1785 年)、拉卡伊、C. F. 卡西尼和萨诺第的观测记录[①]。他还提到“西班牙国王的数学家、来自维也纳的利格的观测。利格把由顿特霍恩(Richard Dunthorn,1711—1775 年)和斯德利蒂(Thomas Streete,1621—1689 年)修正后的哈雷观测金星凌日新方法的英文版翻译为拉丁文。利格针对维也纳子午线对他们的计算进行了处理”[②]。赫尔还介绍了德利斯尔和勒·让蒂的观测。他报告了北京的观测记录,但没有提及刘松龄[③]。二十年前,英国皇家学会出版刘松龄的论述时也没有提及其名字。钱德明也于 1761 年 6 月 6 日下午三时在北京观测了金星凌日现象。上午八时之前天空是多云的,但后来直到下午四时之前天空一直晴朗无云[④]。

赫尔还报告了澳门、阿尔汉格尔斯克(Archangelsk)、圣彼得堡和巴黎的观测结果。他描述了使用反射和折射望远镜,运用赫维留、拉卡伊和卡西尼星表观测金星凌日的有效方法[⑤]。他还加上一些金星凌日时的铜版画,在这些画的下面,有一幅两位天文学家手持望远镜的图片。

在 1761 年历表的结尾,赫尔增加了 123 页的论述,其中包括一个单独的标题、测量结果列单、金星凌日和月食的原理、木卫的观测记录。书的结尾是绘有 1761 年、1769 年 6 月 3 日、1874 年 12 月 9 日金星凌日现象的铜版画[⑥]。

赫尔开篇首先叙述了自己在维也纳的观测,然后列出球面三角的方法[⑦]。他描述了 C. F. 卡西尼和利斯加尼希(Joseph Xaver

---

① 赫尔,1761 年,第 1—5 页。

② 赫尔,1761 年,第 5 页。英国人斯德利蒂在 1621 至 1689 年间作了研究。

③ 赫尔,1761 年,第 11 页。

④ 钱德明,1943 年,第 522 页。

⑤ 赫尔,1761 年,第 6—9、14—19 页。

⑥ 赫尔,1761 年。

⑦ 赫尔,1761 年,第 5 页。

Liesganig)[①]以及耶稣会士马斯塔列尔(Kara Mastalier)和米勒(Leopold Müller)的测量方法[②]。赫尔解释了测微器的使用、克莱洛(Clairaut)对金星视直径的测量以及 1739 年霍罗克斯的观测报告[③]。他解释了自己在维也纳用来观测金星凌日的牛顿望远镜原理。赫尔的望远镜长度为 4.5 英尺。来自雷卡的维也纳耶稣会士瑞安(Ignac Rain, 1737—1794 年)和皮尔格拉姆(Anton Pilgram)使用的望远镜比赫尔的短半英尺。赫尔列出了法国研究者勒莫尼埃、拉朗德、梅西耶以及来自巴黎路易大学的耶稣会士克吕埃(Cluét)和梅尔韦耶的测量结果[④]。在德国和英国的研究人员中,他提到了沃尔夫和肖特[⑤]。接下来他描述了利格指导耶稣会士维德隆(Wendlung)、贝诺文蒂(Benovente)和俄门特(Antonio Exmente)在西班牙进行的测量。利格使用了布拉德利测微器和八英尺长的"英国货"——也许是牛顿望远镜。马里努斯、萨诺第、耶稣会士萨卡尼尼(Zacagnini)以及来自比萨的弗鲁西(Frusi)在意大利进行了观测[⑥]。

赫尔描述了"卢布尔雅那的数学教授——耶稣会士舍特勒用十六英尺长的折射望远镜测量的结果:金星在 9 时 18 分 15 秒触及日轮,用了 18 分 5 秒的时间经过其表面。1761 年 5 月 18 日的月食

① 赫尔,1761 年,第 17、20 页。利斯加尼希,1719 年 2 月 12 日出生于格拉茨;1734 年 10 月 28 日入耶稣会;1799 年 3 月 4 日在利沃夫去世。

② 赫尔,1761 年,第 19、20 页。

③ 赫尔,1761 年,第 22、23、25 页。

④ 赫尔,1761 年,第 32 页。1736 和 1737 年间,法国人勒莫尼埃(1715—1799 年)和莫珀修斯(Maupertius)、克莱罗(Clairaut)一起在拉普兰测量子午线。后来,他在法兰西学院教授物理学。拉朗德,1732 年 7 月 11 日出生于布尔格-恩-布雷斯(Bourg-en-Brese);1807 年 4 月 4 日在巴黎去世。拉朗德曾就读于里昂耶稣会修院,后在巴黎学习法律。1751 年,他成为柏林科学院院士;1753 年,成为巴黎科学院院士;1763 年,成为伦敦英国皇家天文学会会员;1764 年,成为圣彼得堡科学院院士。1760 年,他在巴黎皇家学院教书。他是巴黎共济会的领导人和创始人(科希尔,2002 年,第 100 页)。

⑤ 赫尔,1761 年,第 38—41、42 页。

⑥ 赫尔,1761 年,第 45—49 页。

中,他们测量了卢布尔雅那的纬度,同时,提高了纬度的精确度"[①]。赫尔没有提及舍特勒的同伴。虽然卢布尔雅那是德意志帝国的一部分,但是赫尔把卢布尔雅那的观测结果列于德国人的之前。在德国的观测者中,他列举了布拉格耶稣会士塞普林(Joseph Stepling, 1716—1778年)和特尔纳瓦的魏斯[②]。赫尔列出了欧洲不同观测结果的基本特征:望远镜的长度和类型、凌日的时间和天气。和其他大多数地方不同的是卢布尔雅那天气晴朗,因此舍特勒有机会公布观测记录。除德国迪林根(Dillingen)的豪瑟(Hauser)之外,舍特勒使用的望远镜最长,这个望远镜是他用每年25荷兰盾的补助金在1755年后购买的[③]。利斯加尼希在维也纳用一个较长的折射望远镜观测金星,该望远镜有11英尺长。C. F. 卡西尼用的是9英尺长的望远镜。赫伯特、瑞安、舍费尔(Karl Scherffer)、赫尔和雷索戈罗斯基(D. Lysogorski)在维也纳使用的是反射望远镜[④]。在接下来的几页中,赫尔计算了卢布尔雅那、巴黎和马德里之间经线的时差,这样他就推算出卢布尔雅那金星凌日的时间,并把它与巴黎和马德里的时间进行了比较[⑤]。赫尔发表了其他观测点类似的计算。

赫尔还发表了铜版画制作的用望远镜观测到的月球图。哈里奥特(Thomas Harriot, 1560—1621年)第一个制作了这种月面图。在论述的结尾处,赫尔增加了木卫和月食的观测记录。除其他人的观测结果外,他还准确地列出了舍特勒的测量结果。舍特勒测

---

① 赫尔,1761年,第83—84页。

② 斯莫尔卡,1968年,第134页;赫尔,1761年,第84页。天文台主任魏斯欣赏博斯科维奇的物理学。1759年和1768年,他在特尔纳瓦发表了天文观测结果(梅德勒,1872年,第529页)。

③ 凯尔斯尼克(Kersnik)在卢布尔雅那中心学校物理学橱柜的"光学和天文学"仪器中陈列了微米望远镜和纸筒望远镜(凯尔斯尼克,1811年)。1847年,凯尔斯尼克在"光学VII部"的第一个仪器下方标上数字146(凯尔斯尼克,1847年)。为天文仪器单独标注肇始于1854年。

④ 赫尔,1761年,第96页。

⑤ 赫尔,1761年,第100、101、103页。

得从月球初亏直至月球进入地球的本影(食既)、历时共 1 小时 19 分 56 秒。按照月面上某个目标开始和完全进入暗影的时间,整个月食被分为 20 个阶段,例如:“伽森狄(环形山)完全进入阴影”、“阴影到达亚利斯塔克(环形山)”、“亚利斯塔克(环形山)完全进入阴影”、“第谷(环形山)的起始端”、“第谷的中心”①。1766 年 9 月 24 日,刘松龄告诉弟弟维切特蒋友仁给了他一份赫尔的 1761 年历表。这份历表包括了刘松龄以及其他人在维也纳及其他修院、大学观测到的金星凌日现象,其中也包括舍特勒在卢布尔雅那的观测结果(1761 年)。这样,至少在维也纳出版赫尔历表的五年之后,刘松龄有了自己以及别人观测金星凌日的记录。刘松龄还收到从欧洲寄来的其他著述,为此,他在 1767 年 10 月 27 日的信中对弟弟维切特表示感谢②。

6.1.4 1769 年 6 月 3 日的观测

在第一次观测金星凌日现象的五年之后,阿斯克勒皮发表了关于目镜测微计可用来观测 1769 年 6 月 3 日第二次金星凌日的论说,这引起人们极大的期待。卢布尔雅那物理学教授皮科尼希(Janez Krstnik Pogrietschnig)也在为观测做准备,因此他在 1768 年 9 月把自己的考试论文和阿斯克勒皮的讲稿以及博斯科维奇的物理学放在一起出版了。同样的,比瓦尔德(Leopold Biwald,1731—1805 年)在格拉茨把自己的论文也放在阿斯克勒皮的书中发表了,三年前他已经在卢布尔雅那出版了博斯科维奇的书。1765 年,巴黎以类似的方式重印了博斯科维奇的书③。

77 个不同地方的 151 个观测站观测到了 1769 年 6 月 3 日发生的金星凌日现象。舍特勒和格鲁伯都是很出色的天文学家,他

---

① 1761 年的卫星和日食观测。舍特勒与其他数学教授在卡尔尼奥拉的卢布尔雅那进行了月食观测(赫尔,1761 年,第 120—121 页)。

② 刘松龄,1781 年,第 50 页;迪米茨,1861 年,第 84 页。

③ 瓦里查克,1925 年,第 198—199 页。

们恰在金星凌日现象发生的前一年抵达卢布尔雅那耶稣会修院。布拉德利的前助理查尔斯·格林(Charles Green)和船长詹姆斯·库克(James Cook，1728—1779年)分别在哈德逊湾的塔希提岛(Tahiti)和马德拉斯(Madras)观测到了这次金星凌日现象。1769年8月30日，库克观察到南太平洋上空的彗星 c/1769 P1。彗尾展开的角度是42度[①]。

丹麦人在今天挪威的北角(the North Cape)附近、瑞典人在芬兰都作了观测。自1765年以来就是英国皇家学会会员的克里斯蒂安·梅耶(Christian Mayer)[②]指导了俄罗斯人的观测。在拉普兰和西伯利亚，他们使用了肖特的反射望远镜。得到英国皇家学会的指示后，博斯科维奇打算和助手利斯加尼希前往加利福尼亚进行观测。但是1767年时，加利福尼亚州是西班牙的属地，他们禁止耶稣会士进入其领地。哈布斯堡王朝刚刚结束了与仇敌英国的七年战争。因此，奥地利首相里特贝格亲王(Kaunitz Rietberg，1711—1794年)阻止了博斯科维奇的旅程，那时后者是帕维亚(Pavia)的哈布斯堡大学教授。英国皇家学会派奥特罗什前往加利福尼亚，他最终死于那里的疫情[③]。

1769年6月4日，刘松龄与同伴比欧洲人提前一天观察到了金星凌日现象。在圣若瑟驻所，他们用了带有格雷厄姆测微器的8英尺长望远镜[④]。

伦敦出版的一份报告中没有提及刘松龄的名字。但是因为几个月后刘松龄组织了极光的观测，因此可以断定他在观测金星凌日时也非常积极。刘松龄的继任者是傅作霖，他的同伴是鲍友管

① 奥尔森、帕萨乔夫，1999年，第43页。

② 梅耶，1719年8月20日出生于布尔诺(Brno)附近的莫德里奇(Modric)；1745年入耶稣会；1783年在曼海姆去世。

③ 博斯科维奇，1980年，第231、329页；卡萨诺维，1991年，第237页；马科维奇，1969年，第2册第695页；苏派克，1989年，第150页；古里科夫，1983年，第146页；因格洛特，1997年，第45页。

④ 刘松龄，1770年，第186页。

和高慎思。无疑他们在1761年一起观测了金星凌日现象。

金星于早晨4时42分5秒触及太阳圆面的西部边缘(凌始外切),于9时26分32秒时离太阳远去(凌终外切)[①]。马斯克林特别注意到北京不准确的时间记录:7时18分31秒、8时3分28秒和8时24分48秒。马斯克林在文章划线部分将北京记录时间与荷尔斯利(Samuel Horsley)[②]的星表进行了比较。

除了金星视接触太阳表面边缘的位置外,北京观测者还测量了它们之间的18个位置。他们双倍(36)记录了太阳和金星在不同时间的视高度角,精确到半秒钟就观测一次。第一次观测这一组金星凌日时,他们在特定时间测量了太阳西部边缘的位置,第二次,他们在稍晚一点当金星中心明显靠到那一点时进行了测量。

在第一次观测的4时42分5秒和4时44分21秒之间,有2分16秒的间隙。在那个间隙,太阳表面的这个点移向了天空中曾经在太阳表面东面的那个点。从那个数据他们计算出太阳直径在2分16秒内移过的角度是31′38″。显然,他们得到了精确的太阳视直径。他们测出金星视直径比太阳的小34倍。因此,金星在仅有4秒的很短时间内通过了56″的视角。他们计算的误差仅0.3%,因为金星和太阳的视直径比例为1∶33.9,而非1∶34。金星视直径的计算结果与阿斯克勒皮在罗马发表的相符。金星和太阳视直径的比率按照1∶34来计算尽管太大,但相对而言还是比较好的。

在每个时间间隙,他们测量太阳西部边缘的位置以及太阳和金

---

① 齐类思,1774年,第34、36页。

② 荷尔斯利(1733年9月15日出生于伦敦;1806年10月4日在布莱顿去世)是牧师约翰的儿子。1751年,他在剑桥学习神学,但他对数学更感兴趣。1773年,他成为英国皇家学会秘书。第二年,他作为法律博士在牛津大学执教。在那段时间里,他编写了后来马斯基林使用的天文表。1759年,他成为在萨里(Surrey)的纽因顿-巴茨(Newigton Butts)的圣公会牧师;1781年,担任圣阿尔班大主教,在公开发表的信件中,他批评了普里斯特利(Joseph Priestley)神学(牛津,1784年和1786年);1779年和1785年间,他编辑了插图本的牛顿作品;1788年,他担任威尔士圣大卫主教;1793年,担任罗切斯特主教;1802年,担任威尔士圣阿萨夫(St. Asaph)主教。

星中心分离的间隔时间。随着每次测量，在两次时间间隙中测量太阳西部边缘与金星中心距离的间隔逐渐减少了。从最初的4时54分39秒和4时55分55秒之间的1分16秒，逐渐减少间隔时间，最后一次测量在8时29分2秒和8时29分21秒之间，时间间隔仅有19秒。金星到太阳北部边缘的距离每次在逐渐增大。从最初的4时55分55秒中的5′5″增加到8时29分21秒的8′58″。

9时6分50秒，金星表面明显拉长并遮住了来自太阳西部视边缘的射线。9时7分32秒，金星开始进入太阳表面(凌始外切)。9时22分8秒，金星完全进入太阳表面(凌始内切)，2分11秒后即9时24分19秒时，太阳的东部边缘也触及该位置。就在那个时刻，金星离开太阳北部边缘9′54″。

钦天监的大臣们尽管看管计时器并不是特别细心，但还是给观测提供了不少帮助。观测金星凌日现象时，云层消散了。

恩克(Johann Franz Encke，1791—1865年)研究了1761年至1769年间金星凌日的观测记录。1816年至1825年，他在哥达(Gotha)工作，1835年在柏林工作。1864年，卡尔·鲁道夫(Karl Rudolph，1817—1881年)重复进行了这项研究。恩克比赫尔更准确地知道观测站的纬度，他能够精确计算太阳视差和地球大轴线到近乎4%。1761年起的测量显示太阳视差在8″到10″之间，1769年在8″和9″之间。计算出的地球轨道长轴平均值仅比现代值149,597,870公里(对应太阳视差为8.794148″)多400万公里[①]。现代天文学家以极大的热情预测了2004年将发生的金星凌日现象，他们期待新的测量方法能够解决一些旧难题。

6.1.5 金星的其他观测结果

1772年1月5日，北京耶稣会修院观测了金星凌日现象。他们测量了金星和太阳视高度角差以及赤纬。他们从子夜55分5秒

① 舍瓦尔利奇，1986年，第46—48页；贝里，1946年，第218、242—244页。

一直测量到早晨6时35分47秒[①]。

6.2 太阳和月亮

刘松龄第一次听到关于交食的正确解释是在舅舅亚内兹·本杰明·埃伯格的论文答辩中。1716年，受业于斯坦纳教授的亚内兹·本杰明·埃伯格在卢布尔雅那耶稣会修院参加了学生考试论文答辩。正确预测日食对于耶稣会士而言显得特别重要，因为这可以为他们在所传教的国家尤其是在中国带来敬重。刘松龄掌管的钦天监不得不提前预测一年中所有的交食以及大自然的各种异象，然后每个月把预测结果发往将发生这种现象的省份。钦天监官员在每次预测的交食里增加了与王公贵族以及皇帝气数相关的占星术解释，因此这种预测是国家机密[②]。

1768年，刘松龄在1717年9月21日至1744年10月21日间所作的交食观测记录出版了，其中一些已经于1747年发表在戴进贤主编的《中国交蚀图录》中[③]。

6.2.1 日食

乾隆对官方预测的1760年6月13日将发生日食有点怀疑。但是刘松龄准确地预测了湖南省和山东省日食的程度，他知道人们在极度黑暗的那一刻会害怕死亡[④]。

刘松龄的手下准确预测了1762年10月17日的日食，但是文员在抄写时出了一些差错。由于人们没有注意到这些差错，所以关于日食预测的错误数据被发往各省总督，供他们向辖境内的百姓宣读。日食在意想不到的时间发生了，乾隆遂传讯一百多名钦天监官员。刘松龄解释说，这是抄写员的错误，而不是科学的误

---

① 齐类思，1774年，第42页。

② 石云里，2000年，第145页；利玛窦，1953年，第32页。

③ 刘松龄，1774年评论，第156页。

④ 安国宁，1799年，第31页。

算。他请求皇帝的宽宥。乾隆没有像前几次那样将这些天文学家革职[①]。1725 年之后,他们对忽视或者错误预测天文现象时间的钦天监官员责罚六十大板[②]。

刘松龄向赫尔汇报了 1746 年 3 月 22 日[③]、1770 年 5 月 25 日早晨七时[④]、1773 年 3 月 23 日北京发生的日食现象[⑤]。1770 年 5 月 25 日,刘松龄测量了太阳的相对直径是 31′40″和 32′10″,这和现在大家所认可的 1900″几乎完全一样[⑥]。这次观测从 7 时 30 分 44 秒开始直至 9 时 9 分 44 秒结束,共持续了 1 小时 39 分。月球中心和太阳中心的最小视距离是 9′48″,在日食的所有阶段平均距离是 10′18″。在那次日食中,刘松龄用自己的新方法计算了太阳和月亮之间的最小视距离。他把这些结果与 1760 年 6 月 13 日、1715 年以及 1706 年 5 月 12 日的日食进行了比较。拉·伊尔[⑦]和 G. D. 卡西尼的学生——里昂圣三一学院的逻辑学和数学教授、耶稣会士法布尔(Faber)一起观测了后两次日食。1719 年,教廷使者不允许傅圣泽(Jean-François Foucquet)[⑧]以及其他在京耶稣会士使用 1702 年出版的拉·伊尔的哥白尼学派星表。后来,刘松龄能够使用这些星表。18 世纪 50 年代,B. F. 埃伯格为卢布尔雅那的耶稣会修院购买了拉·伊尔星表的德文本。

刘松龄采纳了勒莫尼埃对这次观测的建议。赫尔肯定地宣称,这次日食结束的精确时间比其开始的时间更难以测算,因为特别要考虑光的大气折射造成的天空曲率。

1770 年,刘松龄把这些结果汇总在五栏表格中。第一栏列出

---

① 南怀仁,2000 年,第 158 页;.石云里,2000 年,第 140、141 页。

② 科拉迪尼,1994 年,第 349 页。

③ 刘松龄,1776 年,第 20 册第 19 页。

④ 刘松龄,1776 年,第 20 册第 20 页;刘松龄,1772 年,第 6 册第 248 页。

⑤ 刘松龄,1774 年,第 18 册第 157 页;刘松龄,1776 年,第 20 册第 18 页。

⑥ 马奥尔,2000 年,第 169 页。

⑦ 拉·伊尔,1640 年出生于巴黎;1718 年在巴黎去世。

⑧ 傅圣泽,1663 年 3 月 12 日出生于法国勃艮第(Burgundy);1681 年 9 月 17 日在巴黎入耶稣会;1741 年 3 月 4 日在罗马去世(魏若望,1982 年,第 74 页)。

了从开始观测直至 8 时 22 分 22 秒全食时的 18 次观测，这时在 18′28″的视角可见月亮覆盖了太阳表面的一部分。那是太阳直径整个视角的 58%，估计在 31′40″。第二栏是太阳逐渐变黑过程中落在测微器上的光的部分。第三栏列出了 18 次他们所观测到的复圆与食甚时同样的光度。第四栏列出了恰在日食结束前的 17 次观测，这样，刘松龄通过视角度测量计算出日心和月心之间的最小距离。在报告的结尾，最后两栏再次附以列表的形式。刘松龄重复了第一张表格中的一些数据，共计十六行。赫尔在两年中两次出版了载有刘松龄测算结果的相同表格，文本解释也一点没变①。在第一版中，赫尔仅仅提到刘松龄在日食时用来计算日心和月心之间最小距离的几何和分析新方法。

1772 年，赫尔神父采纳高慎思神父在北京圣若瑟驻所同时进行观测的记录，补全了刘松龄 1770 年 5 月 25 日的日食观测记录。高慎思使用了和刘松龄一样的望远镜，物镜近 8 英尺长，孔径直径为 7.34′英寸或接近 20 厘米。他测量的太阳最大直径比刘松龄小 4″16‴。高慎思用符号′来表示弧秒的六十分之一。高慎思比刘松龄早 3.5 分钟开始测量太阳直径、晚 1.5 分钟结束测量。赫尔把高慎思的测量列成六栏，把刘松龄的列为五栏②。

齐类思神父稍后公布了对这次日食稍有不同的测量结果。根据他的报告，日食于 7 时 31 分 7 秒开始，于 9 时 19 分 52 秒结束。因此，他开始观测的时间几乎比刘松龄晚不了几秒，但他结束观测则比刘松龄晚了 10 分钟之久。太阳的直径估计为 31′35″44‴③。

我们计算了刘松龄所观测的日食次数，并把这些结果列成表格。中国人把交食时月亮和太阳的直径平分为 10 份，然后分为 60 分，再细分为 60 秒。我们把中国人的记录④转换成一小时千分之

---

① 刘松龄，1774 年，第 18 册，第 157、161 页。

② 刘松龄，1772 年，第 16 册第 249 页。

③ 齐类思，1774 年，第 37、39 页。

④ 安国宁，1799 年，第 31—32 页。

一的十进制。

日期	时长	初亏	食甚	复圆
1719 年 2 月 19 日	—	14.642	—	—
1720 年 8 月 4 日	0.725	10.717	12.217	13.700
1721 年 7 月 24 日	—	17.350	—	—
1730 年 7 月 15 日①	0.842	—	12.850	14.453
1731 年 12 月 29 日	—	—	—	8.600
1735 年 10 月 16 日	0.833	7.783	8.963	10.292
1742 年 7 月 3 日	0.700	—	7.533	8.550
1746 年 3 月 22 日②	0.745	9.246	10.817	12.433
1751 年 5 月 25 日	0.487	6.698	7.550	8.435
1751 年 5 月 25 日	0.487③	6.708	7.558	8.434
1760 年 6 月 13 日④	0.970	16.433	17.950	18.384
1762 年 10 月 17 日⑤	0.567	16.667	17.667	—
1770 年 5 月 25 日⑥	0.413	7.594	—	9.341
1770 年 5 月 25 日	0.580⑦	7.528	8.373	9.162

---

① 刘松龄，1768 年；维埃加斯，1921 年，第 257 页；石云里，2000 年，第 140 页。日食开始时天空有点下雨，但是后来云散了，戴进贤和徐懋德在皇家观象台用六英尺长的望远镜进行了观测（安国宁，1799 年，第 36—37 页）。

② 刘松龄，1776 年，第 20 册第 19 页；刘松龄，1768 年；石云里，2000 年，第 140 页。

③ 表中那些较早的测量结果摘录自刘松龄，1768 年；石云里，2000 年，第 140 页。1751 年 5 月 25 日，孙璋在北京法国耶稣会士驻所用 7.5 英尺长的望远镜观测到日食。他观测到太阳的视直径被月球遮去了 45%（宋君荣，1970 年，第 640—641 页；宋君荣 1751 年 5 月 25 日致德利斯尔的信）。

④ 安国宁，1799 年，第 31 页；钱德明，1774 年，第 571 页。

⑤ 安国宁，1799 年，第 31 页；钱德明，1774 年，第 599 页。

⑥ 安国宁，1799 年，第 32 页。

⑦ 装有物镜和坎顿测微器的八英尺长望远镜（刘松龄，1776 年，第 20 册第 20 页；刘松龄，1772 年，第 16 册第 248 页）。

续 表

日期	时长	初亏	食甚	复圆
1770 年 5 月 25 日	—	7.470①	—	9.179
1773 年 3 月 23 日②	0.400	13.003	—	15.622
1774 年 9 月 6 日③	0.420	7.258	8.217	9.321

日食观测开始、中间和结束时的标准误差近于 3.4%,系统误差为 1.3%。由于“黑滴现象”,误差最大值产生于末次接触的时间估计上,那个时代的观测理论家们已经知道了这一点。他们也更精确地估算了日食时被遮盖部分的百分比④。

6.2.2 月食

1750 年 6 月 20 日,刘松龄和鲍友管⑤在北京皇家观象台观测月食。1750 年 10 月 31 日,宋君荣向巴黎的德利斯尔报告了他们的观测记录,但他没有提及刘松龄观测的数值计算结果。刘松龄的计算结果于 1768 年公布⑥。

1761 年 11 月 12 日夜间,耶稣会士在北京观象台观测了月全食。魏继晋用 5 英尺长的望远镜、张舒(Inácio Francisco, 1725—1792 年)用 7 英尺长的望远镜,索德超(José Bernardo de Almeida)⑦用 8 英尺长的望远镜。同时,一位无法查对姓名的观测者在皇家

---

① 圣若瑟驻所的高慎思使用了直径几乎 20 厘米的近 8 英尺长带物镜的望远镜(刘松龄,1772 年,第 16 册第 249 页)。

② 刘松龄,1774 年,第 18 册第 157 页;刘松龄,1776 年,第 20 册第 18 页。用 6 英尺长望远镜观测的那次日食与北京钦天监的预测相差甚远(安国宁,1799 年,第 32 页)。

③ 六英尺长的望远镜(安国宁,1799 年,第 32 页)。

④ 刘松龄,1769 年,第 1 册第 3 页;石云里,2000 年,第 136 页。

⑤ Gogeisl(鲍友管)错写成了 Gogails(宋君荣,1970 年,第 633 页)。

⑥ 石云里,2000 年,第 141 页。

⑦ 索德超,字越常,1729 年出生于葡萄牙(德·阿布雷乌,第 200、232 页)[依据费赖之(1934 年,第 886 页)的资料,索德超出生于 1728 年 1 月 15 日];1746 年 2 月 23 日在阿罗亚斯(Arrojas)入耶稣会;1805 年 11 月 12 日在北京去世。

观象台用8英尺长的罗默望远镜进行了观测。他能够在别人开始之前34秒进行观测，而比别人晚18秒或更多结束观测。其使用的是带钟摆的轻便时钟。那天夜里天气晴朗、平和无风。月球阴影的末端显然是模糊的，但仍有一些斑点可辨。月面呈灼热的铁红色。月食刚开始时，在月球的垂直上空、距离月球直径大约三分之二处能看见一颗明亮的小星星。耶稣会士们期望能在月食结束后再次看到这颗小星星。但是月食结束后，这颗小星星离月球太近了、仅一指远，以至于没有人能够辨认出它。依据哈雷、卡西尼、格拉马蒂西、勒莫尼埃的星表以及巴黎一位不知名作者的历表，大家将食中的时间与北京预测的时间进行了对比。结果表明勒莫尼埃的星表最好，误差没有超过一分钟[①]。

1771年10月23日，耶稣会士在北京的圣若瑟驻所观测月食。一位观测者第一个作了汇报，他可能是齐类思。这次月食开始于23时22分6秒、结束于第二天凌晨1时37分13秒。这次月全食没有留下观测记录[②]。耶稣会士使用的是8英尺长望远镜。

1772年10月11日夜晚，刘松龄在北京观测了月全食。他使用的是较短的、6英尺长的、带有肖特"英式"测微器的望远镜[③]。广州的耶稣会士也观测到了这次月食。他们的观测数据没有及时由休谟(Hume)和布雷克的船只带回，直到后来人们才发现这些数据，但上面没有记载观测者的名字。马斯基林对这些观测记录的准确性持怀疑态度，因为仅在一天前，他们才根据太阳把时钟调节好。大部分时间天空都很晴朗。他们从22时54分26秒一直观测到第二天早晨3时4分4秒[④]。广州耶稣会士使用了6跨长的望远镜和阿诺德(John Arnold，1736—1799年)在伦敦制造的摆钟。阿诺德简化了哈里森(John Harrison)[⑤]的设计，并装上了用在弹簧上

① 齐类思，1774年，第44—45页。

② 齐类思，1774年，第39页。

③ 什米特克，1995年，第131—132页；刘松龄，1776年，第20册第17页。

④ 齐类思，1774年，第47页。

⑤ 哈里森，1693年出生于韦克菲尔德市的弗尔比(Foulby)，1776年在伦敦去世。

通过改变控制杆以弥补温度变化的带砝码双金属环[①]。

刘松龄汇报了月食的下列观测记录，时间以一小时的十进制小数计算：

日期	时长	初亏	食甚	复圆
1717 年 9 月 21 日	0.637	0.417	1.842	3.267
1718 年 6 月 3 日	1	21.785	23.557	1.328
1718 年 9 月 10 日	1	1.708	—	—
1719 年 8 月 30 日	—	—	—	—
1721 年 1 月 13 日	0.600	21.200	22.683	0.167
1722 年 1 月 2 日	1	20.317	22.283	0.250
1722 年 12 月 22 日	—	—	—	—
1725 年 10 月 22 日[②]	1	0.725	没有记录	4.358
1726 年 4 月 16 日	—	—	—	22.258
1728 年 8 月 19 日	0.650	23.033	0.517	2.000
1729 年 2 月 14 日	1	2.642	没有记录	6.294
1730 年 7 月 29 日	—	—	—	—
1731 年 11 月 13 日	0.412	18.300	19.450	20.683
1732 年 6 月 8 日	1	—	—	23.750
1732 年 12 月 2 日	1	—	3.750	—
1733 年 5 月 29 日	0.700	1.367	3.258	—
1733 年 11 月 21 日	0.742	19.250	20.863	22.075
1735 年 4 月 7 日	—	—	—	19.983
1737 年 3 月 16 日	0.450	22.708	23.626	1.217
1737 年 3 月 16 日	0.457	22.711	23.641	1.217
1738 年 1 月 25 日	0.683	5.408	6.833	—

① 布德、华纳，1998 年，第 113 页。

② 石云里，2000 年，第 141 页。依据其他资料，严嘉乐(Slavicek，1678 年出生于波希米亚，1735 年在北京去世)、徐懋德、戴进贤以及其他人在一天后作了观测(苏熙业，1729 年，第 53 页)。严嘉乐以研究月球天平动著称(迪代伊，1994 年，第289 页)。

续　表

日期	时长	初亏	食甚	复圆
1739 年 7 月 20 日	—	—	—	—
1740 年 1 月 14 日	1	4.000	—	—
1741 年 1 月 2 日	在地平线下	6.086	在地平线下	在地平线下
1742 年 5 月 19 日	—	—	—	—
1742 年 11 月 12 日	0.575	18.833	20.100	21.367
1742 年 11 月 12 日	0.575	18.800	20.061	21.328
1744 年 10 月 21 日	没有记录	19.100	没有记录	21.814
1750 年 6 月 20 日①	1	2.967	在地平线下	在地平线下
1754 年 10 月 1 日②	0.600	6.794	7.352	7.883
1761 年 11 月 12 日③	1	—	—	—
1765 年 8 月 30 日④	1	21.850	—	1.511
1766 年 2 月 25 日⑤	0.357	2.312	3.250	4.509
1768 年 12 月 23 日⑥	1	21.079	—	24.699
1771 年 10 月 23 日⑦	0.402	23.368	没有记录	1.620
1771 年 10 月 23 日⑧	—	23.339	—	1.631
1772 年 10 月 11 日⑨	1	23.228	2.040	3.225
1772 年 10 月 11 日⑩	—	22.907	没有记录	3.068

① 这些较早的观测结果摘录自刘松龄(1768 年)和石云里(2000 年,第 141 页)。

② 宋君荣没有说自己是在早晨还是晚上观测的(宋君荣,1760 年,第 473—474 页)。

③ 齐类思,1774 年,第 44—45 页;钱德明,1774 年,第 588 页。

④ 安国宁,1799 年,第 31 页。

⑤ 安国宁,1799 年,第 31 页。在这前一天,利斯加尼希在维也纳观测了月食(《数学和物理回忆》,1774 年,第 6 册第 17—18 页)。

⑥ 安国宁,1799 年,第 32 页。驻所的 6 英尺长望远镜。

⑦ 齐类思,1774 年,第 39 页。

⑧ 什米特克,1995 年,第 131—132 页;刘松龄,1776 年,第 20 册第 17 页。驻所的耶稣会士用 5 英尺长的望远镜进行观测(安国宁,1799 年,第 32 页)。

⑨ 安国宁,1799 年,第 32 页。

⑩ 测于广州(齐类思,1774 年,第 47 页)。

6.2.3 月掩木星

1740年10月12日，宋君荣观测到月掩木星及木卫食现象。同时，孙璋用7.5英尺长的望远镜观察了这个现象①。

1770年7月5日，北京耶稣会士在圣若瑟驻所用8英尺长的望远镜观测到了月掩木星现象。观测开始于7时57分29秒。两分半钟后，月球西侧完全遮住了木星。10时18分37秒，观测结束②。

6.2.4 月球的其他观测结果

1772年1月25日5时27分41秒至6时34分7秒，北京耶稣会士在圣若瑟驻所观测了月球遮掩室女座最亮一颗星星的始末。

1772年1月29日4时16分35秒至5时33分31秒，耶稣会士在圣若瑟驻所用8英尺长的望远镜观测了月掩天蝎星座的始末③。

日期	被遮掩的天体	掩始	掩末
1766年4月19日④	木星的一半	8时59分30秒	9时8分55秒
1770年7月5日⑤	木星的一半	7时57分29秒	10时18分37秒
1772年2月25日⑥	室女座α星	5时27分41秒	6时34分7秒
1772年11月29日⑦	天蝎座	4时16分35秒	5时33分31秒
	天蝎座	4时16分33秒⑧	5时33分0秒
1773年12月26日⑨	毕宿五	16时54分	5时34分0秒

① 宋君荣，1970年，第640—641页；宋君荣致德利斯尔的信(1751年5月25日)。
② 齐类思，1774年，第40、41页。
③ 齐类思，1774年，第42页。
④ 安国宁，1799年，第31页。
⑤ 齐类思，1774年，第40、41页。
⑥ 齐类思，1774年，第42页。
⑦ 齐类思，1774年，第42页。
⑧ 安国宁，1799年，第32页。
⑨ 安国宁，1799年，第31页。

6.3 天体间的距离

1774 年，赫尔出版了刘松龄写于 1770 年 10 月 5 日的一封信，信中提及用一架测微器估算两个天体间最小距离的步骤。同年，巴塞尔的实验物理学教授丹尼尔·伯努利为刚创刊的波德杂志翻译了刘松龄的成果①。和刘松龄一样，丹尼尔·伯努利和波德(Johann Elert Bode)都是圣彼得堡以及其他科学院成员。

丹尼尔·伯努利犯了一个错误，他说自己正从 1772 年出版的赫尔历表中翻译刘松龄的论述。事实上，那个历表只在第 249 页中提及 1770 年以来的一张测量表格，但那不是刘松龄的计算结果，刘松龄的计算结果仅在 1774 年那张表格重印时才发表。丹尼尔·伯努利在翻译时保存了刘松龄的图片，但他没有发表刘松龄的引用。在论述的结尾，他补充了一条赫尔的注释。出版时，该注释没有和刘松龄的计算结果一起发表。在那条注释中，赫尔提到了奥迪弗雷迪(Giovanni Battista Audifredi，1714—1794 年)于 1766 年在罗马发表的关于日食的评论。多米尼加人奥迪弗雷迪以其在罗马观测到 1761 年的金星凌日现象以及 1769 年的彗星现象而享有声誉。人们用拉朗德的方法讨论 1764 年的交食始末。依据赫尔的朋友、斯德哥尔摩人瓦根廷(Pehr Wilhelm Wargentine，1717—1783 年)的观测，拉朗德计算出了巴黎和斯德哥尔摩的时差最多为 52″。在此基础上，赫尔建议使用视差法来计算 1767 年的日食观测结果②。

刘松龄在北京圣若瑟驻所发明了一种在日食中使用视差估算月亮与太阳之间距离的特殊方法③。他测量了日食的几个阶段，用三角和解析的方法同时解决了这个难题。解析法与 1769 年拉朗

① 什米特克，1993 年，第 25 页；什米特克，1995 年，第 91 页。波德，1747 年 1 月 19 日出生于汉堡，1826 年 11 月 23 日在柏林去世。

② 赫尔，1761 年，第 174 页。

③ 斯多尔，1855 年，第 120、131 页；刘松龄，1774 年，第 18 册第 156、159 页。

德以及在其之后的赫尔合作者皮尔格拉姆的演算过程一致[1]。考虑到巴黎和北京经线之间的时差，拉朗德使用了北京的观测结果[2]。

刘松龄的确是用三角学方法表示天体间最小距离的第一人。在图(一)中，Ca表示月球的轴线，CA表示赤道的轴线。线条Gg表示月球轨迹。GP和gp表示日食开始与结束时太阳中心与月球中心之间的距离。在另一张图片上紧靠着画有斜边分别为GP和gp的直角三角形，刘松龄欲探究它们的边、角之间关系。

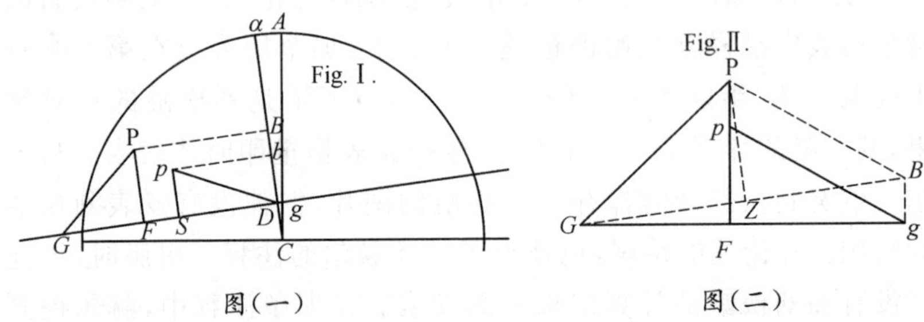

图(一)　图(二)

在简图(图二)中，GP和gp显然是相等的，因为两者都代表月球在首次和末次与太阳接触时穿越过的太阳半径。太阳中心和月球中心的最小距离肯定在首次与末次接触的中间。这样，刘松龄证明了GP和gp之间距离相等。三角形GPB是等腰三角形，点Z中分了斜边GB。直线PZ是三角形GPB的高，同时也是太阳中心和月球中心之间的最小距离。

从日食的观测结果我们同样可以计算太阳圆周中弦的长度。太阳圆周首次接触月球用G来表示，末次接触用g来表示。我们也可以计算Bb的距离，Bb与Pp以及Bg的距离相等。线条Gg和Bg是直角三角形的直角边，因此它们的比例与角PGZ的正切是一样的。

如果我们把已知的角PGZ加到小角BgG上，我们会得到角PGF。PGF是已知的直角三角形斜边GP的角，我们能够推算三角

---

① 刘松龄，1774年，第18册第158页；斯多尔，1855年，第120、131页。

② 赫尔，1761年，第17册第77—78页。

形 PGF 中所有未知要素，这就是直角边 GF 和 PF。

那样我们就知道等腰三角形 PGB 边的长度以及边与斜边夹角的度数。这足以求解三角形了。三角形的高是日食中太阳和月亮之间的最小距离。

接着，刘松龄用解析法对自己以前解决问题的三角法作了补充。很多问题与其说是用三角法计算的，还不如说是用解析法。刘松龄在一页半长的计算中使用了平方根、指数和毕达哥拉斯定理。他运用了有观测记录的原始表格部分，这是在 9 时 17 分 53 秒和 9 时 18 分 21 秒之间所作的 16 次观测。这一时期，太阳和月亮之间中心的视距离几乎没有什么变化。

对于博斯科维奇、刘松龄以及其他耶稣会士而言，几何论证比现代数学的微积分方法更可行。但是中国数学家很少运用几何学，这也就制约了他们的天文学。因此在耶稣会士来华之前，中国没有人真正运用几何学或力学模型来研究宇宙和太阳系①。

6.3.1 木卫

伽利略最先描述了木星的卫星。他试图以自己的资助人梅迪奇(Cosimo de' Medici，1590—1621 年)公爵的名字来命名这些木卫。他建议船员在公海上观测卫星以准确计时。但刘松龄所处的时代，机械钟表的发展削弱了在船上观测木卫以准确计时的重要性。

刘松龄所处时代的天文学家对木卫作了大量观测。刘松龄运用的木卫理论和星表是英国皇家学会院士霍奇森(Jakob Hodgson)博士送给他的②。

刘松龄观测了 1750 年 7 月 29 日至 1750 年 10 月 22 日之间木星背影里三颗卫星的隐没。他在日出前的清晨作了八次观测，在日落后的傍晚作了另外四次观测。他对木卫一作了六次观测，对木卫二作了四次观测，对木卫三作了两次观测。宋君荣把同伴刘

---

① 李约瑟、王铃，1959 年，第 3 卷第 177、446 页。

② 宋君荣，1753 年，第 317 页。

松龄所作的观测记录在10月份寄给了巴黎的德利斯尔①。

1756年1月10日至1756年7月8日间,宋君荣在京对三颗木卫的隐没作了15次观测。他使用的是13英尺长的望远镜,其中有三次测量他使用的是更长的、达20英尺长的望远镜②。

赫尔发表了格拉茨天文学教授特恩伯格(Karl Tirnberger)③对木卫所作的观测记录。特恩伯格分别于1770年2月14日、1770年4月22日、1770年7月29日和1770年8月5日在格拉茨天文台进行了观测。1770年7月10日,木星在“冲”位:地球在木星与太阳之间,木星看起来更大一些。因此,特恩伯格的一些观测至少是在木星及木卫看起来更大一些、条件较好的夜晚完成的。

特恩伯格首先观测了木卫一的隐没,然后是木卫三,最后两次他观测了木卫一的再次出现。前两次观测时,完全是一片晴朗的天空,第三次时,晴朗无云,最后一次则是多云。1770年2月5日,他观测到只有三分之一月牙的月亮怎样在0时33分12秒遮掩了金牛星座④。1772年,特恩伯格成为申尼茨采矿学院的机械学和水力学教授。他接替的是耶稣会士波达(Nikolaus Poda von Neuhaus, 1723—1798年)神父的职位。波达在授课结束时出版了一本关于施蒂里亚州(Styria)矿业方面的书。1766年,特恩伯格已经在格拉茨博物馆就化石研究与波达合作过了。波达是格拉茨数学和物理学教授、自然历史博物馆馆长以及天文台台长。当波达担任申尼茨矿业学院院长后,格拉茨天文台台长就由特恩伯格担

---

① 宋君荣,1970年,第632—633页。

② 宋君荣,1760年,第480页。

③ 特恩伯格,1731年出生于图伊(Ptuj);1749年10月19日在维也纳入耶稣会;1780年在下奥地利州的肖特魏因(Schottwein)去世。其简历如下:1744—1750年,格拉茨,高中;1750—1751年,维也纳,初学生;1752年,莱奥本,温习人文学科;1753—1757年,维也纳,学习哲学、温习数学;1758年,尤登堡,人文学科教授、修院负责人;1759—1762年,格拉茨,研究神学;1763年,尤登堡,第三次任命;1764—1771年,格拉茨,狭义相对论天文学教授、天文台负责人、物理部的保管人;1772—1773年,申尼茨,机械学、液压学教授;1773—1780年,肖特魏因(卢卡奇,1988年,第3册第1761页;斯多尔,1855年,第365—366页;索默尔沃热尔,1898年,第8册第52页)。

④ 特恩伯格,1772年,第256页。

任。1770 年，波达在维也纳时介绍了如何操作赫尔那著名的矿业泵，该泵在申尼茨市用于从矿井里抽水。

刘松龄在接近 70 岁时把木卫观测记录交给了其年轻的同伴们。他利用中国幅员辽阔，与非常遥远的地方进行了合作观测。从 1772 年 10 月 15 日至 1773 年 12 月 15 日，他使用索德超神父 13 英尺长的望远镜作了观测。齐类思神父在 1772 年 5 月 13 日至 1773 年 1 月 20 日间使用了同样的望远镜。

傅作霖神父在长城的另一侧进行了观测。同时，他绘制了西鞑靼地区即今天新疆维吾尔一带的地图①。他写道："这个地方离北京非常远。该地区并入清帝国的版图已经有十六年了，其南面边界在纬度 35 至 36 度处与西藏、印度接壤，北面边界之外北纬 50 至 52 度处是西伯利亚。"

傅作霖第一个注意到哈喇喀尔齐斯河(Argalintu)。这条河从群山之中流出，直至在今天新疆维吾尔自治区东部北纬 47°48′、北京以西东经 24°15′处汇入更大的噶勒札尔巴什池(Behapacan)。1772 年 7 月 9 日晚，月亮遮住了所观测的恒星。傅作霖在 9 时零 8 分开始观测，1 小时 37 分后结束。因为云层很厚，他观测不到根据北京星历表所预测的月食。他用的是梅耶的星表②。

傅作霖在北纬 47°20′处的霍博克赛里(Abaha-Oula)地区完成了第二次观测。1772 年 7 月 13 日，正午前 7 分钟，齐类思在北京观测到离开木星背影的木卫一的轨道。这颗卫星在六月份时曾被遮住。根据巴黎的星历表，人们预测在 1772 年 7 月 28 日 3 时 22 分 40 秒可以看到这颗卫星。根据北京的星历表，则要比这再晚 69 秒才可以看到。齐类思在 1772 年 8 月 6 日继续观测，而傅作霖则是于 1772 年 7 月 13 日、14 日两天在鞑靼地区的不同地方作了观测。

傅作霖在北纬 43°59′的西鞑靼地区伊犁作了第三次观测。伊犁河流经今天的哈萨克斯坦南部，注入巴尔喀什湖。1772 年 10 月 11 至 12 日夜晚，傅作霖观测到一次月食。这里的月食比北京早 2

① 刘松龄，1776 年，第 20 册第 21—22 页。

② 刘松龄，1776 年，第 20 册第 23 页。

小时23分。北京观测到的月全食比傅作霖在伊犁河岸的观测晚了2小时54分。在北京，月球离开食区比在伊犁晚了2小时24分。在伊犁能看到整个月食过程的时间为2小时51分钟，而北京仅比它长了两分钟。根据这些观测记录，傅作霖计算出伊犁与北京之间相差正好是36个经度。

在伊犁，达尔札喇嘛在其父亲去世后执掌了政权。他管辖的范围远至高加索以及今天乌兹别克斯坦和土库曼尼亚边界的阿姆河—达尔加河岸。达尔札喇嘛还管辖俄罗斯西伯利亚边界今天哈萨克斯坦北部的托博尔(Tobol)。伊斯兰教是该省的主要宗教。这样，刘松龄介绍自己同伴的天文工作时，也附带介绍了民族学和政治学[①]。1761年，奥特罗什在西伯利亚托博尔斯克州的托博尔东面600公里处观测了金星凌日现象。

刘松龄把自己对1717年至1774年间木卫观测记录所作的科学研究报告送给了赫尔和苏熙业[②]。1772年8月20日和1773年9月25日，木星冲日。因此，当刘松龄及其同伴仔细观测木星时，环境不是特别有利。但这并没有太妨碍他们，因为他们想研究的是卫星周期而不是木星表面。使用了分辨率非常高的新望远镜，北京耶稣会士可以向欧洲的行星天文学叫板。在兰伯特(John Lambert)[③]的专业期刊《天文学》介绍下，行星天文学发展很快。《天文学》创刊于刘松龄去世的那一年。相当一段时间，木星的所有观测记录都发表在兰伯特的期刊上[④]。

6.3.2 在中国观测的恒星

1744年，刘松龄和戴进贤奉旨增修《灵台仪象志表》和铸造天文仪器，并把其作为《钦定仪象考成》的一部分。钦天监的许多汉人、满人都参与了这项工作。后来，齐类思和鲍友管也加入进来。1757年，《钦定仪象考成》三十五卷本印行出版，乾隆为其作序[⑤]。

---

① 刘松龄，1776年，第20册第25页。

② 德日曼，1881年，第2页。

③ 兰伯特，1728年出生于米卢斯(Mulhouse)，1777年在柏林去世。

④ 霍基，1999年，第39、207页。

⑤ 什米特克，1995年，第91、132页；李约瑟、王铃，1959年，第3卷第454页。

中国的惯例与欧洲有点不同，书的封面上不印制作者的名字。书首是乾隆亲笔书序，落款为“丙子冬十有一月”(1757 年)。接下来是奏议，介绍了编写《钦定仪象考成》的主旨。卷首上(“御制玑衡抚辰仪说”卷上——译者注)修订了南怀仁的《灵台仪象志》。奏议起始于乾隆九年(1744)，结束于乾隆十五年(1754)。

其他卷讨论了所印制的新恒星目录，这比南怀仁的那份更加完善。1687 年，南怀仁把 1129 颗恒星分为 259 个星座。戴进贤、刘松龄和同伴们把 3083 颗恒星分为 300 个星座[①]。卷首下的第一卷时间标注为 1744 年，尽管在此之前补充和完善南怀仁的《灵台仪象志》这一工作在戴进贤领导下已经进行了。在最后部分，乾隆向民众谕示该书准备付梓，时间为 1753 年。编修者也从文学角度详细论述了对中国传统星座名称的保留。武英殿修书翰林等尽力帮助戴进贤和刘松龄在新目录中辨认那些中国传统星座的名称。刘松龄和同伴使用了那个时代最精确的仪器。

《钦定仪象考成》这部著作由几个目录组成：恒星总纪、恒星黄道经纬度表、恒星赤道经纬度表、月五星相距恒星黄赤经纬度表、天汉经纬度表。

6.3.3 北京的哥白尼学说

明末，邓玉函带了一副望远镜来到中国。1634 年，该副望远镜献给了崇祯皇帝。邓玉函参与了新历法的编修[②]。邓玉函在伽利略之后不久当选为罗马林琴学院(Cesi Academy)的第七位院士，就在乘船出发至远东之前，他加入了耶稣会。邓玉函曾从中国写信给伽利略，但是佛罗伦萨人伽利略对如此遥远的地方不感兴趣。邓玉函与开普勒成功地保持通信联系，并把中国人交食测算的方法寄给了后者。

邓玉函所处的时代，人们并不太接受“地动说”，因此他可以在同伴中判断出谁赞同哥白尼观点。在熊三拔(Sabbatinus de Ursis，1575—1620 年)的《简平仪说》(1611 年)以及接受伽利略用望远镜

---

① 乔宾华、蔡尚质，1914 年，第 III—IV 页。

② 蒙蒂克拉，1799 年，第 2 册第 471 页。

发现天体的阳玛诺(Emmanuel Diaz)[①]的《天问略》(1615年)中,可以见到日心说观点[②]。

在去世那年,开普勒应赞同哥白尼学说、1646年12月曾在澳门停留的卜弥格(Michael Boym)[③]之请,把《鲁道夫星表》(1627年)送给了北京的穆尼阁(Nikolaus Smogulecki, 1610—1656年)[④]。尽管属于哥白尼体系,1678年《鲁道夫星表》在卢布尔雅那还是非常畅销。后来,卢布尔雅那的耶稣会士买了这些历表,刘松龄很小的时候就读过它们。

邓玉函的同伴祁维材(Wenceslaus Kirwitzer)[⑤]和在南京传教的穆尼阁都支持哥白尼学说[⑥]。17世纪50年代,穆尼阁的朋友中有一位中国学生叫薛凤祚(约1620—1680年)。那时,他们合作编译、刊刻了一部关于日月交食的书,名为《天步真原》(天体运动的真正缘由),并在书中第一次用中文描述了对数。1653年,薛凤祚刊印了中国第一本对数表及其论证[⑦]。他们使用的是佛拉哥(Adriaan Vlacq, 1600—1666年)为商人和科学家编制的简易对数表,该表出版于1636年,后来由耶稣会士带入中国。

在耶稣会士来华之前,中国人把宇宙空间想象成空无一物,而非水晶球宇宙体系,因此他们没有真空的概念,而至迟于刘松龄出生时,欧洲科学界仍对真空争论不休。1643年托里拆利(Evangelista Torricelli,1608—1647年)首次进行真空实验时,争论

---

① 阳玛诺,1574年出生于葡萄牙的卡斯特尔夫朗科(Castello-Ybranoco);1593年2月2日在葡萄牙入耶稣会;1659年3月4日在杭州去世(克拉切克,1999年,第17页)。

② 席文,1965年,第201页。

③ 卜弥格,1612年出生于立陶宛的利沃夫城;1631年8月16日在克拉科夫(Krakov)入耶稣会;1659年8月22日在广西去世(克拉切克,1999年,第17页)。

④ 李约瑟、王铃,1959年,第3卷第444页;席文,1973年,第86页。

⑤ 祁维材,1588年或1590年出生于波希米亚的卡登城(Kadam);1606年2月28日在布隆城(Brno)入耶稣会;1626年5月22日在澳门去世(克拉切克,1999年,第15页)。

⑥ 席文,1973年,第86页。

⑦ 李约瑟、王铃,1959年,第3卷第52、454页。

就已经开始了。在这之后的五十年,争论愈演愈烈。亚里士多德甚至笛卡尔(René Descartes,1596—1650 年)的物理学都否认气压计、泵或行星际空间中存在真空。刘松龄在维也纳的合作者赫尔对宇宙和行星际空间产生较大兴趣,1789 年,他就相关问题出版了一本书。

耶稣会士带给中国的是过时的赤道坐标和托勒密-亚里士多德的水晶球体系"地心说",而这在欧洲正为第谷·布拉赫以及哥白尼所驳斥。这也是耶稣会士天文学为中国人所诟病的部分合理之处[①]。伽利略发展了哥白尼学说之后,来华耶稣会士却不接纳哥白尼学说。当然也有例外,如傅圣泽在 1710 年极力想把哥白尼学说介绍给中国人。1716 年 4 月,傅圣泽把自己赞同哥白尼观点的论述五大行星的文章、拉·伊尔星表和佛拉格对数一起呈给康熙皇帝,他把佛拉格星表亦呈给了康熙。法国耶稣会士支持傅圣泽,但葡萄牙耶稣会士、1719 年住在葡萄牙圣若瑟驻所的纪理安以及戴进贤都反对他[②]。

刘松龄没有公开表明自己关于太阳系内天体运动的观点。1757 年,在博斯科维奇的努力下,罗马裁判所收回将那些"宣称地球自转"的书籍革出教门的命令。消息传到北京后,法国耶稣会士立即借此向公众宣传日心说。蒋友仁是第一位在宫中讲授哥白尼学说的耶稣会士。1760 年,蒋友仁呈上《坤舆全图》为乾隆祝寿之际,向乾隆介绍了日心说[③]。乾隆的叔父是一位非常能干的数学家,他检视了蒋友仁的著作。何国宗[④]和赞成哥白尼学说者以及史学家钱大昕(1728—1804 年)为蒋友仁的中文书稿修改润色。这份手稿一直在中国那些著名的天文学家中传阅,直至 1799 年、1802 年和 1803 年出版为止[⑤]。

一些中国天文学家不清楚围绕伽利略观点产生争论的欧洲背景,因此对蒋友仁介绍的日心说产生困惑。尽管如此,蒋友仁仍备

---

① 李约瑟、王铃,1959 年,第 3 卷第 438 页;沙伊纳,1630 年,第 4 册第 765 页。

② 魏若望,1982 年,第 181、184、186、188、238、329、330 页。

③ 王重民,1963 年,第 46 页;席文,1973 年,第 95 页。

④ 何国宗,北京人,1766 年去世。

⑤ 席文,1973 年,第 95 页;朱恩多夫,1988 年,第 75、88 页。

受乾隆宠爱。1773 年 1 月 12 日，法国人带来了新式反射望远镜。乾隆对这个望远镜赞许有加，同时也想知道该如何使用，于是蒋友仁负责教乾隆操作步骤。在那次筵席上，太监们对新望远镜也赞不绝口。乾隆立刻就比较出反射式望远镜比以往旧式望远镜的先进之处①。

乾隆于是询问蒋友仁是否“所有欧洲天文学家都认为地球可以自转?”蒋友仁回答说几乎都是这样认为的，但是在真实体系中问题并不像为计算天体运动找到一个更好方法那么多。乾隆帝在吃饭时问及欧洲葡萄酒的口感，蒋友仁很高兴地把自己在这方面的丰富知识告诉了皇帝②。

北京天文学家开始使用新的、法文本的哥白尼学派星表来预测天象，而不再使用以前哈雷、勒莫尼埃和格拉马蒂西的星表。但是大部分中国人仅仅接受使用新方法的结果，而不是接受日心说原理。人们用蒋友仁的图(《地球图说》)来勘误旧图③。这样，18 世纪末，哥白尼学说最终在中国取代了第谷·布拉赫学说④。

6.4 电、真空和地图

6.4.1 电学实验

在前往中国的船上，刘松龄已经测量了磁偏角。后来，他在北京进行了类似的测量⑤。1750 年，在京的葡萄牙圣若瑟驻所耶稣会士收到了发电机以及用于交食观测的仪器。桑切斯提供的这些

---

① 埃梅·马丁，1843 年，第 4 册第 196—198 页；蒋友仁于 1773 年 11 月 4 日致姓名未知人的信。

② 埃梅·马丁，1843 年，第 4 册第 217、220 页；蒋友仁于 1773 年 11 月 4 日致姓名未知人的信。

③ 埃梅·马丁，1843 年，第 4 册第 122 页；蒋友仁于 1767 年 11 月 16 日从北京寄给奥特罗什的信；王渝生，2000 年，第 225 页。

④ 李约瑟、王铃，1959 年，第 3 卷第 443—444 页。

⑤ 钱德明 1784 年 10 月 2 日的信札，收入《关于中国之记录》，第 11 卷第 563 页；费赖之，1934 年，第 760 页。

仪器来自于其在伦敦和荷兰的那些朋友[1]。北京的索智能主教在船载运送过程中给予了很多帮助[2]。虽然没有详细说明发电机的类型,但它肯定是1745年发明的莱顿瓶。作为莱顿以前的学生,桑切斯知道马森布洛克对莱顿瓶的研究。差不多同时,英国皇家学会会员柯林森(Peter Collinson)[3]把莱顿瓶用船运过大西洋,送给了本杰明·富兰克林。桑切斯与柯林森一直保持联系,并把北京耶稣会士送给自己的一个大黄属植物送给了后者[4]。

作为在京耶稣会士科学家之首,刘松龄参加了这项电学实验。来自法国耶稣会修院的同伴钱德明对电学尤其感兴趣。在京法国传教士驻所可能没有发电设备,因此钱德明在葡萄牙驻所附近使用了刘松龄的设备。当时,钱德明、刘松龄和鲍友管也曾合作观测了仙女座γ星的高度,以配合佩泽纳(Espirit Pezenas)[5]和其他两名耶稣会士在马赛所作的类似观测[6]。

1755年,在京耶稣会士通过摩擦给一个薄薄的玻璃板通电,然后把它放在指南针的玻璃面上。指南针的指针突然升高,并附着在玻璃壁内侧长达数小时,后来它才恢复到原位。当耶稣会士移走带电的玻璃板,指针再次升高并触及玻璃面。当他们放回带电玻璃板,指针再次倒下。这个实验可以重复多次[7]。

1755年1月12日,宋君荣收到里奇曼(Georg Wilhelm Richman)[8]一封没有署日期的信和克拉特齐斯坦一封落款为1753年4月12日的信。两封信都是写给北京耶稣会士的。宋君荣在1755年4月30日给两位圣彼得堡院士都写了回信,信中提及钱德

---

① 宋君荣,1970年,第617页。

② 宋君荣,1970年,第703页。

③ 柯林森,1694年1月14日出生于英国的Hugal Hall,1768年8月11日在伦敦去世。

④ 查尔莫斯,1816年,第27卷第88页。

⑤ 佩泽纳,1692年11月28日出生于亚维农(Avigon);耶稣会士;1776年2月4日在亚维农去世。

⑥ 宋君荣,1970年,第840、843、850页。

⑦ 埃皮努斯,1979年,第130页。

⑧ 里奇曼,1711年7月11日出生于佩尔瑙(Pernau),1753年7月26日在圣彼得堡去世。

明的实验"应当会让你们感到高兴"。宋君荣补充说,与那个时期欧洲人以及美国人的兴奋相比,中国人对电学实验不是很感兴趣[①]。1755年8月左右,宋君荣寄给拉祖莫夫斯基许多东西,其中有两个是钱德明的小包裹[②]。

里奇曼和克拉特齐斯坦发表了电学研究结果。宋君荣不知道里奇曼已经于1753年7月26日去世了。在1753年8月13日后不久,克拉特齐斯坦离开了圣彼得堡科学院,成为哥本哈根大学医学和物理学教授[③]。1756年,扎伊尔(Johan Emst Zeiher)[④]接替了克拉特齐斯坦的位置,并给宋君荣回信,告知他里奇曼已经去世了[⑤]。

出生于普鲁士罗斯托克城(Rostock)并在那里完成学业、承担教学工作的埃皮努斯(Franz Maria Ulrich Theodosius Aepinus)[⑥]接替了里奇曼的位置。他和自己的瑞典学生威尔克(Johann Karl Wilcke,1732—1796年)合作研究了早期类型的电容器。1755年,伏打(Alessandro Volta)在科摩(Como)高级中学把这种电容器发展成起电盘。在柏林短暂工作一段时间后,埃皮努斯接替里奇曼成为圣彼得堡科学院的一员。1757年5月10日[⑦],埃皮努斯抵达圣彼得堡。直至1798年,他一直在科学院担任物理学教授。

埃皮努斯这位新的物理学教授很快就收到了北京的电学实验资料。几个月后,他把北京的实验报告提交给圣彼得堡科学院[⑧]。

---

① 宋君荣,1970年,第803、810—811页;海尔布伦,1979年,第405页;克洛斯,1987年,第41页;科普莱维奇、茨维拉瓦,1989年,第55页;茨维拉瓦,1986年,第58页。

② 宋君荣,1970年,第818页。

③ 科普莱维奇、茨维拉瓦,1989年,第80页。

④ 扎伊尔,1720年出生于魏森费尔斯(Weissenfels),1784年1月7日在维滕贝格(Wittenberg)去世。

⑤ 茨维拉瓦,1986年,第58页。

⑥ 埃皮努斯,1724年12月13日出生于罗斯托克,1802年8月10日或22日在多尔帕特(Dorpath)去世。

⑦ 挪威克,1999年,第10页。

⑧ 1757年11月17日(挪威克,1999年,第11页)或者1757年12月1日(埃皮努斯,1979年,第492页)。

1758年3月9日，圣彼得堡科学院宣读了该份报告。埃皮努斯用带有感应电荷的小导电率玻璃放在磁针的玻璃面上、实验中电荷缓缓注入所附的指针上、以及当感应电荷释放后电荷慢慢恢复来解释北京的实验。埃皮努斯成功地重复了北京的实验，并增加了12个自己的类似实验。他指出，北京的实验充分证明了富兰克林理论①。

1758年9月7日，埃皮努斯为女皇在科学院举行了一场关于电力和磁性威力的演讲。他用莱顿瓶实验将电力和磁性作了类比，但没有提到北京的实验报告。

1758年秋季，埃皮努斯丰富了自己的电磁理论。1759年6月4日，他把书稿交给了科学院。11月底，其著作《电磁理论初探》出版，并献给了拉祖莫夫斯基②。埃皮努斯赞同富兰克林的单流体学说，但仍旧没有提及北京的实验③。

埃皮努斯的解释没有使大家满意。西默(Robert Symmer)④显然在还不知道北京实验的情况下，进行了两组和北京相似的实验。1759年2月1日至12月20日间，西默把实验结果提交给了英国皇家学会。他在文中对电的正负极作了总结⑤，这使富兰克林的那些反对者们非常高兴。

信诺(Gian Francesco Cigna)⑥首先对埃皮努斯所作的北京耶稣会士实验分析进行了评论⑦。信诺的叔叔贝卡利亚(Giacomo Battista Beccaria)⑧也对北京的实验感兴趣。1747年，贝卡利亚担任都灵大学实验物理学教授。1767年，他在北京耶稣会士实验的基础上增加了一个新的类似效用。贝卡利亚给一块绝缘玻璃板充电。他拿走了负极板的绝缘，把另一块没有充电、没有绝缘的玻璃

---

① 埃皮努斯，1979年，第23—24页。

② 挪威克，1999年，第12—13页。

③ 埃皮努斯，1979年，第130—131页。

④ 西默，1707年出生于苏格兰加罗韦(Galloway)，1763年6月19日在伦敦去世。

⑤ 西默，1759年，第380页；埃皮努斯，1979年，第406页。

⑥ 信诺，1734年7月2日出生于蒙多维(Mondovi)，1790年6月16日在都灵去世。

⑦ 埃皮努斯，1979年，第200页。

⑧ 贝卡利亚，1716年10月31日出生于蒙多维，1781年5月27日在都灵去世。

板放在附近。然后他给这块没充电的板绝缘,用导线把其涂层和带电板的涂层连接。两块板碰到了一起,接着一块整个倾斜在另一块身上。如果他在两块板接触了一段时间之后、但在融合之前将它们分开,那么带电那块板的两边都是正电荷,不带电那块板的两边都是负电荷。如果他在融合之后把两块板分开,然后再把两块板连接起来,不带电那块板下的小圆纸在每次分离后都相吸、在每次接触后都相斥。给板通一次电后,贝卡利亚能够重复这个实验多达 500 次[①]。

1769 年,贝卡利亚重印了北京的实验报告,内中提及埃皮努斯的不完整解释,并使用了自己的解释。他提出了专门继电保护的想法[②]。伏特对贝卡利亚的解释不满意,几年后,他在寻求其他可能性的解释过程中发明了起电盘。1775 年 1 月 10 日,他在写给普里斯特利(Joseph Priestley)的一封信中对此作了叙述[③]。普里斯特利也在自己的论文中分析了北京的实验[④]。这样,北京的电学实验成为现代电学的先导。

6.4.2 极光

中国古书中早就记载了公元前 2600 年出现的极光。从公元前 208 年至 1639 年,中国人对平均每四十年出现一次的极光作了记录,其名称各异[⑤],他们不知道所有观察到的现象基本上都是一样的。通常,他们把这些现象比作火球或者动物,尤其是称作火龙。

开普勒认为太阳光在月球气场中的折射造成了日冕。1683 年,G. D. 卡西尼反驳了开普勒这种观点。卡西尼认为黄道光的变

---

① 贝卡利亚,1767 年,第 297—298 页;贝卡利亚(1767 年,第 297 页)引用埃皮努斯对北京实验所作的分析时把卷数标错了(《皇家学会会刊》8:276),普里斯特利(1775 年,第 1 册第 316 页)后来又犯了同样的错误。

② 贝卡利亚,1769 年,第 44—47 页;海尔布伦,1979 年,第 405—410 页。

③ 埃皮努斯,1979 年,第 131 页;伏特,1816 年,第 IV 卷第 108 页。普里斯特利,1733 年 3 月 13 日出生于 Fieldhead;1804 年 2 月 6 日在诺森伯兰(Northumberland)去世。

④ 普里斯特利,1765 年,第 1 册第 315—316 页。

⑤ 李约瑟、王铃,1959 年,第 3 卷第 482 页。

换方式与太阳黑子一样都是由太阳引起的。开普勒的观点直到1860年发生日全食、测量的视差为零时才被驳倒[①]。实验证明，太阳光线在月球附近自己的轨道上时并没有多少折射。

1621年，欧洲上空可以清晰见到极光。1616年和1622年，伽利略就这一现象与自己以前的学生、佛罗伦萨研究院的顾问奎杜奇(Mario Guiducci，1585—1646年)保持着通信联系。他们在信中已经使用了极光这个名称。伽桑狄是第一位有条不紊地研究极光的学者，他把"极光"这个名称引入了科学文献。

接下来1650年至1710年的蒙德(Edward Walter Maunder)[②]极小期，太阳黑子和极光都极为稀少。蒙德极小期以1716年3月5日、3月17日和3月18日戏剧性地出现超大极光而宣告结束。人们在欧洲中部，从爱尔兰直至波兰西部和俄罗斯，都能看到这一现象。刘松龄作为卢布尔雅那高级中学的一名13岁学生，当然也看到了这个现象。

在那次观测中，哈雷预测了极光与地球磁场之间的关系。他写道："磁场改变了粒子的运动轨迹，产生了射线。射线与地球磁场平行，因为透视法的缘故，它们形成了拱型。"

哈雷的朋友牛顿估计极光的高度为33英里至281英里，即53公里至452公里。后来，梅朗(1740年)和富兰克林公布了更精确的计算值[③]。1790年，英国人卡文迪许(Henry Cavendish，1731—1810年)计算出几乎完全准确的极光高度。

1731年，梅朗开始研究极光。两年后，他发表了关于极光的论述。他认为极光是太阳大气层和地球非常稀薄的大气在高空的混合物。他把不断变化的黄道光强度与极光的频度联系在一起。黄道光是发光或闪亮的、带光线的太阳大气层。他还发现太阳黑子的数量与极光频度之间的联系。他证明太阳在逐渐失去其质量；这种结果我们现在称之为太阳风。他收集了无数关于极光的观

---

① 吉尔勒明、考奇米，1999年，第96—97页。

② 根据格林威治天文学家蒙德(1851—1928年)的说法(吉尔勒明、考奇米，1999年，第20页)。

③ 安布舍尔，1807年，第2卷第128页。

测，并依据观测时间进行了排列[①]。后来，安布舍尔（Anton Ambschell）[②]断言太阳大气层无法达到那么遥远的地方。但是现代理论是建立在梅朗的观点之上。

1685年，传教士卫方济在中国观测到黄道光[③]。1718年、1719年和1722年，有人在中国三个不同的省份观测到极光。1730年，巴多明在北纬48度至47度的鞑靼地区观测到北极光。1735年9月28日，巴多明向梅朗汇报说，北京不像巴黎那样经常能看到极光。因此，他急切地盼着梅朗把其关于极光的著述送给自己。在梅朗的书中有关于黄道光以及其他现象的解释。巴多明对梅朗那本关于冰川的获奖书籍给予了高度评价，该书于1716年由波尔多科学院出版[④]。1758年，卢布尔雅那的耶稣会士购买了德文译本。宋君荣在1740年9月20日寄回的信中对梅朗关于大气和极光的观点赞不绝口[⑤]。

数学家欧拉在柏林特别是在圣彼得堡工作时看到很多北极光。他称极光是由太阳光（射）线组成，其中一些光线非常强以至于白天看不到，它们看起来像光源或者发光体[⑥]。

1738年，博斯科维奇在罗马发表了关于极光的论述，并完善了梅朗关于太阳大气层对地球大气层影响的理论。在1738年所提出六个论点的第三个中，他使用了马拉尔蒂于1726年10月27日在巴黎天文台以及比安契尼在罗马东南弗拉斯卡蒂（Frascati）的图斯库勒姆（Tusculum）天文台对极光所作的观测结果。梅朗曾比较了他们的观测结果。1726年，博斯科维奇作为罗马耶稣会的一名初学生观测到了极光，刘松龄作为维也纳数学系学生们的助理教师也观测到了极光。在第三个论点中，博斯科维奇讨论了侯爵波

---

① 吉尔勒明、考奇米，1999年，第96—97页。

② 安布舍尔，1751年3月9日出生于杰尔市（Györ）；1767年10月17日在斯洛伐克的特伦钦（Trenčin）入耶稣会；1821年7月14日在伯拉第斯拉瓦（Bratislava）去世。

③ 梅朗，1754年，第33页。

④ 埃梅·马丁，1843年，第3册第698页；梅朗，1754年，第460、464、465页。

⑤ 迪代伊，1994年，第306页。

⑥ 安布舍尔，1807年，第2册第123—124页。

莱尼(Giovanni Poleni,1683—1761 年)教授于 1737 年 12 月 16 日在帕多瓦(Padua)观测到的夜间极光。全欧洲人都看到了那次极光,当时刘松龄恰在果阿。在第五个论点中,博斯科维奇描述了 19 岁的梅耶的计算方法,梅耶依据圣彼得堡科学院公布的一次观测,估算了极光离地球表面的高度。在第六个论点中,他总结了梅朗的理论,即因为自转的缘故,太阳大气层是两个凸透镜的形状,它有时伸展得比太阳和地球之间的距离还长;它位于地球大气层的最顶端,也会在赤道上空发光;它朝着两极的方向上升、蔓延,带来太阳大气层最干净、最稀薄的空气。梅朗解释了因地球自转而产生的气流,但博斯科维奇认为地球是不动的,在这种状态下气流有不同模式。

雅基耶(François Jacquier,1711—1788 年)把朋友博斯科维奇(1738 年)的论述寄给了在巴黎的熟人梅朗。就个人而言,梅朗喜欢博斯科维奇支持自己关于极光高度的估算,而卢卡的塞兰托尼(Serantoni)恰对这一点持批评意见。梅朗把博斯科维奇的模式作为极光形成的额外原因①。博斯科维奇开始了与梅朗的通信。1747 年,他在为老师诺切蒂(Carlo Noceti)②的著述所作的注释中再次提及极光。次年,博斯科维奇加入了巴黎科学院,而梅朗是科学院的秘书。

罗蒙诺索夫在俄罗斯开始研究极光。他发现极光可能会对北冰洋上的未融化冰面造成影响。在 1749 年 2 月 8 日和 1749 年 3 月 8 日伦敦发生地震之前,人们经常能看到奇光异彩的极光。联想到富兰克林的电流会引发地震的观点,他相信极光是地震的前兆③。一些气体以极光的形式从地球中迸发出来,一些数量较少的天然气同时引发了地震。

---

① 马科维奇,1968 年,第 1 册第 79—80 页。

② 马科维奇,1968 年,第 1 册第 208 页。诺切蒂,1694 年出生于巴尼奥内(Bagnone);耶稣会士;1759 年去世。诺切蒂在罗马耶稣会修院于 1729—1730 学年讲授逻辑学;1730—1731 学年讲授物理学;1731—1732 学年讲授形而上学;1733 年至 1742 年讲授宗教神学。

③ 普里斯特利,1765 年,第 1 册第 448 页。

1741 年，瑞典人摄尔修斯（Anders Celsius）[①]和他的学生约尔特（Olaf Peter Hiorter，1696—1750 年）在乌普萨拉（Uppsala）发现极光会对磁针产生影响。贝卡利亚也注意到这种现象。当极光处于大气较低层时，贝卡利亚还听到了声音。1761 年 4 月 14 日，伯格曼（Tobern Olof Bergman）[②]在写给英国皇家学会的一封信中，报告说一个较强的北极光影响到了指南针，但他无法从极光中收集电荷。

1753 年，伦敦的坎顿认为极光是很远处的云穿过大气层中阻力最小的较高、较稀薄部分，从正极向负极运动时产生的电火花。人们认为极光造成了地球上空温暖空气的电磁化。极光主要出现在北部地区，因为地球和温暖空气间的最大温差（尤其在冰雪融化期间）就发生在那儿。坎顿发现极光的性质可与最近发现的电气石相比较，电气石在冷却或变暖过程中排放和吸收电流质时没有阻力。坎顿在三英尺长的密封的托里切利真空玻璃管的实验室环境下观测极光。坎顿在手中拿着管子的一端，把另一端通过导体和莱顿瓶相连。整个玻璃管立刻闪亮起来。当他把玻璃管从导体旁拿开，玻璃管继续闪亮，有时长达一刻钟。当他把玻璃管的另一端朝任何一个方向时，玻璃管在其双手中就更亮了。玻璃管两端是不带电的，但如果坎顿仅仅拿着玻璃管的一端并没有动的话，玻璃管仍然发光。当触及玻璃管的另一端，他在通电后引发了至少 24 个小时的强大电火花。他能用形状不规则的小真空瓶在黑暗中制造非常棒的仿真火花[③]。

1756 年至 1759 年间，坎顿继续伯格曼的“磁针在发生较强极光时受干扰”观测，并发现了今天被称为磁暴的现象。他立刻探寻位于云层高空的电荷[④]。后来，阿普尔顿（Edward Victor Appleton，1892—1965 年）在那里发现了电荷。

---

① 摄尔修斯，1701 年出生于乌普萨拉（Uppsala），1744 年亦在此去世。

② 瑞典人伯格曼，1735 年出生于卡特琳娜贝里（Katrineberg），1784 年在乌普萨拉去世。他是乌普萨拉的化学教授。

③ 普里斯特利，1765 年，第 2 册第 162—163 页；安布舍尔，1807 年，第 2 册第 124 页。

④ 普里斯特利，1765 年，第 1 册第 34、285、389、410、436—437 页，第 2 册第 75 页。

1770 年 9 月 17 日，北京的刘松龄在离北极点 50 多度、北纬 39°54′的地方观测了极光。北京比斯洛文尼亚稍偏南一些，极光发生在那里比较罕见。北京从没有人像刘松龄那样这么仔细地观测过极光。下午 7 时之前，极光在北部的木兰地区第一次出现。后来，红光慢慢向西移动，并在晴朗的天空中逐渐上升，不断向东、西浸染。下午 7 时半，极光像一个紫色的环或球出线在地平线上。晚上 8 时后，极光逐渐变弱并变得稀薄。晚上 9 时，它再次增强，并一直持续至大约 10 时。极光覆盖了地平线，和垂直线之间形成了 40 度的角，并朝北极星的方向移动①。在向西 100 度和向东 100 度总共 200 度的范围内都可以看见极光。稀薄的紫光几乎升至树的高度，看上去好像来自地平线的下方。在垂直方向上，极光呈现出没有一点灰白阴影的火红。显然，刘松龄把极光在纵向或朝南方向上不断发生的变化形容为稀薄和浓稠、衰弱和增强、延长和缩短。刘松龄和同伴们观测到 30 或 40 根火的放射状线条，它们仿佛在剧场中一样。后来，整个极光朝地平线的方向移动，同时不断上升。极光的红色部分朝北蔓延。在极光下面，能够看见在地平线上颜色较深的白灼光，它在空中呈蓝黄色。极光不断上升、变大，颜色越来越深。光线逐渐变得灰白、稀薄，消逝在风中。最终，黑夜降临了，尽管午夜之后在地平线上仍有一点红色。一部分极光直至凌晨二时仍旧清晰可辨。

在各色彩光消逝的过程中，刘松龄发现极光堪与中国人在庆典时爱放的烟花相比。

围绕极光大约有 8 个或 10 个问题有待解决。北京天文学家在书中找寻答案，结果表明在纬度低于 40 度的地方发生极光是极为罕见的。大风也妨碍了在中国地区观测极光。皇帝特下令让天文学家们研究极光。天文学家们需要考虑历史文献“Pefang-ho-guang”中记述的自然因素。刘松龄写信给英国皇家学会说，他将在下一封信中汇报进一步开展的工作②，但这封信从未发表。

差不多和刘松龄同时，法国耶稣会士钱德明在 8 时 30 分观测

① 刘松龄，1772 年，第 16 册第 250 页。

② 刘松龄，1772 年，第 16 册第 251 页。

到了极光。钱德明描述了有明亮光带的极光。在这次观测的19天后，钱德明将观测报告以及其他数据一起寄往巴黎。两年多以后，这些资料出版了[①]。

钱德明在离京两里远的靠近皇帝住所的海淀进行了观测。极光很明显地非常红，恰好遮盖了天空北边大约30度的范围。极光逐渐向东、西扩散了1度之后，停了下来。8时30分，钱德明观测到的是晴朗的天空，但半小时后，天空弥满了气体[②]。后来，气体逐渐减弱，极光变得更加绚丽。在红颜色的中部，光不断闪烁并消逝在远处。近凌晨3时，这个现象结束了。1770年9月20日晚上9时，人们再次看到同样的白热光。但是因为天空有云层，极光的亮度比起三天前已大为降低。1770年9月22日下午7时30分，钱德明观测到覆盖了东北至西南天空的灰白色光线。在报告的其他部分，钱德明提及一些中文和满文书籍。

1770年9月17日，勃良第、巴黎、蒙莫朗西(Montmorency)、古泽伦(Gurzelen)、维也纳、吕贝克(Lübeck)和伯林根(Boeringen)这些地方都可以观测到极光。在伯林根，人们看到极光出现在天空的南部，这是很罕见的例外。1770年9月17日和9月18日，柯特(Louis Cotte)[③]在蒙莫朗西观测到这一现象。他观察到极光对磁针产生了特别的影响。那是非常潮湿的秋日，因此甚至在夜幕降临之前磁针就开始颤动了。磁针的倾斜度发生了半度的变化。柯特拿掉了所有钥匙和其他铁的物体，因为他认为是这些东西造成磁针不正常的运动，但是磁针仍然在颤动。7时30分，他观察到一束光带，这个光带从西面一直至天顶遮盖了天空。该短暂现象变成一个小极光，赫尔在维也纳也观测到了它的光亮。1780年2月29日，柯特在蒙莫朗西观察到类似的极光强烈影响。1780年7月28日，他再次观察到该现象[④]。

---

① 钱德明，1773年，第2册第111—112页。

② 柯特，1788年，第340、344页。

③ 柯特，1740年出生于拉昂(Laon)，1815年去世于蒙莫朗西。柯特是蒙莫朗西的神父、巴黎科学院成员。

④ 安戈，1896年，第199页；佛利兹，1873年，第72页；柯特，1788年，第1卷第343—344页。

1770 年 9 月 16 日，库克船长开始了“奋进号”船只的首航。晚上 10 时，他在赤道以南 10 度靠近澳大利亚北部的帝汶岛观测到南部的极光。帕金森（Sidney Parkinson，1745—1771 年）和后来担任英国皇家学会主席的植物学家班克斯（Joseph Banks）[①]在日记中记录了这个现象。极光在地平线上方 20 度闪烁，覆盖了至少 90 度或 100 度的视角。光一直都很强烈，没有任何摆动，极光弧形的中心朝着南—西南方向静止不动[②]。同一天，即 1770 年 9 月 16 日，在北纬 40°1′、东经 117°4′、北京东北部过去一点点的中国河北省冀州县，人们也看到了极光。再向南几度的邻近省份山东省也看到了这个现象。极光中红色占了很大部分。1770 年 9 月 16 日，日本没有人观察到极光，但在第二天即 1770 年 9 月 17 日晚上，有 15 个日本人看到了这一现象。朝鲜因为下着大雨，什么都没有看到。

刘松龄时期 1770 年开始的极光史无前例地被南北半球观测者清晰地记录了下来。几乎恰在 1769 年太阳黑子爆发最大年之后的一年，极光出现了异乎寻常的色彩。人们第一次看到了 600 种颜色[③]。

1770 年 9 月 17 日下午 7 时，赫尔在维也纳北纬48°4′处观测到极光。因此，他的观测只比刘松龄晚了几分钟。根据赫尔的测量，太阳位于室女座 25°赤纬角 2°5′处。离 1770 年 7 月 19 日 8 时出现新月只剩下两天了。极光的视觉角度至午夜变小了。极光的亮度超过了太阳，因为太阳降至地平线下 60°了[④]。这一现象支持了赫尔关于极光会异常耀眼的观点，而北京一整晚都看到了极光最耀眼的过程。

赫尔在其总历表的第一部分发表了刘松龄的报告，同时还发表了特恩伯格关于木卫的观测结果。在历表长达 116 页的附录中，赫尔发表了 1769 年金星凌日时太阳视差的测量结果。

---

① 班克斯，1743 年出生于伦敦，1820 年在艾尔沃斯（Isleworth）去世。

② 柯特，1788 年，第 339 页。

③ 威利斯、斯蒂芬森、辛格，1996 年，第 737—741 页。

④ 赫尔，1772 年，第 16 卷第 252 页；《法国公报》（Gazette de France），1770 年 10 月 1 日。

1776年，特恩伯格报告了在格拉茨北纬47°4′10″处所观测到的极光。他的观测比赫尔和刘松龄早九个月。1769年12月14日，他于晚上9时开始观测；1769年12月27日，提前至8时30分开始观测。1769年12月30日早晨5时30分，他观测到极光呈现绚烂的色彩，这些色彩一直持续至1769年12月31日晚。与赫尔和刘松龄不同的是，他不只观测了光度，还用磁针测试了这一现象。当雷云覆盖山区的天空时，磁针指向东面。特恩伯格使用了特殊的量角器测量指南针的摇摆。指南针朝着偏离北面的35度角左右摇摆①。

1769年之前的10年中，北纬46度至55度间很少能观测到极光。这之后的25年中，极光变得更加频繁了，但是特恩伯格再没有关于极光的报告，后来的观测记录中也再没有提到他。距特恩伯格观测最近的是1769年12月20日在德朗维利耶(Deainvilliers)城堡所作的观测，该结果由巴黎科学院发表了。1769年10月24日，格拉茨和维也纳观测到了极光。1770年1月18日，维也纳、特尔纳瓦和德国的一些地方也观测到了极光②。

天文学家特恩伯格的极光观测结果与气象测量结果合在一起出版了。1768年和1769年，特恩伯格测量了空气的相对湿度③。1765年至1768年间，他一连几个月测量了风、云、平均气压和温度④。他发现1769年4月中单独一天内气温变化最大⑤。他记下了1767年12月31日中午12时30分和1768年2月27日下午2时41分两次地震的数据，但他没有把这两次地震与极光联系起来⑥。

极光激起了几位耶稣会士和其他一些天文学家的兴趣。1777年，在刘松龄关于极光的有关描述出版五年之后，赫尔的历表中附录的全是极光。赫尔用启发性的表述、论点和论据进行了论述，如

---

① 特恩伯格，1770年，第33页。

② 安戈，1896年，第95、97、199页；佛利兹，1873年，第72页。

③ 特恩伯格，1770年，第35页。

④ 特恩伯格，1770年，第7—16页。

⑤ 特恩伯格，1770年，第14页。

⑥ 特恩伯格，1770年，第34—35页。

同在他之前近一个世纪的牛顿在《自然哲学的数学原理》(Principia)一书中所做的那样。赫尔用了118页的篇幅和几张图片提出了125条讨论。他叙述了1761年基歇尔、梅朗、马森布洛克和兰伯特的光度测定研究;提到了观测俄罗斯新地群岛时①对极光高度的数学估计②;运用了自己的经验来处理磁石和极光与地球电荷之间的联系③;在经常观测极光的拉普兰观测了1769年发生的金星凌日现象。赫尔发表的五个观点如下④:

1. 反射极光的物质比我们周围大气中的物质浓密得多;

2. 光非常耀眼;

3. 在极光明亮的部分,我们看到许多快速粒子的运动;

4. 一旦变得稀薄,极光的金黄色就黯淡了,正如我们在棱镜折射中看见的类似颜色;

5. 极光发生时,南面的天空通常显得暗沉。

1778年,马考发表了一篇讨论极光电力特性的论文⑤。曾任卢布尔雅那教授的安布舍尔同意梅朗(1733年)和赫尔关于极光所持的笛卡尔哲学观点,即极光源于太阳和月亮光反射至地平线下冰的微粒。安布舍尔所处的时代,根据库克以及其他人的观测结果,人们知道南半球也出现了类似的极光⑥。

19世纪下半叶,科学家开始对通过较高大气层的稀薄空气(极光)的电流进行深入研究⑦。大多数研究者认为不断增加的电荷引发了极光,但是他们的解释各不相同。1850年,法拉第(Michael Faraday,1791—1867年)提出极光依赖大气中的磁性物质,并公布了同伴们大量的测量结果⑧。法拉第认为"氧气的磁性特性和大气的磁性状态"以及它们每年和每日的变化非常重要。贝克雷尔

---

① 赫尔,1777年,第21册第112页。

② 赫尔,1777年,第21册第54页。

③ 赫尔,1777年,第21册第8、115页。

④ 赫尔,1777年;安布舍尔,1807年,第2册第123页。

⑤ 柯特,1788年,第1卷第334页。

⑥ 安舍布尔,1807年,第2册第128—129页。

⑦ 潘宁,1957年,第1页。

⑧ 法拉第,1952年,第2796页(1850年8月2日),第2957页(1850年9月14日)。

(E. Becquerel)[①]也于1850年宣称它们虽然很小,但肯定影响了地球的磁性。巴黎科学院院士普耶(Claude Servais Mathias Pouillet)[②]提出:人们在极光的论述上不能达成一致表明研究者对其的认识很少[③]。

大气电荷对罗盘针的影响激发了维多利亚时代英国水手们的兴致,他们接受了法拉第的观点。坎顿最先用静电理论来解释极光[④]。在1869年关于克鲁克斯聚集体第四态的激烈辩论期间,斯图尔特(Scott Balfour Stewart, 1828—1887年)把地球比作鲁姆科夫(Ruhmkorff)线圈的中心,电流流经大气的更高层[⑤]。1875年,雷姆斯特罗姆(Karl Selim Lemström)把极光与用霍尔特仪器通电的盖斯勒管的放电作了比较。1878年,埃德伦德(E. Edlund)运用韦伯单极感应观点在斯德哥尔摩作了更加详尽的解释[⑥]。1878年和1882年,斯图尔特声明:"大气高空的横向电流引起了朝着地球磁场以 10^{-8} T强度产生的每日变化。"1887年,斯图尔特以前的学生舒斯特(Schuster)提出了类似的观点。但在那个时代,人们认为这个观点太激进了。许多问题和争端并没有被正确地提出,因此在1888年,德国研究人员讨论了大气中的空气究竟能否被电磁化。后来证明,极光发生是由于太阳辐射在地球大气层较高部分的带电粒子产生了无线发光。1859年之后,人们证实极光发生频度的高低随着太阳黑子的十八年周期而变化[⑦]。

极光激起了卡尔尼奥拉人浓厚的兴趣,尽管在那样的地理纬度发生极光是极其罕见的。例如在19世纪末,极光仅仅发生在1870年10月24日、1870年10月25日和1892年2月14日。1870年10月24日发生的极光在南至巴格达以及的里雅斯特、戈里察附近

---

① 法拉第,1952年,第2442、2847、2968页(1850年9月14日);阿尔文,1963年,第207页。

② 普耶,1791年2月16日出生于法国杜城(Doubs),1868年在巴黎去世。

③ 普耶,1853年,第2卷第791页。

④ 安戈,1896年,第158页;柯特,1788年,第1卷第322页。

⑤ 安戈,1896年,第146页。

⑥ 安戈,1896年,第161—162页。

⑦ 李约瑟、王铃,1959年,第3卷第436、483页。

的兴顿特雷特(Šentpeter)、雷卡和欧洲其他几个地方也能观测到[①]。在安布舍尔之后的一百多年,克里赞因(Josip Križan)用斯洛文尼亚语发表了第一篇关于极光的论文[②]。

克里赞因[③]虽然是克罗地亚人,但他也用斯洛文尼亚语出版了许多作品。1855 年至 1863 年间,他在瓦拉日丁高级中学完成学业。1851 年至 1855 年间,来自 Podravian Novigrad 的马屯次(Martin Matunci, 1823—1910 年)在瓦拉日丁讲授数学。马屯次对光的偏振特别感兴趣,1854 年,他在瓦拉日丁高级中学执教期间出版了关于光偏振的研究,该书于 1856 年在萨格勒布再次出版。这就是为什么克里赞因在青少年时期就已对光学产生兴趣的原因。

1863 年至 1867 年,克里赞因在格拉茨研究数学、物理和哲学。1864 年 4 月 1 日至 1867 年 3 月 11 日间,他协助马赫(Ernst Mach,1836—1916 年)教授进行声学干扰实验[④]。1867 年,克里赞因参加了教授资格考试。1869 年,他在波尔茨曼(Ludwig Eduard Boltzmann,1844—1906 年)执教的格拉茨大学获得博士学位。

在克里赞因之前,另有两位克罗地亚高等学院教授发表了有关极光的论文。其中一位是托巴(Josip Torbar, 1824—1900 年),他是萨格勒布高等学院物理学和自然哲学教授。他赞同奥姆斯特德(Denison Olmsted)[⑤]关于极光宇宙起源论,反对鲁阿河(August Arthur De la Rive)[⑥]的电流起因论。在托巴论文发表后的一年,靠近卡尔洛瓦茨(Karlovac)的拉科瓦茨(Rakovac)学校的塞库利奇(Martin Sekulić, 1833—1905 年)教授驳斥了他的观点。塞库利奇

---

① 安戈,1896 年,第 250—251 页。

② 克里赞因,1874 年,第 360 页;舒比克,1900 年,第 70 页;斯特尔纳德,1993—1994 年,第 51 页。

③ 克里赞因,1841 年出生于柳托梅尔(Ljutomer)附近的科科里奇(Kokoriči),1924 年去世。

④ 克里赞因,1870 年,第 4 页;克里赞因,《科技文章目录》(*Wien. Ber.*),1865 年 1 月 23 日。

⑤ 1825 年,奥姆斯特德(1791—1859 年)在耶鲁大学任自然史教授。

⑥ 鲁阿河(1801 年出生于日内瓦,1873 年在马赛去世),日内瓦物理学教授。

自行制造了用于实验室模拟极光和光频谱分析的机器[①]。他所撰论文以1870年10月24、25日间在北纬37度至53度间、东经11度至20度间一些地区发生的异乎寻常的极光作为研究对象[②]。塞库利奇是后来成为美国著名发明家的特斯拉(Nikola Teasla，1856—1943年)的老师。

克里赞因关于极光的研究论文用优美的斯洛文尼亚文发表了。克里赞因的论文在克罗地亚发表许多年后，切尔梅利(Lavo Čermelj，1889—1980年)[③]对之仍很欣赏。尽管需要电与磁之间基本关系的一些知识，论文还是很受欢迎，备受称赞[④]。

与鲁阿河的理论相比，极光的现代理论与奥姆斯特德、格罗内曼(Gronemann)的更加接近。太阳表面带电粒子周期性的强爆发造成了极光。一些粒子在飞往地球的途中朝着磁极方向降落。在朝着地球表面下落期间，正如克里赞因所描述的那样，它们因为氮分子和氧分子的摩擦而发光[⑤]。

极光理论有四大类[⑥]：

电磁的	光学的	宇宙的	不确定的
	笛卡尔		
鲁阿河	奥姆斯特德		
1870年，斯皮勒(Spiller)	1871年，托巴		
1872年，塞库利奇	1872年，沃尔费特(Wolfert)	1871年，格罗内曼	
莫尔			

① 赛库里奇，1872年；达迪奇，1982年，第2册第257—258页。
② 克里赞因，1874年，第360页。
③ 切尔梅利，1964年，第301页。
④ 克里赞因，1874年，第366页。
⑤ 阿西莫夫，1985年，第14页；克里赞因，1874年，第368页。
⑥ 安戈，1896年，第147页。

续 表

电磁的	光学的	宇宙的	不确定的
1873 年，普雷斯特(Prestel)			
1873 年，穆里(Muhry)		1874 年，克里赞因	
1888 年，普利韦利奇(Plivelić)			1900 年，舒比克(Šubic)
		现代理论	

1901 年 12 月 12 日，当马可尼(Guglielmo Marconi，1874—1937 年)和同伴们试图从康沃尔(Cornwall)向纽芬兰(Newfoundland)发送无线电信号后，人们对斯图尔特的大气电荷理论兴趣陡增。大多数研究者赞同爱尔兰人菲茨杰拉德(Georg Francis FitzGerald，1851—1901 年)的观点，认为靠近地球表面的光波衍射使无线电信号跨越大西洋传播。这不是唯一的解释，因为有数学才能的英国工程师们已经于 1902 年用以前斯图尔特的假说解释了马可尼的成功，他们是出生于孟买、现居住在美国的肯内利(Arthur Edwin Kennelly，1861—1939 年)和晚几个月发表意见的亥维赛(Oliver Heaviside，1850—1925 年)。肯内利最初像爱迪生(Thomas Alva Edison，1847—1931 年)一样是位报务员，1877 年至 1894 年间，他曾是爱迪生的助手。后来，他做了工程顾问。

1902 年 6 月，亥维赛在为英国大百科全书撰写的有关“电报理论”的文章中，用很小的篇幅提出了石破天惊的观点①。他准确无误地断言，太阳的电离辐射提高了大气层的传导性。

大气中无线电波衍射的计算很复杂，因此在荷兰无线电物理学家保罗(B. van der Paul)倾向于亥维赛理论之前，人们在两种观点间很难作出决断。亥维赛的假说在 1912 年得到进一步完善②。电

① 博洛莫夫斯基，1985 年，第 172、250—251 页。

② 博洛莫夫斯基，1985 年，第 176 页。

离层由部分电离不同区域和程度的“肯内利-亥维赛层”组成。这些层彼此间并不是固定的。它们的数目以及彼此间的距离在地球公转时根据电离辐射的强度而改变。

1924 年 12 月，在亥维赛去世前一个半月，英国剑桥大学的阿普尔顿和比他年长 19 岁的华盛顿卡内基技术研究所的美国人巴涅特(Samuel Jackson Barnett，1873—1956 年)首次证实了电离层的存在。

1926 年，卡内基技术研究所的继任者们证明巴涅特关于电离层上电磁波反射的测量结果是正确的。他们是地球磁学部门的伯烈特(Gregory Breit，1899 年出生)和比他小两岁的杜武(Merle Antony Tuve，1901—1982 年)。在雷达发明者沃森·瓦特(Robert Wattson-Watt)[①]的建议下，人们用电离层这个名字来取代“亥维赛层”。沃森·瓦特是大名鼎鼎的詹姆斯·瓦特(James Watt，1736—1819 年)的后代。

20 世纪 60 年代初，火箭和卫星的探测数据证实环绕地球的气流对地球磁场产生一定影响。在地磁赤道大约 100 公里高度的上空，人们感到了从西向东和从北向南的两股气流。火箭在 22000 公里的高空穿越其他气流。爱荷华大学的艾伦(James Alfred Van Allen)[②]研究组对 1958 年 1 月、3 月和 7 月发射的“探险者”1 号、3 号和 4 号卫星数据进行了研究。他们发现来自外层空间的带电粒子流被由不同成分形成的地球磁场所吸引[③]。因此，对大气最高层的极光研究是后来用卫星进行太空研究的开端[④]。在 20 世纪的最后 15 年中，人们把对地球的各方面研究与外层空间飞行以及改进电台广播联系在一起。

---

① 沃森·瓦特，1892 年 4 月 13 日出生于英国布里金(Brechin)，1973 年 12 月 5 日在因弗内斯(Inverness)去世。

② 艾伦，1914 年 9 月 7 日出生于美国芒特普莱森特(Mount Pleasant)，2006 年 8 月 9 日去世。

③ 内德尔，1987 年，第 106 页。

④ 赤祖父俊一，2002 年，第 49 页。

斯堪的纳维亚的现代科学家们在拉普兰推进了赫尔关于极光的研究。1908 年至 1913 年间，挪威的伯克莱（Olag Kristian Bernhard Birkeland）①教授把极光与 1820 年阿拉哥（Dominique François Jean Arago）②对戴维弧光灯描述中的"阴极射线"联系在一起。伯克莱和助手——奥斯陆的德维科（Olaf Devik，1886—1987 年）试图在置于巨大真空容器中的铁质地球模型上制造人造极光。按照数百年前吉尔伯特（William Gilbert）③的旧例，他把这个球命名为泰雷拉（Terella）。1907 年至 1911 年间，挪威数学家斯托默（Carl Frederik Mülertz Störmer）④对伯克莱的极光实验和理论产生了兴趣⑤。他证实说，除电子外，太阳粒子也与地球大气层中的氧和氮相互碰撞产生极光⑥。阿尔文（Hannes Olof Gösta Alfvén）⑦继续了挪威各位教授的研究。他证明极光的形成是因为照射在地球大气较高层的太阳带电粒子的辐射发光。

极光是最大的真空放电，太阳电子扮演着阴极射线的角色。整个大气上层是阴极射线管，属于高度真空，极光就在这里形成。从太阳中飞出的高速电子在那里与分子、原子碰撞。氮分子离子化并辐射出紫色和紫外线。从氮分子中甩出的其他电子有足够能量去冲击来自发出白绿光的氧分子中的电子。如果相伴而来的电子有足够的能量，极光的底部可能低至 88，500 公里。在那里，电子

---

① 伯克莱，1867 年 12 月 13 日出生于挪威奥斯陆，1917 年 6 月 15 日在日本东京去世。

② 阿拉哥，1786 年 2 月 26 日出生于法国埃斯塔格热勒（Estagel），1853 年在巴黎去世。

③ 吉尔伯特，1544 年 5 月 24 日出生于英国科尔切斯特，1603 年 12 月 10 日在伦敦去世。（吉尔伯特按照马里古特的办法，制成球状磁石，取名为"小地球"，在球面上用罗盘针和粉笔划出了磁子午线——译者注）。

④ 斯托默，1874 年 9 月 3 日出生于挪威，1957 年 8 月 13 日在布林登（Blindern）去世。

⑤ 赤祖父俊一，2002 年，第 44—45 页。

⑥ 吉尔勒明、考奇米，1999 年，第 25、100—101 页。

⑦ 瑞典人阿尔文，1908 年 5 月 30 日生于瑞典的诺尔彻平（Norrkorping），1995 年 4 月 2 日在斯德哥尔摩去世。1970 年，阿尔文获得诺贝尔物理奖。

没有足够的能量进行氮分子的电离，但可能会迫使它们进入更高的能量状态。当回到它们的基本状态后，氮分子在极光底部辐射紫红色光子。极光光谱的紫外线和紫色部分在其到达地球表面前就在大气层的较高部分被吸收了。

对其他天体的极光研究使我们能够研究它们的大气层。绿色射线可以说明在某个特别的行星上有一些氧气。但是，火星和金星有紫色极光是因为氢气的缘故[①]，因此火星和金星上几乎不可能有人。

6.4.3 中国皇帝的真空泵

1773 年 1 月 12 日，在广州长上费若瑟的帮助下，又一批法国传教士携带了制作精良的反射望远镜、许多礼物以及第一台真空泵来到北京。这批传教士是钟表匠李俊贤（Hubert de Méricourt）[②]和受法国部长贝尔坦（Henri-Léonard-Jean-Baptiste Bertin）[③]之命来华的画师潘廷璋（Joseph Panzi）[④]。这两位耶稣会士都熟知真空泵的工作原理。1773 年 1 月 18 日，乾隆帝下令将真空泵置于西洋画家作画的如意馆中。蒋友仁和艾启蒙负责在春天为乾隆帝展示真空泵，并解释它的工作原理。

蒋友仁对真空泵进行了几个月的研究，使它能够用于实物示范。他向一位中国人解释怎样操作真空泵，并培养其担任自己的助手。蒋友仁为乾隆挑选了一些最有趣的实验，并把图示制成铜

---

① 赫祖父俊一，2002 年，第 58、64、65 页。

② 李俊贤神父，1729 年 11 月 1 日出生于法国；1754 年 1 月入耶稣会；1774 年 8 月 20 日在北京去世。李俊贤于 1773 年 1 月 12 日抵达北京，但是很快就去世了（费赖之，1934 年，第 975 页）。

③ 贝尔坦[1720 年 3 月 24 日出生于佩里格（Périgueux），1792 年在比利时的斯帕（Spa）去世]时任农业部长。1774 年，他担任外交部长。他是巴黎科学院的荣誉会员（钱德明，1774 年，第 519 页）。

④ 潘廷璋，字若瑟，大约 1733 年出生于意大利；在热那亚入耶稣会；1812 年前在北京去世。潘廷璋修士于 1711 年加入来华法国传教团，1773 年 1 月 12 日抵达北京（费赖之，1934 年，第 971 页）。

版画，附上一本小册子加以说明。他把真空泵保管在一个温度可控的房间内，以避免严寒。李俊贤和潘廷璋教太监们如何操作真空泵，圆明园侍直负责解释他们的指令。

1773年3月10日，四名太监在如意馆操作真空泵进行了首批真空实验。传教士李俊贤和汪达洪(Jean Mathieu de Ventavon，1733—1787年)在钟表馆检查了真空泵的所有部件。当蒋友仁展示大气的气压、变稀薄的特性以及其他性能时，太监们都很兴奋。晚上八时，乾隆要求传教士讲解这些实验结果，并检视了真空泵的内壁。蒋友仁只得指着铜版画上的真空泵向他作了说明。乾隆令蒋友仁重复太监们在如意馆为他做的那些实验。第二天即1773年3月11日，蒋友仁刚到如意馆，太监们就向他描述了前一天的所有事情。乾隆下令准备一批新的实验。为此，蒋友仁把真空泵拆开，检查每个部件是否能正常工作。中午十二时之前，蒋友仁向乾隆解释了不同阀门的用途、阻止外部空气进入真空泵的活塞一侧大导管的用途以及防止外部空气过渡进入容器的外安全阀的用途。乾隆了解真空泵的各个部件后，他要求开始实验。在准备实验期间，乾隆像往常一样提出了许多个问题。蒋友仁向他展示了二十一个精心挑选的实验。前六个实验证明空气压力的存在。实验一个接着一个。当乾隆聆听前一个实验的解说时，他们已经开始准备下一个了。蒋友仁把气压计和温度计带到了大厅。乾隆提了几个关于机械结构的问题，如空气压力是怎样降低气压计里水银高度的、它是如何抬升真空泵里的水以及为什么压力改变与水银高度成正比。蒋友仁的解释采用的是当时欧洲通行的说法，他描述了空气密度是怎样随着天气状况变化的。

蒋友仁的第二组实验展示了空气的弹性和压缩性。乾隆很喜欢这组实验。

蒋友仁最初把真空泵称作“验气筒”，后在如意馆奉乾隆帝谕，改“验”为“候”。“候”这个词被视为更雅一些，因为中国古典书籍中常用它描述天象以及预测农业活动和时令变化。因此，乾隆把它名为“候气筒”。

真空泵演示完毕后，乾隆对嫔妃、宫女们协助实验表示感谢。在为时较长的演示期间，乾隆一直站在真空泵附近。之后，他回自己的寝宫休息并命随从把真空泵也抬过去。他慷慨地赐给蒋友仁、李俊贤和潘廷璋三大匹绸缎[①]。第二年，蒋友仁中风去世，仅比大他12岁的刘松龄早几天。潘廷璋后来曾为乾隆画了一张巨幅画像[②]。

我们无法准确地知道贝尔坦部长赠送给乾隆的到底是什么样的真空泵。那个时代，从世纪之初开始，霍克斯比泵就很流行。1721年，斯威登堡(Emanuel Swedenborg)[③]制造了一种新式泵。他把一个已退役的航海钟放在一张两条腿很高的桌子上，然后将铁容器与有水银流过的铁管连接在一起。后来，巴德尔(Joseph von Baader，1763—1835年)在自制的真空泵里也采用了同样的原理。在巴德尔之后，法国人米歇尔(Michel)和卡扎雷(Cazalet)也如法炮制。同时代的大多数人并不知道斯威登堡的发明创造，所以格伦(Friedrich Albrecht Carl Gren，1760—1798年)重印了斯威登堡的论文并附以说明[④]。1847年，瑞利(Strutt Rayleigh)男爵在伦敦出版了斯威登堡题为“化学原理”的论文译本。十年之后，盖斯勒(Heinrich Geissler，1814—1879年)在德国波恩使用斯威登堡原理制造了第一批阴极射线管。贝尔坦很可能把米歇尔和卡扎雷的巴黎真空泵送给了北京。真空泵里使用了水银，这可能让乾隆产生无数疑惑。

贝尔坦部长把在巴黎精心制作的真空泵送给了北京。巴黎真空泵最重要的制造者是福汀(Jean Nicolas Fortin)[⑤]，他是法国经度

---

① 李约瑟、王铃，1959年，第3卷第451页。1773年11月1日或29日，晁俊秀写信给杜普雷(Dupré)神父[未刊信札，徐家汇写本，第37—41页、42页(费赖之，1934年，第948页)；埃梅·马丁，1843年，第4册第223—224页；1773年11月4日，蒋友仁致姓名未知人的信]。

② 钱德明，1943年，第457页。

③ 斯威登堡，1688年出生于斯德哥尔摩，1722年在伦敦去世。

④ 格伦，1791年，第409—410页。

⑤ 福汀，1750年出生于法国华斯(Oise)，1831年在巴黎去世。

局的合作者。在拉瓦锡(Antoine Lavoisier,1743—1794 年)的倡议下,福汀开始制造实验器具。1778 年和 1779 年,他向巴黎科学院演示了自制的真空泵,这个泵首次在法国使用了双倍步距。1784 年,他制造了压力表。1788 年,他为拉瓦锡制造了一杆既大又准的秤(平衡仪)。福汀发明了一个非常实用的、可携带的水银气压计。拉瓦锡被处死后,1794 年 11 月 10 日,福汀的实验室也被出售。拿破仑帝国时期,福汀完成了科学仪器制作。1806 年,他为盖·吕萨克(Joseph Louis Gay-Lussac,1778—1850 年)的气体膨胀研究制作了测量仪。

福汀的真空泵有两个铜做的抽吸机制。钩上的链条在杠杆的相反方向指着活塞。福汀把两个活塞连在一起以减少用于克服空气压力而产生的力量。帕潘(Denis Papin, 1647—1712 年)、格拉维桑德(Willem Jacob's Gravesande, 1688—1742 年)和霍克斯比(Francis Hauksbee,约 1666—1713 年)早就发明了活塞泵。从泵里伸出来的两根引导管合并为一个,在带有真空容器的水平偏转板中部打开。容器里的压力在带有两腿等长的“截形”虹吸气压计的一侧试管上产生影响。气压计测出了两条腿上水银杠杆差异的微小压力。直管的两端浸入充满水银的容器后,气压计里剩余的压力可以用直管在第二个侧孔处测量。当真空容器中的压力降低时,容器里的水银升高了。板前面的管子向容器释放空气,如果没有空气压力,这很难做到。在后来的改进试验中,又增加了一个气压计和它前面的小侧管,以释放进入前一抽空容器的气体。

6.4.4 中国地图

利玛窦为欧洲人绘制了首批中国地图。徐霞客(1587—1641 年)最先较为详尽地研究了中国的喀斯特地貌,他的著述《徐霞客游记》在其逝后于 1642 年出版。1688 年,卡莎蒂(Paolo Casati)[①]在其

① 卡莎蒂,1617 年出生于意大利皮亚琴察(Piacenza);耶稣会士;1707 年 12 月 22 日在帕尔马去世(波根多夫,第 1 册第 386 页)。

大气物理学书的末页附了一张新疆维吾尔地图。新疆是火药的发明地，1040年，《武经总要》一书中首次记载了火药配方[①]。耶稣会士毕方济(Francesco Sanbiasi，1582—1649年)仿制了利玛窦的一些地图。1680年，南怀仁开始绘制立体投影地图[②]，并在1682年至1883年扈从康熙皇帝巡幸鞑靼地区时绘制完毕。

1655年，卫匡国出版了中国地图集(《中国新地图志》——译者注)，介绍了地理学家朱思本有名的著述《舆地图》(1311—1320年)的拉丁文译本[③]。基歇尔重新出版了卫匡国的作品以及来华传教士们的其他信件。在书的第四部分，基歇尔描述了中国的山、水、蔬菜、哺乳动物、鸟类、鱼类、蛇、石头和矿物质。基歇尔的合作者中有来华传教士白乃心(Janez Gruber)[④]。1664年，白乃心经过三年跋涉回到了罗马。白乃心在蒙古地区工作，他在1658年3月7日寄给费内克(Johannes Ferdinand Haffenecker)的一封信中对中国作了描述[⑤]。1655年，白乃心与卫匡国合作绘制《中国新地图志》。1659年，白乃心来到北京。1664年，经过三年长途跋涉，他同耶稣会士罗特(Heinrich Roth，1620—1668年)一起回到罗马，罗斯编写了汉语字典并首次在基歇尔的书中发表。基歇尔总结了卫匡国(1655年)对中国贵州省[⑥]喀斯特地貌区的安南铁索桥的描述[⑦]，同时附上吴尔铎(Albert de Dorville，1621—1662年)和白乃心

---

① 卡莎蒂，1747年，第57—59页；坦普尔，1991年，第228页。

② 李约瑟、王铃，1959年，第3卷第584—585页。

③ 李约瑟、王铃，1959年，第3卷第586页。

④ 白乃心，字葵阳，1623年10月28日出生于林茨附近的圣弗洛里安(St. Florian)；1641年10月13日在维也纳入耶稣会；1680年9月30日在匈牙利的沙罗什保陶克(Sárospatak)去世(什米特克，1995年，第35—36页；克拉切克，1999年，第17页)。

⑤ 斯特斯卡，1905年，第41页；斯多尔，1855年，第110—111页；科帕特金，1934年，第8页。费内克，1605年出生于维也纳；1622年在奥地利入耶稣会；1699年9月29日在格拉茨去世。

⑥ 参照刘松龄(1780年，第292、378页)，贵州即今天的贵州省。

⑦ 坦普尔，1991年，第61—62页。

的一些书信[①]。1666年，白乃心、卜弥格和罗特分别把自己关于中国的手稿送给了基歇尔。在回罗马的途中，白乃心在佛罗伦萨停留，拜访了托斯卡纳（Tuscany）大公费迪南二世（Ferdinand II de'Medici，1610—1670年）[②]。

1689年至1698年间，张诚作为天文学家和地理学家扈从康熙帝八次巡幸鞑靼地区。1692年，他完成了中国北部大鞑靼地区的地图绘制工作。应康熙之令，白晋和雷孝思（Jean Baptiste Regis）[③]负责测绘长城一带的地图。1708年6月4日至1709年1月10日，耶稣会士杜德美（Pierre Jartoux，1668—1720年）[④]、费隐（Ehrenwert Xaver Fridelli，1673—1739年）、汤尚贤（Pierre Vincent de Tartre，1669—1724年）、冯秉正、德玛诺（Roman Hinderer）[⑤]、白晋和雷孝思以及奥斯定会修士潘如（Bonjour）开始绘制靠近朝鲜半岛的东三省地图[⑥]。两个月后，白晋生病返回北京。1711年，葡萄牙人麦大成（Francisco Cardoso，1676—1723年）和唯一一位不是耶稣会士的奥斯定会修士潘如[⑦]加入了绘图组。1712年至1714年，汤尚贤、冯秉正和德玛诺也加入了这项工作。整整七年，费隐的足迹遍至中国，绘制了一幅附有蒙古和满洲，并直到俄罗斯边界的中华帝国全境图（《皇舆全览图》）[⑧]。与此同时，他们到达恒河的源

---

① 李约瑟、王铃，1959年，第3卷第586页。

② 法因戈尔德，2003年，第269、284页。

③ 雷孝思，1663年1月出生于普罗凡斯州的伊斯特雷城（Istres）；1679年在阿维尼翁入耶稣会；1738年11月24日在北京去世。1698年11月4日，雷孝思抵达广州（克拉切克，1999年，第21页）。

④ 1701年，杜德美把许多无限级数的数学方程式介绍到中国，它们对中国人的研究产生了影响（李约瑟、王铃，1959年，第3卷第145页）。

⑤ 德玛诺，1688年出生于阿尔萨斯州；1686年在上德意志教区入耶稣会；1744年去世。1707年，德玛诺随使团来华（克拉切克，1999年，第115页）；1738年，他访问了南京（南怀仁，1740年，第427页）。

⑥ 什米特克，1995年，第113—114页。

⑦ 潘如，1714年12月23日出生于中国四川。

⑧ 斯特斯卡，1918年，第147页；迪米茨，1861年，第83页；德日曼，1881年，第14页；刘松龄1743年10月4日的信（普瑞，1781年，第6—7页）。

头，绘制了西藏地图。

杜德美把耶稣会士绘制的地图寄给了在巴黎的杜赫德(Du Halde)[①]。1721年，杜德美去世后，北京印制的木刻版地图中在西藏边境标注了珠穆朗玛峰。雷孝思把已出版的《康熙皇舆全览图》印本寄给杜赫德。后者把它们连同雷孝思的注解一起交由当时法国最好的地图学家唐维尔(D'Anville)[②]编辑出版。唐维尔增补修订成的《中国、蒙古与西藏新地图集》奠定了现代中国地图的基础。

刘松龄继续绘制中国地图。1738年，他绘制了澳门地图。1748年，他和助手傅作霖绘制了一幅木兰地区地形图。木兰围场[③]位于今天河北省长城的东北面，1681年就已经建成。1690年，康熙在这里进行了著名的平定噶尔丹叛乱的乌兰布通战役。1748年，刘松龄和傅作霖完成了地图绘制。

1749年，刘松龄和同伴对长城北侧的鞑靼地区木兰一带(塞外木兰地方)进行了地形测绘。除测绘外，如果用现代词汇来表达的话，他们还描述了这个地区的水域、气候、土壤、蔬菜和动物。在此

---

① 杜赫德，1674年出生，耶稣会士，1743年去世。

② 唐维尔(1687年出生于巴黎，1782年去世)，1773年担任巴黎科学院院士。

③ 1749年11月28日，魏继晋在一封寄给伏尔泰勒[Filip Voltera，1708年8月6日出生于斯洛伐克；1723年10月9日在捷克布尔诺人耶稣会；1748年9月29日在捷克奥尔米茨(Olomouc)去世]的信中使用了木兰围场这个名字(克拉切克，1999年，第216—217页)。河北省的木兰围场不能和纬度比它低10度、靠近湖北省黄陂县北部的木兰相混淆。湖北的木兰是“木兰从军”故事中中国女孩木兰的故乡。刘松龄所指的木兰围场是至今尚存的、为数不多的天然草原风景区。森林覆盖率超过75%的塞罕坝国家森林公园在清朝是皇家猎苑之一“木兰围场”的一部分。塞罕坝动植物种类繁多，有高等植物81科、以狍子为主的兽类11科、以黑琴鸡为主的鸟类27科。“木兰从军”则是中国家喻户晓的故事。如今河北省有三个地质公园：涞源白石山地质公园、秦皇岛柳江地质公园以及阜平天生桥地质公园。白石桥地质公园面积60平方公里，以白石山白云质大理岩构造峰林为特征，辅以十瀑峡花岗岩瀑布群和拒马源构造泉群等地质遗迹。柳江地质公园距北京280公里，面积186平方公里，有神秘的玄阳洞。正是在这里，中国人根据刘松龄的绘图首次进行了地质勘测。天生桥地质公园位于距阜平县城西大约25公里处，面积32平方公里。该桥坐落于112米高的变质岩瀑布之下(什米特克，1995年，第113页)。

期间，傅作霖进行了多次天文观测。刘松龄向在布鲁塞尔的弟弟维切特描述了一直无人居住、被称作科尔沁和乌鲁特的地方。这是一个独立的、连绵不断的、迷宫般的山脉和峡谷，只有赤鹿、野猪、熊、虎等野生动物出没其间。士兵把守着所有通往山谷的道路，任何人不能通过[①]。

每年仲秋，皇帝都要来木兰围场秋狝，因此特别需要一幅清楚标注其狩猎范围的地图。狩猎季节，皇帝在塞外这些地方要住上三个月或者甚至五个月。河北承德避暑山庄过去是清王室最大的避暑胜地。

傅作霖和刘松龄绘制了北纬 41.5 度至 42.5 度之间这 1 度宽 1 度长区域的地图。向西，他们一直绘制到北京的子午线。中国人使用该子午线作为地图学和天文学的参照点。他们绘制了今天河北省北部地图，那里有处于温带半干旱半湿润气候的岩溶地貌。他们在地图上标明了最适合狩猎的区域。乾隆非常高兴。刘松龄刚一回京，乾隆就亲切召见了他，并就地图上所标示村镇询问了许多问题[②]。

在刘松龄绘制的地图上，西北一直至今天内蒙边境靠近多伦(Doulun)小镇的地方，东北直至今天辽宁省。辽宁省以拥有丰富的石油资源而闻名，其石油矿藏向东一直延伸至朝鲜边境。刘松龄所绘的地图呈正方形，每边都是四英尺长，因此他大约用了 1∶90000 的比例。这是皇帝急需的一幅非常好的地图，因为他每三年一次从热河避暑地前往那里狩猎。郎世宁按照欧洲凡尔赛宫的建筑风格在热河行宫设计和建造了房屋和喷泉。遵乾隆谕旨，蒋友仁负责监造喷泉[③]。与此同时，刘松龄的同伴意大利人郎世宁完成了其著名画作"哨鹿图"。

---

① 普瑞，1781 年，第 28 页。

② 拉夫巴尔，2002 年，第 192 页；费赖之，1934 年。

③ 刘松龄，1753(1751—1752)年，第 321—322 页；刘松龄 1749 年 11 月 28 日的信(普瑞，1781 年，第 28—29 页)。

同一时期，哈布斯堡王朝开始印制一些与刘松龄所绘地图相似的地图。1744年，格瑞非德（Ivan Dizma Florjančič de Grienfeld，1691—1757年后）按照大约1∶111000的比例印制了一幅类似于刘松龄家乡卡尔尼奥拉的地图。1784—1787年，二十二位军事测量师在陆军上校诺伊（Neu）的带领下，按照1∶28800的比例测量并绘制了卡尔尼奥拉、洛厄施蒂里亚（Lower Styria）以及卡林西亚（Carinthia）和戈里察的部分地区，这比刘松龄的地图精确了三倍以上。

1749年11月28日，刘松龄就没有寄送地图的副本一事向弟弟、后来也向英国皇家学会的秘书处表示了歉意。刘松龄丝毫没有提及任何与中国地图相关的军事秘密，尽管哈布斯堡王朝的军用地图后来被秘密存放了几十年。也许刘松龄的地图夹在了宋君荣于1755年4月寄往英国皇家学会的那批地图之中[①]。

刘松龄对北京南面的喀斯特地形也非常熟悉。他来华进京时就经过这里，后来因外交事务又四次经过该地。

时　　间	目的地	行程目的
1739年3月1日—1739年6月13日	澳门—北京	奉旨进京
1752年10月25日—1752年12月13日	北京—澳门	会见葡萄牙使臣
1752年12月20日—1753年5月1日	澳门—北京	外交任务
1752年6月8日—1753年10月6日	北京—澳门	外交任务
1753年10月9日—1753年10月21日	澳门—北京	返回朝廷

1752年，乾隆令沿途地方官府照管刘松龄的陆上和水上行程。因为随从队伍很庞大，他已经耽搁了一段时间。1752年8月15日，葡萄牙使臣巴哲格（Francisco Xavier Pacheco Lampayo）带着呈给乾隆皇帝的礼物抵达澳门[②]。巴哲格接替的是1727年抵京朝觐

① 什米特克，1995年，第113页。

② 宋君荣，1753年，第312页；罗德里斯格，1990年，第47页。

雍正皇帝的前任使臣麦德乐(Metéllo de Souza)[1]。这群七十一人的队伍用了四个月的时间抵达北京。刘松龄的队伍人少,行程肯定要快得多,但是各种障碍影响了其行程,如花费很大、发生一些意外以及走小道有时会染上疾病。四次连续的行程消耗了刘松龄的所有气力,他不得不休息了好几个月。当他回京后,一位朋友很奇怪地问他怎么会突然变得这么苍老。一年之中,刘松龄的行程达 5000 公里,他发现中国传统礼仪特别麻烦。

沿途地方官员遵从乾隆的谕旨,对刘松龄一行加以照拂。因为随行队伍比较庞大,故而刘松龄一干人等行程较慢。他们首先经过的是喀斯特地貌区。1752 年 12 月 25 日,刘松龄、满洲官员舒大人以及外交团队从澳门抵达广州。1753 年 4 月 20 日,他们抵达从化。他们经过了在澳门北面、相距不算遥远的湖南、湖北省的热带、亚热带岩溶地区(100 多年前徐霞客的书中对此地区有所记载)[2]。刘松龄等人继续向北,穿过了河南、河北省的半温暖、半湿润半干旱气候的溶岩地区。后来,他们又在海大人的陪同下从北京返回澳门[3]。三十九年后,中国人根据 1753 年刘松龄欢迎葡萄牙使臣的礼仪,接待了马戛尔尼(George Macartney,1737—1806 年)英国使团[4]。

1753 年 10 月,刘松龄完成了外交使命。在 1753 年 10 月 21 日的信中,他向弟弟介绍了旅途见闻。他在广东省英德县和潮州府之间的驻地把信寄出了,他把该地称作界滩[5]。

1756 年 3 月,傅作霖、高慎思、何国宗和明安图绘制了新征服的新疆维吾尔西北地区地图[6]。傅作霖前往北部的伊犁河,高慎思

---

① 佩雷菲特,1991 年,第 LIV 页。

② 拉夫巴尔,2002 年,第 191—192 页。

③ 龙思泰,1836 年,第 103—104 页。

④ 佩雷菲特,1991 年,第 LVII 页。

⑤ 迪米茨,1861 年,第 83 页;刘松龄 1753 年 10 月 21 日的信(普瑞,1781 年,第 30—31 页)。

⑥ 什米特克,1995 年,第 114 页。

先去了南部后又去了西部。他们在后来被乾隆赐名“绥靖”的地方会合，在那里他们对照了测量结果，并完成了测绘。1759 年，他们返回北京。蒋友仁按照 1：14000000 的比例准备制作铜版画地图①。1758 年，中国征服了突厥斯坦作为新疆土，但是刘松龄年事已高不能再胜任绘图工作。1760 年，高慎思和傅作霖在靠近俄罗斯边境的突厥斯坦绘制了中国地图。1761 年，刘松龄和蒋友仁对地图进行了勘误，并把它们作为生日礼物呈给乾隆皇帝②。蒋友仁还完成了尺寸为 4×2 米的世界地图，在上面标注了重要的天文和地理细节。中国工匠制作了 104 块 70×40 厘米的中华帝国和周边领土的铜版画③。

1744 年，中国地理学家印制了一批中国海岸线地图④，刘松龄那些比例为 1：1500000 的地图后来也在其中⑤。利特尔（Carl Ritter，1779—1859 年）、洪保德（Alexander von Humbolt）和克拉普罗特（Hartmut Julius von Klaproth，1783—1835 年）在傅作霖去世后，于 1836 年在欧洲出版了其所绘地图⑥。

刘松龄是第一个研究中国喀斯特地貌的卡尔尼奥拉人。1749 年 11 月 28 日，他向弟弟维切特描述了所测绘的木兰地区喀斯特地貌。1750 年 9 月 18 日，他寄给英国皇家学会莫蒂默一份类似的、似乎更长的描述。因为图绘尚不是十分精确，刘松龄还不能寄送地图的副本。他所绘制的地图后来在中国用中文出版了，共 120 页⑦。1755 年 4 月，他的法国朋友宋君荣把几幅中国各个地区的地图寄给了英国皇家学会，刘松龄的地图很可能也夹在其中。

---

① 席曼斯，1987 年，第 180—181 页。

② 什米特克，1995 年，第 113—114 页。

③ 李约瑟、王铃，1959 年，第 3 卷第 451 页。

④ 李约瑟、王铃，1959 年，第 3 卷第 517 页。

⑤ 李约瑟、王铃，1959 年，第 3 卷第 586 页。

⑥ 罗德里斯格，1990 年，第 50、59 页。洪保德男爵，1769 年出生于柏林；1859 年在柏林去世。

⑦ 裴化行，1960 年，第 379 页。

6.5 在京的教学工作

中国的文武官员是以三级科举制度来选拔。乡试通常在各省省城和京城的贡院举行，由皇帝钦命主考官主持，照例每三年举行一次。通过乡试的举人可以于次年春天参加京师的会试，会试一般录取三百名，取中者有资格参加殿试。1604 年，共有 308 名拥有“博士”头衔的科学家[①]。这与其他职业如医学不同，从医考试可以在南京或北京举行，但是考上后他们没有什么特殊待遇[②]。

科学家们在钦天监负责观测和计算，同时也负责教学。1644 年，他们有 66 名学生。1666 年，学生人数上升到 94 人。和以前的那些王朝一样，主要是在钦天监和太学教授科学知识。

在畅春园蒙养斋里，南怀仁有 160 至 200 名学生以及一些偶尔听其讲授天文课的官员。南怀仁工作勤勉，极力使课讲得富有吸引力。1713 年，康熙发布圣谕，在蒙养斋设立“算学馆”，它与 1677 年设立的让皇子从师傅读书学习的南书房、上书房有差不多的地位。1714 年，皇三子胤祉禀报了大臣主持的考试尤其是算学考试。

传教士下午一时至五时给学生上课。傅圣泽也在那里授课。每天课前，康熙都要亲自给学生讲解一部分欧几里得几何学。

当为康熙单独授课时，南怀仁和同伴们在钦天监采用的是欧洲耶稣会士科目。哲学研究分为逻辑学、物理学和形而上学。针对一些特殊科目，他们就用满文和中文分别编写课本[③]。

授课用的是满文或中文。完成入门课程的学习后，学生要参加国子监两个科目的学习。首先，他们要学习算学，其后，再学习天文学[④]。1718 年，算学馆学制为五年，前三年学习《御制数理精蕴》，分线、面、体三部，每部限学一年。后两年学习《七政》，即各种

---

① 利玛窦，1953 年，第 34、35、38、40、452 页。

② 利玛窦，1953 年，第 32 页。

③ 詹嘉玲，1994 年，第 236—238 页。

④ 柯娇燕，1994 年，第 352 页。

天文现象。首先研究太阳和月亮，接下来研究行星[①]。19 世纪时，由国子监和钦天监共同培养天文生，再从天文生中选拔钦天监监官[②]。

1739 年刘松龄抵华时，算学班有 52 名学生，其中满八旗官生 20 名、汉人 20 名、蒙古八旗官生 6 名、汉军八旗官生 6 名。

1730 年 7 月 15 日[③]，他们使用《历象考成》中的方法预测交食时发生偏差。《历象考成》作为《律历渊源》的第一部是奉康熙帝的旨意于 1721 年开始编修、1723 年颁行的。《律历渊源》由三部分组成：《历象考成》、《数理精蕴》和《律吕正义》。《历象考成》分为上下两编：上编 16 卷、下编 10 卷[④]。

1738 年[⑤]，戴进贤、徐懋德、明安图奉敕增修《历象考成》后编 10 卷[⑥]，稍后，年轻的刘松龄也加入其中。该书于 1742 年出版，戴进贤任主编[⑦]。他们采用了开普勒的两大定律（椭圆定律和面积定律）、视差理论和大气中光的折射[⑧]。开普勒完善了哥白尼的日心说体系并把之揉进第谷・布拉赫体系中，而一个半世纪前即 1600 年第谷一直期待其助手开普勒能对哥白尼的日心说体系进行批判，但是他白费心思了。开普勒并不盲从自己的老师，他反而选择接受了哥白尼的日心说体系。在欧洲，很少有人运用这个体系［例如，黎塞留宇宙学家杜雷特（Noël Duret，1590—1650 年）的著作中］[⑨]。这样，第谷・布拉赫体系只是在 150 年后才寻机被引入北

---

① 詹嘉玲，1994 年，第 231 页。

② 詹嘉玲，1994 年，第 238 页。

③ 王渝生，2000 年，第 219、221 页。

④ 小林龙彦，2002 年，第 10—11 页。另有资料记述，1713 年，清政府组织钦天监内外人员修订《西洋新法历书》，编成《历象考成》42 卷。

⑤ 朱恩多夫，1988 年，第 74 页。

⑥ 石云里，2000 年，第 147 页。

⑦ 王渝生，2000 年，第 219、221 页；小林龙彦，2002 年，第 11 页。一些内容于 1744 年出版，书名改为《御定历象考成》。

⑧ 朱恩多夫，1988 年，第 74—75 页；王渝生，2000 年，第 219、221 页。

⑨ 本・扎肯，2004 年，第 1、2、71、21 页。

京。戴进贤和同伴们仅在观测太阳和月亮运行时采用了椭圆定律[①],观测行星时没有采用。

1761年,中国商人把新编纂的《历象考成后编》带入日本。第八代幕府将军德川吉宗(Tokugawa Yoshimune, 1684—1751年)因为所使用的历法常错误地预测交食,因此打算革新日本历法。1769年,马赖徸(Arima Yoriyuki, 1714—1783年)在日本出版了《拾玑算法》[②]。

授课计划参照的是《律历渊源》。《律历渊源》中的《历象考成》部分论述了历法、《数理精蕴》部分讨论了数学、《律吕正义》部分介绍了音乐。何国宗、戴进贤、徐懋德、明安图和刘松龄在编修《历象考成后编》时已经研究过《历象考成》(1742年)。

《律历渊源》中的《数理精蕴》收录了相关联的一些数学方法。例如,他们没有选杜德美命名的"格雷戈里二项式定理",因为1701年和1720年时中国人就已经知晓该定理。课目是按照定义、定理和几何结构印制的。部分数学内容选自于耶稣会士为康熙帝授课时准备的《几何原本》。那是耶稣会修院中常用的帕迪斯(Ignaz Gaston Pardies)[③]几何学教科书译本,如刘松龄求学时卢布尔雅那修院就使用该译本。《律历渊源》的数学内容分为上下两编。上编"立纲明体"五卷,包括卷首一卷、《几何原本》三卷和《算法原本》一卷;下编"分条致用"四十卷,包括首部二卷、线部八卷、面部十二卷、体部八卷和末部十卷。该书是按照问题的难度逐渐加大编写的,而非根据内容的逻辑性。

《律历渊源》的音乐部分称为《律吕正义》,分为五章。前两章论述了历代有关十二律损益相生之说,总以复古为归宿;接下来两章介绍了中国乐器;最后一章介绍欧洲乐理知识。1741年至1746

---

① 马若安,1993年,第224页;席文,1965年,第201页。

② 小林龙彦,2002年,第3、10页。

③ 帕迪斯,1636年出生;1652年11月17日入耶稣会;1673年去世。

年间，庄亲王允禄编纂了《御制律吕正义后编》[①]。

1582年，利玛窦在北京建立了第一座耶稣会修院。刘松龄任职时期，北京有三个修院，每个修院都有60位成人和1000名儿童修习于其中[②]。刘松龄教中国人杨德望(Etienne Yang)和高类思(Alois Kuo)学习天主教教义，蒋友仁教他们其他科目。1751年，这两位中国人前往法国，在大学预科哲学和神学系的高等课程班学习。他们进入耶稣会初修院后，贝尔坦部长聘请科学院研究员布里松(Mathurin Jacques Brisson，1723—1806年)教他们物理学和博物学，卡德(Cadet de Gassicourt)[③]教他们理论化学和实验化学。当时法国已开始迫害耶稣会士，这两位中国人得到了巴黎主教的保护。主教照顾他们的生活起居，他们得以发最后的誓愿。巴黎科学院支持他们，送给他们几本书和一些物理、光学仪器。他们与法国王后及太后都有交往。1765年，他们回到中国，加入了耶稣会[④]。高类思在巴黎一杂志上发表了《中国科学史》一文[⑤]。1766年9月24日，刘松龄在给弟弟的信中提及这两位传教士的回国[⑥]。

刘松龄见证了中国人对科学所持态度的变化。刘松龄来华后不久，1744年，戴震的《筹算》一卷(后改名《策算》)出版了[⑦]。刘松龄去世前不久，1772年，乾隆下令征集国内所有可找到的旧书稿以编撰丛书《四库全书》[⑧]。

---

① 詹嘉玲，1994年，第231、232、237—238页。

② 迪米茨，1861年，第83页。

③ 卡德(1713—1799年)出生于巴黎著名的药剂师家庭，效力于法国元帅、第三任黎塞留公爵、红衣主教杜·普莱西(Armand de Vignero du Plessis，1696—1788年)服务。

④ 罗克蒙泰斯，1915年，第103、104、107页。

⑤ 刘松龄，1781年，第49—50页。

⑥ 迪米茨，1861年，第84页。

⑦ 李约瑟、王铃，1959年，第3卷第72页。

⑧ 盖博坚，1987年，第137页；萨米加，1994年，第21页。

6.6 耶稣会士与中国军队

耶稣会士在天主教大学是军事科学,特别是军事建筑学方面出色的教师。因为当时中国军事水平不是太高,故而他们的才华特别受到器重。1633 年,汤若望替明政府监制了 500 门小火炮以助其抵抗满人。满人胜利后,非但没有追究汤若望的罪责,反而看重他的军事才能。1839 年,鸦片战争期间,一些由汤若望监制、南怀仁改进的大炮仍在使用。

1774 年,乾隆帝派傅作霖、耶稣会主管 Fonong'ana(1743—1784 年)和旗人德保(1719—1789 年)赴金川前线以测量法专门指挥以炮轰碉。1774 年 10 月底,傅作霖改善了火炮发射角度,就如二十年后维加(Jurij Bartolomej Vega,1754—1802 年)在欧洲战场做的那样①。

钱德明在军事上直接与法国部长贝尔坦联系,并送给他一些样品用于化学分析。钱德明对热气球的发明感到很兴奋。1783 年 6 月 5 日,蒙哥尔费兄弟(Joseph Michel, 1740—1810 年和 Jacques Etienne de Montgolfier, 1745—1799 年)带着自己研制的热气球,在巴黎凡尔赛宫作表演。仅仅一年后,钱德明在 1784 年 10 月 20 日寄出的信中就对此作了评述。中国人认为热气球实验太昂贵,没有考虑把它用于军事上的重要性。

---

① 卫周安,1993 年,第 1531、1536、1537、1539 页;波特,1980 年,第 68 页。

7　去世及荣誉

7.1　去　　世

直至 1773 年春季，刘松龄一直在观测天象，并把观测记录寄给维也纳的赫尔。1773 年 11 月 13 日，刘松龄请求不再担任监正。他这样做不仅因为自己疾病缠身，而且因为不断传来欧洲耶稣会处境艰难的坏消息。乾隆没有同意他的请求。1774 年 7 月 29 日，刘松龄第一次中风。三个月后，他再次中风，随即去世了。刘松龄被安葬在北京的葡萄牙耶稣会士墓地，今天我们在那里可以找到六十三座墓穴。1774 年 11 月 12 日，刘松龄去世后两个星期，在京法国耶稣会士正式接到广州长上的消息，即教皇解散了耶稣会①。

刘松龄去世后，傅作霖接替他担任钦天监监正。在华耶稣会解散后，遣使会接替了他们的工作。直到 1803 年，以前来华的耶稣会士仍掌管钦天监。1805 年，最后一批剩下的耶稣会士在京去世。1842 年，耶稣会士重新回到中国。1872 年，他们在上海徐家汇建立了一个新观象台。1949 年之前，他们一直在那里进行天文观测。尽管有较长时间的中断，新的徐家汇耶稣会士观象台仍旧是 1644 年开始在北京钦天监工作的延续②。

---

① 蒙蒂克拉，1799 年，第 2 册第 471 页。

② 乌迪亚斯，2000 年，第 152、167、177 页；什米特克，1993 年，第 129 页。

7.2 荣 誉

刘松龄在京的职位较高,因此其工作在欧洲得到高度称颂。刘松龄去世后,卡尔尼奥拉人——他的大多数埃伯格亲戚都在书信、日记中怀念他。德国三月革命后,主要是那些有卡尔尼奥拉血统的德国人开始研究刘松龄的贡献,如历史学会秘书迪米茨(August Dimitz, 1827—1886 年)和卢布尔雅那国家博物馆馆员德日曼。迪米茨是一名经济学家和历史学家,而德日曼是一位重要的博物学家和气象学家。德日曼首先从凯勒(Franz Keller)的书中抄录了刘松龄一些比较重要的书信,把它们用在刘松龄传记的写作中。德日曼开篇叙述了中国 2500 年的历史以及中西 1500 年的交流史,仔细描述了耶稣会以及其他修会在华工作的开始[①]。在传记中,他提到了刘松龄与赫尔的科学合作。德日曼研究了刘松龄在前往中国的行程中与海军中校、法国男爵格林菲斯以及阿莱芒(Francis Alemao)的合作。他详述了刘松龄在北京的同伴以及刘松龄寄给法国天文学家和葡萄牙王后的书信[②]。

一部具有重要地位的刘松龄传记的作者是荷兰人斯泰因(Johan W. J. A. Stein, 1871—1951 年),他是阿姆斯特丹大学的教授,耶稣会士,后来担任梵蒂冈天文台的主任。第一次世界大战后,以斯特斯卡(Viktor Steska)为代表的卡尔尼奥拉人在建立新国家、寻求民族认同感之际,再次对刘松龄研究产生了兴趣。20 世纪 90 年代,随着独立的斯洛文尼亚共和国的发展,“纪念刘松龄诞辰 300 周年”活动在全国掀起了新一轮“刘松龄研究”的热潮。

---

① 斯洛文尼亚共和国档案馆,卷宗 730,多尔庄园,第 194 分卷,第 925—926 页;依据什米特克(1995 年,第 129 页)的资料,迪米茨出版了这部著作。

② 斯洛文尼亚共和国档案馆,卷宗 730,多尔庄园,第 194 分卷,第 931、939—941 页。

附　录

1　刘松龄与钦天监

刘松龄抵达北京后不久，就作为宫廷数学家开始工作。尽管在钦天监还没有任何官职，但他协助徐懋德和戴进贤治理历算。1743年12月2日，耶稣会副区长、葡萄牙修院院长、朝廷五品官员、钦天监监副徐懋德去世。其葬礼非常隆重，皇室成员包括允禄都参加了其葬礼[①]。同月，刘松龄出乎意料地奉旨补授徐懋德遗缺。他成为钦天监的两位西洋监副之一，官授六品。在呈给乾隆的谢恩折中，他试图拒绝领取俸禄，但是乾隆没有同意[②]。

刘松龄任职后不久，1744年初，乾隆离开皇宫前往观象台。许多士兵和穿正式朝服的大臣都随从前往，乾隆乘坐御辇行在后面。钦天监的满洲官员和刘松龄被安排在乾隆附近。戴进贤的腿脚不好，因此刘松龄代替他迎接了圣驾。其余190名监官站成两列，乾隆从他们中间穿过、走进大厅，并郑重地把一个黄金屏风放在大厅里。乾隆已故祖父圣祖康熙皇帝曾经在这上面写下颂扬数学科学的诗句。乾隆下了御辇，以中国传统礼节九叩首来表达对祖父的怀念。接下来，乾隆前往陈列了六件铜制天文仪器的观象台。负

① 克拉切克，1999年，第130页。

② 什米特克，1995年，第106页；克拉切克，1999年，第132—133页。

责钦天监的庄亲王在两个月前就已经提前准备好了坐墩[①]。

刘松龄任职时期，钦天监有 170 至 190 名监官[②]。他们定期轮值[③]。

职责	职官	官品	满洲	蒙古	汉军	汉人
主管	监正	正五品(2 人)	1			1
副主管	监副	正六品(2 人)	1			1
春夏中秋冬五官正[④]	官正	从六品(6 人)	2	2	1	1
秋官正	秋官正	从六品(2 人)			1	1
案卷保管	主簿	正八品(3 人)	1	1		1
首席天文学家	灵台郎	从七品(8 人)	3		1	4
观测漏壶	挈壶正	从八品(20 人)	10			10
博士	博士	从九品(32 人)	6		2	24
天文生	天文生	(48 人)	16		8	24
公务文员	笔帖式	(17 人)	11	4		2
阴阳生	阴阳生	(18 人)				

1744 年 2 月 30 日，钦天监里约 190 名官员分成了三组：一组负责观测恒星，一组负责观测行星，一组负责占星术。每组都有自己的教师、助理教师、学生、一名满洲和西洋负责人、两个满洲、两个汉人、一名西洋助理[⑤]。钦天监设总理监务王大臣，其次是满洲监正和西洋监正、监副以及助手们[⑥]。第一位帮明朝修订历法的

---

① 鲁仲贤 1745 年 12 月 27 日致波希米亚亲戚的信(克拉切克，1999 年，第 144—147 页)。

② 什米特克，1993 年，第 108 页；蒙蒂克拉，1799 年，第 2 册第 474 页；科拉迪尼，1990 年，第 304 页；克拉切克，1999 年，第 145、146 页。

③ 科拉迪尼，1994 年，第 342—344 页；波特，1980 年，第 64、65 页。

④ 中国人一年有五个季节：春、夏、中、秋、冬(波特，1980 年，第 64 页)。

⑤ 鲁仲贤 1745 年 12 月 27 日致波希米亚亲戚的信(克拉切克，1999 年，第 144—147 页)。

⑥ 什米特克，1995 年，第 108 页。

是利玛窦，大致在1629年之后，邓玉函、罗雅谷继续其未成之业。第一位在钦天监担任官职的是汤若望。尽管汤若望在清朝位居一品大员，但他主要还是掌管没有实际职权的钦天监事务。1669年，南怀仁参与整修历法，其职位类似于钦天监监副。1725年，钦天监监正职位正式赐给戴进贤，其后是刘松龄，同时冠以“西洋人”称呼①。

1745年，乾隆把满、汉监副以及西洋人监副的职责分开了。1753年，废止满、汉官员必须担任监副一职。后来，只任命西洋人担任监副②：右监副和左监副③。

钦天监监正没有特别高的地位，因为西洋人担任监正时要降两品④。钦天监隶属于礼部，但是它又独立于六部之外。1753年后，乾隆设总理监务王大臣，兼理钦天监事务。

1754年，庄亲王允禄担任总理监务大臣。亲王们负责向皇帝通报，就像1826年宗室敬徵（1785—1851年）所做的那样。敬徵同时掌管钦天监和国子监。天文台（观象台，明朝之前称作天台）和历局各部（时宪局⑤、历局⑥、五官正⑦、历算⑧）在靠近耶稣会南堂的宣武门内，它们直接隶属于钦天监。明末，为便于附近居住的耶稣会士使用藏书以修订历法，礼部尚书徐光启呈请设立历局。历局后来并入钦天监，且成为其最重要的一个部门。清初，历局（时宪科）官员需要计算太阳、月球和五大行星的位置，观测日食和月

① 波特，1980年，第68页；科拉迪尼，1994年，第343、349页。较早的资料显示汤若望被授予钦天监监正一职，但耶稣会士从没担任过只为皇室成员设立的负责人位置。因此李约瑟和王铃（1959年，第3卷第444—445、449页）称监正为“负责人”就有些不妥。我们表中的职位都是指皇室成员之下的职位。

② 波特，1980年，第68—69页。

③ 科拉迪尼，1994年，第343、349页；科拉迪尼，1990年，第304页。

④ 波特，1980年，第69页。

⑤ 科拉迪尼，1994年，第344—345页。

⑥ 科拉迪尼，1990年，第306页。

⑦ 佩雷菲特，1991年，第498页。

⑧ 黄一农，1993年，第87页。

食、五大行星、月掩五大行星、天空的季节性现象。历局(时宪科)官员负责编辑、勘误历表。

钦天监的另两个部门负责计时(漏刻)和天象(天文)①。漏刻科设有挈壶正和司晨。他们负责皇宫内外的营建兴工、为皇陵选定风水之地、为重大婚典挑选良辰吉日、纠正漏刻的误差、审查观象台的工作、推算祭典的吉期以及为出征探寻最佳方位。

天象部门(天文科)设有灵台郎、监侯以及博士,他们负责观测天象②。他们昼夜轮流到谯楼观测各个方位的天象,每天早晨负责奏报观测到的任何异象。

除了天文学,钦天监还有许多占星和社会职责。1652年,汤若望对西藏五世达赖喇嘛赴京觐见作了诋毁性的占测,因为传教士把佛教作为其最强有力的竞争对手③。

2　刘松龄的天文学著作

2.1　在北京出版的著作

书名	英文名	编纂	付梓	说明
(御定)历象考成后编	Continuation of the laws for the calendar, and mathematical and observational astronomy	1738年	1742(1744)年	1730年,错误地进行交食预测后修订了《律历渊源》的第一部分
钦定仪象考成	Astronomical instruments and the catalogue of 3,083 stars	1744年	1757年1月(部分于1911年重印)	作为编修者,刘松龄负责作注

① 其他资料提及钦天监有四个部门。

② 波特,1980年,第64页。

③ 黄一农,1993年,第87、101页。

2.2 在欧洲出版的著作

书名	英文名	观测时间	付梓	作者
中国交蚀图录（三卷）	Science about the eclipses（I－III）		1744 年 1745 年 1747 年	戴进贤 徐茂盛 布利加
天文观测验（两卷）	Eclipses, comets, instruments（I－II）	1717—1752 年	1768 年	刘松龄合编

3 刘松龄所处时代关于"礼仪"的解释

1745 年，刘松龄接替来自阿尔萨斯州的德玛诺神父，担任耶稣会日本教区副区长和视察员①。他本来可能会与戴进贤、席宾（Philipp Sibin, 1679—1759 年）或者是南怀仁一起共事，但是任二品大员的戴进贤很快就去世了。于是，1746 年 5 月 6 日，刘松龄被朝廷任命为五品官员、出任钦天监的两个监正之一。在刘松龄的任期内，葡萄牙和法国耶稣会士间、中国副省与法国传教士之间缔结了一个友好合约②。1749 年或 1753 年，刘松龄晋升为朝廷三品官员③。1754 年 7 月 30 日，王致诚拒绝接受官爵，因为教皇本笃十四（Pope Benedict XIV, 1675—1758 年）在 1742 年最终下令禁止在华神职人员实行中国礼仪。王致诚认为接受官爵会违背自己的

① 什米特克，1995 年，第 50、61 页；刘松龄，1738 年；斯洛文尼亚共和国档案馆，卷宗 730，多尔庄园，第 194 分卷，第 821、823 页。

② 在罗马耶稣会档案保存着戴进贤的笔记，其中记录了 1725 年戴进贤升任钦天监监正；1746 年中国发生的教案；1746 年 12 月 20 日和 1747 年，乾隆处置传教士的谕令；1746 年、1747 年、1748 年 3、4 月间和 1748 年 6、7 月间中国天主教的处境；1754 年中国教区情形报告[库尼亚，1998 年，第 1 册第 22 页、第 2 册第 134—136 页；罗马国家图书馆，中国教省年报（耶稣会：1256/14）；巴塔利尼，1996 年，第 77 页（第 230 卷）；耶稣会档案资料中国、日本部分：第 184 卷，对开本，第 261—262 页]。

③ 什米特克，1993 年，第 123、139 页；蒙蒂克拉，1799 年，第 2 册第 474 页。

神职[①]。乾隆遂问他郎世宁和刘松龄为何接受官爵，王致诚回答说是皇帝勉强他们为之，然而郎世宁已经辞谢好几次了；而刘松龄负责钦天监，居官尽职不得已而为之[②]。这样，即使在“礼仪之争”过后十几年，教皇禁令仍有几种解释的方式。

3.1 中国主要王朝

王朝	时段
明初	1368—1582 年
明中晚期	1582—1644 年
清初	1644—1744 年
清中期	1744—1850 年
晚清	1850—1911/12 年[③]

3.2 耶稣会士在京期间的中国皇帝

年号	庙号	出生	登基	去世
万历	明神宗	1563 年	1573 年	1620 年
泰昌	明光宗	1582 年	1620 年	1620 年
天启	明熹宗	1605 年	1621 年	1627 年
崇祯	明思宗	1611 年	1627 年	1644 年
顺治	清世祖福临[④]	1638 年	1643 年	1661 年
康熙	清圣祖玄烨[⑤]	1654 年	1662 年	1722 年

① 乌迪亚斯，1994 年，第 473 页。
② 钱德明，1943 年，第 463 页。
③ 杜石然，1990 年，第 349 页。
④ 克拉切克，1999 年，第 96—97、255 页。
⑤ 克拉切克，1999 年，第 96 页。

续 表

年号	庙号	出生	登基	去世
雍正	清世宗胤禛①	1678 年 12 月 13 日	1722 年 11 月 13 日	1735 年 10 月 8 日
乾隆	清高宗弘历	1711 年 9 月 25 日	1736 年 10 月 18 日②	1799 年 2 月 7 日
嘉庆③	清仁宗颙琰	1760 年 11 月 13 日	1795 年 10 月 15 日④	1820 年 9 月 2 日

3.3　钦天监监正及继任者

姓名	时　　间
汤若望	1645—1666 年，掌管钦天监事务⑤
杨光先（1597—1669 年）	1666—1669 年，监正
南怀仁	1669—1688 年，监副、监正及治理历法⑥；1675 年，兼任工部侍郎（铸炮）
闵明我	1694 年 9 月 23 日—1711 年 12 月 23 日，治理历法⑦
徐日升（Thomas Pereira）⑧	1688 年 4 月 16 日—1694 年 9 月 23 日，治理历法

---

① 依据刘松龄（1781 年，第 XIV 页）的说法，胤禛是清朝第四位皇帝。

② 刘松龄，1781 年，第 XV 页；德日曼，1881 年，第 20 页。

③ 萨米加，1994 年，第 59 页。

④ 神父们处境艰难（马拉，1928 年，第 231 页）。

⑤ 波特，1980 年，第 68 页。

⑥ 波特，1980 年，第 68 页。

⑦ 王渝生，2000 年，第 220 页。依据 1688 年 9 月 23 日—1706 年、1720—1721 年的欧洲资料记载：1686—1694 年 8 月，闵明我在穿越欧亚的行程之中。

⑧ 徐日升，字寅公，1645 年 11 月 1 日出生于葡萄牙马尔蒂诺・瓦亚城（Matinho do Valle）；1661 年 9 月 25 日在科英布拉入耶稣会；1708 年 12 月 24 日在北京去世（克拉切克，1999 年，第 20 页）。

续 表

姓名	时　　间
安多	1688年4月26日—1694年9月23日,代闵明我治理历法
庞嘉宾(Gaspar Kastner,1665—1709年)	1707—1709年,治理历法①
纪理安	1712年12月23日—1720年2月22日,治理历法,一说1711—1719年治理历法
戴进贤	1720年2月25日—1746年6月5日,监正
徐懋德	1728年1月17日—1743年12月2日,监副
刘松龄	1746年6月3日—1774年1月7日,监正; 1744年4月2日—1746年6月3日,监副;依据欧洲资料,1743年刘松龄是视察员之一
傅作霖	1774年12月22日—1781年6月21日,监正; 1753年6月21日—1774年12月22日,监副
高慎思	1781年6月21日—1783年12月22日,监正; 1771年12月22日—1781年6月21日,监副
安国宁	1787年11月22日—1795年6月21日,监正; 1774年11月22日—1787年12月22日,左监副②
索德超	1795年6月21日—1805年12月22日,监正; 1787年8月7日—1795年6月21日,右监副
毕学源(Gaetan Pires-Pereira)③	葡萄牙遣使会士,1823年8月11日—1826年11月11日,右监副

① 王渝生,2000年,第220页。

② 1793年8月19日,在中国任三品官,在英国使团抵达时曾任译员(荣振华,1973年,第308页)。

③ 毕学源,1763年出生,1838年去世(王渝生,2000年,第220页)。

3.4 在京葡萄牙修院院长

姓名	时　　间
苏霖	1692—1697年
闵明我	1700—1706年
纪理安	1710—1720年
费隐	1733—1739年①
陈善策	1736—1739年②南堂
徐懋德	1736年③西堂，1740—1743年南堂
魏继晋	1762—1771年④

3.5 法国耶稣会修院院长

姓名	时　　间
张诚	1701—1717年，法国耶稣会总会长⑤
巴多明	1736⑥—1741年，北京
沙如玉	1739—1742年，北京
宋君荣	1741—1759年，北京
蒋友仁	1759—1774年，北京
费若瑟	1747年，广州

① 刘松龄，1781年，第VI—VII页。
② 维埃加斯，1921年，第262页。
③ 维埃加斯，1921年，第262页。
④ 克拉切克，1999年，第221页。
⑤ 魏若望，1882年，第109页。
⑥ 维埃加斯，1921年，第262页。

3.6 在朝廷供职的耶稣会士[①]

姓名	官阶	受封时间
汤若望	一品	1658年[②]
南怀仁	二品	1679年
闵明我		1688年
安多		1686年前
徐日升	五品	
戴进贤	二品	1725年
刘松龄	六品、五品、三品	1743年;1746年;1749或者1753年
高慎思		1746年
郎世宁		1748年[③]和1750年
傅作霖	二品	1755年
高慎思		1756年
艾启蒙		1777年

3.7 视察员、日本教区、中国副省

姓名	任期
闵明我	1695—1698年,中国副省会长 1703—1706年5月,远东视察员
纪理安	1714—1718年,远东视察员,副省会长

① 什米特克,1995年,第108页。

② 或者1645年(克拉切克,1999年,第225页)。

③ 克拉切克,1999年,第35页。

续 表

姓名	任期
艾若望	1739—1743 年，视察员①
徐日升	1739—1743 年，副省会长
德玛诺	1744 年，副省会长以及日本教区视察员
刘松龄、戴进贤、席宾、南怀仁	1745 年，副省会长以及日本教区视察员
傅作霖	1755 年，中国副省会长②
魏继晋	1762—1771 年，中国和日本教区视察员③

3.8 中国耶稣会机构④

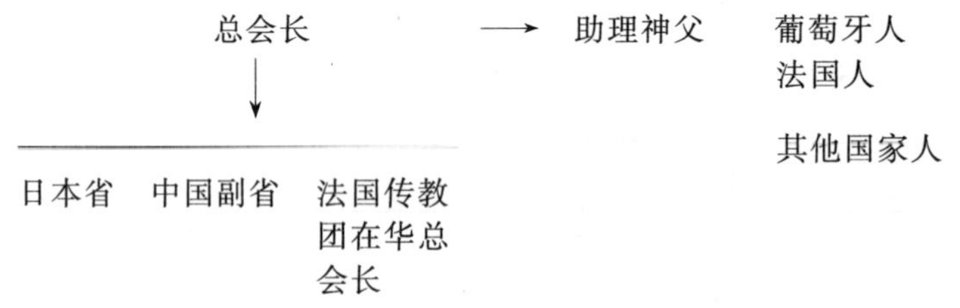

4 北京观象台的仪器

4.1 望远镜

欧洲发明望远镜后不久，耶稣会士于 1618 年把它带入中国。1685 年，法国耶稣会士携带了有测微器的罗默望远镜来华⑤，该望远镜为皇家观象台所用。罗默在巴黎著名钟表匠蒂雷（Isaac

① 什米特克，1993 年，第 120—121 页。
② 罗德里斯格，1990 年，第 51 页。
③ 克拉切克，1999 年，第 300 页。
④ 魏若望，1982 年，第 109 页。
⑤ 朗德吕，2001 年，第 434 页。

Thuret,1630—1706 年)的帮助下,制造出行星仪。在京耶稣会士仿制了几个,并把它们赠送给中国的高级官员[1]。8 英尺长、带有两块物镜的望远镜是按照罗默的设计制作的。这种望远镜可以拉长也可以缩短,从而使月面图在焦点上完全覆盖了被分为 12 等份、称作缩略图的区域。从 1672 年起,罗默测微器首先运用了机械学的既定原理,使用螺钉来调节[2]。

1749 年 11 月 28 日,刘松龄在给弟弟的信中提到了一些观测仪器。1750 年 9 月 18 日,他给英国皇家学会寄了一封内容差不多的信。北京的观测仪大多数制作于 17 世纪末,既大又重,系纯黄铜制造,只有英国的测微器、摆钟和直径 2 英尺(65 厘米)的象限仪稍微新一些。桑切斯欲为刘松龄购置六分仪。在京耶稣会士迫切需要一个更先进的象限仪,遂向里斯本要了一个。他们使用的是一米半长的望远镜[3]。

刘松龄可能希望自己所提交的设备清单看起来十分不足,以引起英国皇家学会的同情。他这样做非常成功!因为在以后几年内英国皇家学会成员为他订制了几个新仪器。18 世纪中期,刘松龄得到了一些交食观测的仪器。1750 年,桑切斯为刘松龄准备了 14 英尺长的望远镜。有一些观测刘松龄用的是带有格雷厄姆测微器的 8 英尺长望远镜。1756 年初,他开始使用在伦敦检测制造的、3 英尺长的贝维斯望远镜。桑切斯把该望远镜连同贝维斯的说明书一起送给了刘松龄[4]。1773 年 1 月 12 日,法国耶稣会士把精美的反射望远镜带到北京。

4.2 浑仪

1755 年 9 月 17 日,刘松龄母亲的一位亲戚 B. F. 埃伯格神父

① 比克曼,1984 年,第 72 页。
② 布德、华纳,1998 年,第 381 页。
③ 刘松龄,1781 年,第 23 页;斯特斯卡,1918 年,第 148 页。
④ 刘松龄,1770 年,第 186 页;刘松龄,1774 年评论,第 158 页。

在卢布尔雅那的仪器中陈列了环式测天仪(带有多个可移动环的铁球),该仪器购置于1706年。1755年,B.F.埃伯格依据哥白尼和第谷·布拉赫体系购买了宇宙球仪、地球仪以及多佩尔迈尔星球仪[①]。

第谷·布拉赫在欧洲天文学中取消了地球围绕太阳公转产生的黄道坐标,他可能是受到了阿拉伯人的影响。在被耶稣会士说服仍旧使用黄道坐标前,第谷使用了长期以来中国天文学家特别喜爱的赤道坐标[②]。第谷把环式测天仪器制成四种不同样式,其中一种是便携式。三种普通样式一直在用,它们是地平经仪、黄道经纬仪和赤道经纬仪。北京有这三种样式的仪器,它们的外径大约180厘米,带两个垂直的铜环。1673年,南怀仁参照第谷·布拉赫的样式,制成了地平经仪和黄道经纬仪。1744年后,戴进贤、刘松龄、鲍友管(可能也有宋君荣和孙璋等法国人的帮助)制成了玑衡抚辰仪。玑衡抚辰仪已不再是欧洲样式的环式测天仪,而是完全中国化了,因为其上没有了天文学上已不用的古旧的黄道圈[③]。玑衡抚辰仪放在四个像狮子一样的架子上,如同南怀仁在1673年或1674年所做的那样[④]。

在京耶稣会士用外径1.8米、带铁环的铜制浑仪测量恒星的赤道坐标。1773年,他们还用浑仪预测日食和为学生授课。1901年,义和团运动被镇压后,德国人把天球仪、玑衡抚辰仪等抢到了波茨坦。二十多年后,第一次世界战争结束时,根据凡尔赛条约这些被抢的仪器才重返北京。

1766年,人们记述了北京两个较小的、以太阳为中心的七政仪。其中一个外径和高度都是40厘米,表盘上有月亮和太阳的模型以及水星和金星的模型;此外,还有火星、木星和土星的模型,五大行星的模型可以围绕太阳转动。在一侧,还有一个罗盘。他们

---

① 在卢布尔雅那的高等学校图书馆,可以查到多佩尔迈尔的天文教科书。

② 李约瑟、王铃,1959年,第3卷第438页。

③ 李约瑟、王铃,1959年,第3卷第172、352页。

④ 查普曼·瑞茨奇,1994年,第34页。

用罗盘可以预测太阳赤纬以及太阳出没的时刻和方位。另一个较大一点的七政仪外径为50厘米，高度为80厘米[①]。

4.3 象限仪（地平纬仪）

45度的八分仪主要用于航海，1731年由英国人哈德利（John Hadley，1682—1744年）为皇家学会制造。两年后，哈德利在上面增加了水平衡[②]。象限仪主要用于测量太阳的视高度角。四分之一圆周（90°）的扇形框架固定在仪架上，仪缘是水平的，垂直轴标有刻度。第谷·布拉赫发明了六分之一圆的六分仪，用以测量天体之间的夹角。18世纪，六分仪中装了两面镜子，可以用作航海仪器。1673年，北京耶稣会士购买了金属六分仪。

梅尔（Tobias Johann Mayer）[③]制作了现代象限仪。1714年，他获得英国经度局的褒奖。18世纪50年代末，坎贝尔（John Campbell）船长使用波导（John Bird，1706—1776年）的测量数据为经度局验证了梅尔的象限仪[④]。18世纪，六分仪装上了镜子以用于航海。

北京耶稣会士使用六分仪不会早于1673年。德利斯尔和宋君荣给了刘松龄测量纬度的仪器，刘松龄用它测得北京的纬度为39°54′0″和39°54′2″。这个仪器比戴进贤以前使用的沙波托（Chapotot）“半圆分角器”精准得多[⑤]。

1754年，刘松龄用巴黎机械师朗格卢瓦（Claude Langlois）[⑥]的象限仪计算了北京的地理纬度。刘松龄还使用了英国制造的象限

---

① 席文，1973年，第106—107页。

② 布德、华纳，1998年，第31、419页；赫尔布罗，1993年，第48页。

③ 梅尔，1723年2月17日出生于乌腾堡（Würtenberg），1762年2月20日在哥廷根（Göttingen）去世。

④ 布德、华纳，1998年，第531—532页；赫尔布罗，1993年，第42、47页。

⑤ 法国机械师路易斯·沙波托或是让·沙波托于1670—1721年间制作。

⑥ 朗格卢瓦，1756年在巴黎去世。

仪[①]。法国象限仪把望远镜固定在旋转框架上，并有一个垂直悬挂的指针。英国人在固定框架的顶端用铅垂线保持平衡以旋转望远镜。18 世纪 60 年代，英国人波导制作了便携式象限仪用于观测金星凌日。鲍友管大大改进了象限仪并提高了测量的精准度。

刘松龄去世后，1782 年 9 月 5 日，在北京主教的帮助下，葡萄牙人送给乾隆帝的数学顾问高慎思神父两个象限仪、两个天文摆钟、带三个磁针的台座、两个观测日食的消色差望远镜、一个测量天体间距离的浑天仪、弗拉姆斯提德的地图集、两张黄道带星图、一本天文历书和几份星表[②]。

4.4 时钟

1718 年，戴进贤已经在北京使用摆钟了[③]。这个摆钟置于一个摆线针轮上，然后用惠更斯的方法相对固定，起先用的是铁螺丝的三角，后来用的是两足象限仪。

刘松龄使用法国机械师佩拉赫(Perache)大约于 1740 年制造的摆钟测量时间。该摆钟可与科学院院士帕尔雪(Antoine de Parcieux)[④]的发明相媲美。1748 年 7 月，该摆钟从巴黎运抵北京。为防止酷热与严寒，一路上人们对它妥善保护。在 1752 年使用著名的勒罗伊(Julien Leroy)时钟之前，刘松龄一直使用该摆钟[⑤]。勒罗伊专门为德利斯尔制作了这个时钟，而后者把它作为礼物送给了刘松龄[⑥]。

---

① 刘松龄，1774 年评论，第 158 页。

② 罗慕洛·德·卡瓦略，1996 年，第 152、153、164 页。

③ 刘松龄，1769 年，第 1 册第 3 页；石云里，2000 年，第 136 页。

④ 帕尔雪，1703 年 10 月 28 日出生于朗格多克(Langedoc)，1768 年 9 月 2 日在巴黎去世。

⑤ 刘松龄，1774 年评论，第 156 页。

⑥ 刘松龄，1770 年，第 184、186 页。朱利安·勒罗伊(1686 年出生于图尔，1759 年在巴黎去世)是钟表匠皮埃尔·勒罗伊(Pierre Leroy，1717—1785 年)和让·巴蒂斯特·勒罗伊(Jean Baptise Leroy，1720—1800 年)的父亲，1747 年底，他和帕特里克·德阿斯(Patrick D'Arsis，1725—1779 年)合作制作了充电设备仪器。

虽然刘松龄基本使用英国的测量仪器，但相较于哈里森计时器，他更倾向于法国时钟。在格雷厄姆的建议下，1735 年，哈里森从约克郡搬到伦敦。

4.5 测微器

布吕恩（Lucas Brunn）对第一台测微器作了描述。该测微器由年长的特里施勒（Christof Treschler）于 1609 年左右在德累斯顿制成。1640 年，英国业余天文学家加斯科因（William Gascoigne，1619—1644 年）观察到一只蜘蛛前一个晚上在其望远镜内编织蛛网之后，制造了第一架分视角望远镜（加斯科因发明了叉线，开始将望远镜从单纯的观察装置转化为精密测量仪器——译者注）[①]。加斯科因非常了解朋友霍罗克斯的工作，后者是用系在一根 11 英尺长棍子末端的两根金属线来测量太阳的直径，因此他十分明白自己这项发明的意义[②]。装上加斯科因的测微器后，望远镜成了一个测量仪器，可以列于那些测量角度的传统天文仪器之中。巴黎天文台的创始人法国人让·皮卡尔和奥祖（Adried Auzout）[③]对加斯科因测微器的先进性曾产生疑问[④]。1665 年，奥祖教巴黎科学院院士们如何使用测微器。这项发明问世十年后，雷恩（Christopher Wren，1632—1723 年）在观测月球时使用了它。

在京法国耶稣会士最先使用的是罗默测微器，但是 1717 年后，葡萄牙耶稣会士使用了拉·伊尔测微器[⑤]。除了测微器之外，刘松龄还使用了精准度高的摆钟、装有望远镜的半径为两英尺的两足象限仪以及放在一个框子里的大型测微器。依照卢维廉

---

① 布德、华纳，1998 年，第 380—381 页。

② 艾伦·查普曼，1990 年，第 31 页。

③ 奥祖，1630 年出生于鲁昂，1691 年去世。

④ 贝维斯致斯科特·詹姆斯·肖特（Scott James，1710—1768 年）的信，《皇家学会会刊》，1753 年，48/1:190；鲁索，1955 年，第 304 页；马拉兹诺维奇，1985 年，第 34 页；艾伦·查普曼，1990 年，第 40—44 页。

⑤ 刘松龄，1774 年评论，第 156 页；石云里，2000 年，第 136 页。

(Louvillian)的方法，所观测行星的边缘被分割成许多点。1749年，在京耶稣会士拥有法国摆钟和英国测微器等天文仪器，但没有足够的钱购买较大的、1米长的象限仪[①]。

在1750年9月18日从北京寄出的信最后两段中，刘松龄谈到了在京使用的英式测微器。这两段话从未发表过。刘松龄在1749年11月28日已经提到了测微器。因为坎顿曾出售过一两个测微器到国外，故而在京传教士以之为参照，制作了一个压力计。坎顿把阿基米德(Archimedes)的永恒螺杆与赤纬平行，测量出天体的距离及直径。为了提高观测的舒适性，测微器上放置了块薄板。1749年12月之前，在京耶稣会士使用坎顿测微器时学会了制作类似的仪器。他们运用了曾对测微器作精确描述的伦敦天文学家罗伯特·史密斯(Robert Smith，1689—1769年)的光学原理[②]。

罗伯特·史密斯是布卢米安天文学教授和剑桥圣三一学院院长，1738年他出版的《光学》是那个时代的经典著作。1749年，他出版了关于谐波的著述。后来成为英国最重要天文学家的汉诺威人赫歇尔使用了这两本书[③]。

罗伯特·史密斯首次对几何光学中使用两条特殊射线的图片进行了理性解释。第一条射线经过透镜的中心曲率，第二条与轴平行[④]。

罗伯特·史密斯像布冯(Georges Louis Leclerc de Buffon，1707—1788年)伯爵一样，全然是牛顿哲学的追随者[⑤]。布冯伯爵在翻译牛顿的流数方法时(1740年)，列举了大家关于牛顿法的争议。1735年，伯克利(George Berkeley，1685—1753年)声称牛顿

---

① 刘松龄，1781年，第22—23页；斯特斯卡，1918年，第148页；德日曼，1881年，第16页。

② 刘松龄，1750年，第3页。

③ 叶列米沃，1966年，第6页。

④ 姆拉曾诺维奇，1985年，第95页；罗森伯格，1890年，第141页；维尔德，1838年，第1册第287页。

⑤ 史密斯，1767年，第225页。

的“微积分”是错误的。英国皇家学会的医生兼秘书朱林(James Jurin)[①]回应了这种批评。数学家罗宾斯(Benjamin Robins)[②]解释了牛顿哲学的“不完美”之处,他称朱林和史密斯“不学无术”,并批评了欧拉和丹尼尔·伯努利[③]。

1760 年,耶稣会士博斯科维奇在伦敦拜访了罗伯特·史密斯。或许后者帮他以一平方英尺一几尼(21 先令)的价格购买了一些消色差镜片。博斯科维奇把这些镜片赠送给了家乡杜布罗夫尼克(Dubrovnik),而没有考虑它们作为军事机密的实际用途[④]。

马赛的水文学教授兼天文台主任佩泽纳在阿维尼翁出版了罗伯特·史密斯《光学》的法文译本,共五卷本约 1000 页。他在书中增加了凯莱布·史密斯(Caleb Smith)在光学上的新发现以及对博斯科维奇仪器的检测。佩泽纳增加了克林根谢纳(Samuel Klingenstierna, 1698—1765 年)关于消色差镜片理论一文的译文。早在 1760 年,该文就已经发表在《皇家学会会刊》上。克林根谢纳是斯德哥尔摩的数学教授。

同年,罗伯特·史密斯《光学》的另一个法文译本在布列斯特(Brest)出版,博斯科维奇评价它比佩泽纳的译本好得多[⑤]。佩泽纳还翻译了其他几本英文书籍,其中有德萨居利耶(John Théophile Désaguliers, 1683—1744 年)写于 1751 年的教科书,卢布尔雅那的耶稣会士分别于 1754 年和 1755 年购买了这本书的上、下两册。因为不知道罗伯特·史密斯的《光学》有法文译本,1750 年,刘松龄在北京使用的是英文译本。

不列塔尼(Breton)的耶稣会士布格(Pierre Bouguer, 1698—

---

① 朱林,1750 年去世。

② 罗宾斯,1707 年出生于萨默塞特希雷(Somersetshire)的巴斯(Bath);1751 年 7 月 29 日在印度马德拉斯去世(斯蒂尔,1994 年,第 358 页)。

③ 布冯,1740 年,第 453 页。

④ 马科维奇,1969 年,第 540、574、659 页。

⑤ 马科维奇,1969 年,第 659、676 页;维尔德,1838 年,第 1 册第 287 页;罗斯默杜,1977 年,第 81 页;博斯科维奇,1980 年,第 226、267 页。

1758年)证实,在已知一对远距离物体的虚拟图像聚光点(焦点)情况之下,从图片长度的比例可以计算出恒星之间的相对距离。1748年,他对自己这项杰出的发明作了描述,并称它为太阳仪,但是后来研究者们更喜欢测微器这个名字。

1747年10月,布格在巴黎科学院发表了其用新式太阳仪对卫星所作的第一次观测,这证明太阳有一个相对规则的形状。他的目镜望远镜有一个固定的物镜焦点[①]。

今天,布格以创立天体光度学而为后人所知。1726年,他测定太阳光流的密度是月亮的3000倍[②]。三年后,他把这个数据连同光流的其他几个测量一起在书中公布了[③]。

肖特在英国研制了第一台测微器,他是最早掌握望远镜镜子制作、浇注铜和锡合金手工技术的人之一[④]。1753年,他在《皇家学会会刊》上记述了测微器的发展历史。他提到了双层图像折光学原理的发现。两个相同物镜反射后形成双层图像。北京也使用了卡波内改良过的英式测微器。在测微器的左侧,卡波内放了另一个类似的仪器。这样,他制作了一个更精确的双测微器。将双测微器的图像与星图及目录进行比较之后,精密测量法得到了改善[⑤]。

肖特如实地历数出法国人布格所发明的测微器的优缺点。当然,他不能把所有功劳都归结于法国人!1743年,萨弗里(Thomas Savery, 1650—1715年)已经向英国皇家学会描述了类似的发明,但皇家学会直至1753年才发表了他的手稿[⑥]。伦敦胡格诺派(胡格诺派是16—18世纪法国天主教徒对加尔文派教徒的称呼——译者注)移民的儿子多伦德(John Dollond, 1706—1762年)改进了测

---

① 阿斯科勒皮,1768年,第3、9页。
② 舍瓦尔利奇,1986年,第103页。
③ 舍瓦尔利奇,1986年,第24、90、103页;鲁索,1955年,第325页。
④ 舍瓦尔利奇,1986年,第19、22页;布德、华纳,1998年,第601页。
⑤ 刘松龄,1750年,第3页。
⑥ 阿斯科勒皮,1768年,第4页。

微器。他对太阳和月亮直径进行了最重要的观测。他使用了布格的太阳仪和萨弗里在地球近日点和远日点间测量所得的确定太阳视直径差异的新方法手稿。耶稣会士佩泽纳在马赛也改善了多伦德于1753年制作的测微器。他把测微器连同简短的操作说明一起寄给了罗马的博斯科维奇。

肖特凭借为牛顿望远镜制造反射镜的技术以及与多伦德在消色差望远镜研究方面的合作而闻名。布格、舍费尔以及维也纳的利斯加尼希用目镜测微计改良了肖特的望远镜。这种仪器很快就投入了使用。1764年,博斯科维奇对之作了推荐。1755年,卢布尔雅那的耶稣会士没有买目镜测微计,也许他们是在1768年购买的。1768年,卢布尔雅那的耶稣会士把考试论文与阿斯克勒皮的手稿装订在一起出版了。博斯科维奇在1769年12月23日和1770年4月25日给学生普奇内利(Francesco Puccinelli)的两封信中,批评了阿斯克勒皮[①]。博斯科维奇当时在旅途中,他只是在抵达维也纳后才审阅了阿斯克勒皮的手稿[②]。1757年,他在舍费尔所翻译的拉卡伊天文学中发表了自己的意见。

在卢布尔雅那的那版中,没有提到这本书的作者,但是导言部分引用了阿斯克勒皮的话:“在过去的一年中,巴尔贝里尼(Julius Cezar Barberini)公爵以他一直以来对我的关爱,于数月前赠给我一架反射望远镜。肖特为了天文学的发展制造了它,并花费巨资从英国带到罗马。我想我不应该错过判断与行星直径相关联的更精确数据的机会,据我所知,那是用其他任何仪器都无法测量的。天文科学赞助商对我的良好期望是不会落空的。我将公布自己所有的观测结果以及从那些观测结果中得出的结论,以达到预期愿望”。阿斯克勒皮对天文学家多伦德所作的关于更精确测量的描

---

① 海尔布伦,1993年,第225页;马科维奇,1969年,第485、661页;穆耶维奇,1991年,第153—154页。

② 阿斯科勒皮,1768年,第5页。

述以及他对格雷戈里望远镜所作的说明表示了感谢[①]。阿斯克勒皮估计：即使大家都使用了目镜测微计，也不可能总是得到相同的结果[②]。后来，德日曼把阿斯克勒皮的书捐献给了鲁道夫音乐厅，这里后来改名为卢布尔雅那国家博物馆。

---

① 阿斯克勒皮，1768年，导言，第4页。耶稣会士科瓦契奇(Lojze Kovačič)博士称阿斯克勒皮在罗马首次印行(1765年)的那本书后来在卢布尔雅那再版。

② 阿斯克勒皮，1768年，第6—7页。

文献与缩写①

缩写

AS - 卢布尔雅那的斯洛文尼亚共和国档案馆

Diar -斯洛文尼亚共和国档案馆“手稿部分”。I/35r(1694 年 12 月 1 日—1706 年 12 月 31 日)，I/36r(1707 年 1 月 1 日—1711 年 12 月 31 日)，I/37r(1712 年 1 月 1 日—1721 年 12 月 31 日)，I/38r(1722 年 1 月 1 日—1736 年 10 月 31 日)，I/39r(1736 年 11 月 1 日—1753 年 12 月 31 日)，I/40r(1754 年 1 月 1 日—1772 年 7 月 29 日)

NM -卢布尔雅那国家博物馆的编号

NUK -卢布尔雅那国立大学图书馆的编号

SBL -斯洛文尼亚传记词典(卢布尔雅那)

UB Wien -维也纳大学图书馆

ZML -卢布尔雅那历史博物馆

档案资料

Historia Annua Collegij Labacensis，1722 - 1773.(《史学年刊》，1722—1773 年) *NUK*. Ms 1544.

Dežman，Karel. 1881(德日曼，1881 年). Ein Krainer als Hoffastronomer in Beijing 1739 - 1774. *Laibacher Wöchenblatt. Organ der Verfassungs-Partei in Krain. Gedr. bei Leykam in Graz*. Laibach：Kleinmayr & Bamber. No. 50 - 55，1 - 20. Dežman's handwriting：*AS* 730，Manor Dol，fasc. 194：925 - 944.

Forgeot，A. N. 1747(傅安德，1747 年). Letter from Beijing sent to his friends in France(从北京寄给法国朋友的信). *AS* 730，Manor Dol，fasc. 194：914 -921.

Hallerstein，Auguštin. 8. 12. 1752(刘松龄，1752 年 12 月 8 日). Letter to the

① 已出版的信件是按照手稿书写的日期排列的，而不是按照出版的日期。

Portuguese Queen Maria Ana, sent from Canton to Lisbon. The manuscript is preserved in the library Exmo Senhor Dr. Alberto Lamego（从广州致里斯本葡萄牙王后玛丽·安娜的一封信，该信藏于葡萄牙拉梅戈图书馆）. ①

Hallerstein, Auguštin. 1750, 1756（刘松龄，1750、1756 年）. Letters to his sister Marija Ana, sent from Beijing on October 31, 1750 and September 11, 1756（1750 年 10 月 31 日和 1756 年 9 月 11 日从北京寄给妹妹玛丽亚的信件）. *AS* 730, Manor Dol, fasc. 194, Raigersfeld XXV. Pp. 884－922.

Kaugg, Janez. 1719（考克，1719 年）. Philosophia Aristotelis (pp. 16ʳ－152ʳ). Tractatus in 8ᵗᵒ Libros Physicorum Aristotelis (pp. 152ʳ－311ᵛ). 3 Libros Physicorum Aristotelis (329ʳ－423ʳ). Dissertationes Philosophia de Meteoris in varias questionis divisi et rationibus ac experimentis illustrata (315ʳ－328ʳ). Tractatus 3ᵗⁱᵘˢ in Physica Aristotelis particularis (329ʳ－422ᵛ). Aristotelis de Anima (423ʳ－). Labaci Anno 1719. *NUK*. ②

Kersnik, Janez Krstnik. 1811（克尔斯尼科，1811 年）. Inventaire des objects existantes dans le Cabinet de Chimie et de Physique des écoles centrales *à* Laibach. *ZML*. Akc. fond 1, archive unit 53.

Kersnik, Janez Krstnik.. 1847（克尔斯尼科，1847 年）. Inventarium. *ZML*. akc. fond 1, archive unit 76.

Mayr, Janez Krstnik. 1722a（迈尔，1722a）. Tractatus Physicae Particularis & Metaphysicae ad mentem Aristotelis. Explicatus ab Adm. Rvdo. Patre Joanne Babtista Mayr Soc. Jesu Philia Professore emerito. Conscripta Rvdo. & Religioso Fratre Alexandro Tauffer Ord. Cist. Philosophiae auditor in ultimum annum. Anno Partus Virginis 1722 ... in Gymnasio Labacensi. 165 leaves, 200×140 mm. *NUK*, *Ms* 243. ③

Mayr, Janez Krstnik. 1722b（迈尔，1722b）. Tractatus Physicae Universalis ad mentem Aristotelis explicata ... Finita 18 Julius 1722. 236 leaves, 195×145 mm. *NUK*, *Ms* 258. ④

Tirnberger, Karl, Boda (Poda), Nikolaus. 1766（特恩伯格、波达，1766 年）. Fossilia Musaei Graecensis S. J. anno 1766 Mense Augusto descripta. Folio. manuscript on 39 pages with 7 pages of the appendix. *The University Library*

① 罗德里斯格，1990 年，第 53 页。

② 手稿目录，1980 年，第 46 页。

③ 格尔梅克，1963 年，第 292 页。

④ 在最后第 236 页注明了时间（格尔梅克，1963 年，第 292 页）。

of Graz.

出版的资料

Aepinus, Franz Maria Ulrich Theodosius. 1758(埃皮努斯,1758 年). *Sermo academicus de similitudine vis electricae atque magneticae*. Petersburg: Typis Academiae.

Aepinus, Franz Maria Ulrich Theodosius. 1761(埃皮努斯,1761 年). Descriptio ac explicatio novorum quorundam experimentorum electricorum. *Novi Commentarii Academiae Scientiarum Imperialis Petropolitanae. 1758 -1759*. 7:277 - 302. Summary 22 - 24.

Aepinus, Franz Maria Ulrich Theodosius. 1979(埃皮努斯,1979 年). *Aepinus's Essay on the Theory of Electricity and Magnetism*. Princeton: University Press.

Aimé-Martin, M. L. 1838,1843(埃梅·马丁,1838 年、1843 年). *Lettres édifiantes et curieuses concernant l'Asie, l'Afrique et l'Amérique. I*. Paris: Auguste Desrez.

Aimé-Martin, M. L. 1838,1843(埃梅·马丁,1838 年、1843 年). *Lettres édifiantes et curieuses concernant l'Asie, l'Afrique et l'Amérique. II - IV*. Paris: Société du Panthéon Littéraire.

Akasofu, Syun-Ichi. 2002(赤祖父俊一,2002 年). Secrets of the Aurora Borealis. *Alaska Geographic*. 29/1:1 - 111.

Ambschell, Anton. 1807(安布舍尔,1807 年). *A. A. Ambschell in Universitate Vindobonensi AA. LL. ac Philosophiae Doctoris, Facultatis ejusdem Senioris, Physicae et Mechanicae Professoris Caes. Regii Publici et Ordinarii Elementa Physicae e Phaenomenis et Experimentis Deducta, aut Auditorum Conscripta, ac in Dissertationes Sex Divisa*. Vienna: Sumptibus Aloysii Doll Bibliopolae.

Amiot, Jean-Joseph Maria. 1773(钱德明,1773 年). Extrait d'une Lettre du P. Amiot dans laquelle il trace le plan que les Chinois suivent dans leurs études, & de quelques autres Ecrits du même Missionaire, du 6 Octobre 1770. *Journal des Savants*. Februar. 2:97 - 130. (Also contains discussion: Aurore Boréale. 2:111 - 112, Cotte (1788, 344) wrongly cited as: *Journal des Savants*, January 1773, pp. 41).

Amiot, Jean-Joseph Maria. 1774(钱德明, 1774 年). Observations météorologiques faites à Pékin, par le P. Amiot, Décembre 1762. Mis en ordre par M. (Charles) Messier. *Mémoires de mathématiques et de physique*, *présentés à l'Académie Royale des Sciences*. 6:519 - 601.

Amiot, Jean-Joseph Maria. 1943(钱德明,1943 年). Le frere Attiret au service de K'ien-Long (1739 - 1768). Sa premiere Biographie écrite par le P. Amiot, rééditée avec notices explicatives et commentaires historiques par Henri Bernard. S. J. *Bulletin de l'Université l'Aurore*. série. III, tome 4, n°1; n°2: 435 - 474.

Amiot, Jean-Joseph-Maria and others. 1776 - 1791(钱德明等,1776—1791 年). *Mémoires, concernant l'histoire, les sciences, les arts, les moeurs, les usages etc. des Chinois, par les missionnaires de Pe-kin*. Paris: Nyon.

Angot, Alfred. 1896(安戈,1896 年). *The Aurora Borealis*. London: Kegan Paul, Trench, Trübner & Co. Ltd.

Asclepi, Giuseppe Maria. 1765(阿斯科勒皮,1765 年). *Vsv in planetarium diametris metendis: Exercitatio Optico-astronomica habita in Coll. P. Patrum Societatis. Jesu*. Romae. Reprints. 1768 Graecii in 1768. *De Obiectivi Micrometri vsv in Planetarvm Diametris Metiendis. Exercitatio Optico-Astronomica habita in Collegio Romano a Patribvs Societatis Iesv Anno MDCCLXV. III. Non. Sept. Graecii, Typis Haeredvm Widmanstadii. Assertationes ex Vniversa Philosophia, quas in Archi-Ducali, et Academico Societatis Iesu Gymnasio Labaci Anno M. DCC. LXVIII. Mense Augusto, die Publice Propugnandas Susceperunt Eruditus, ac Perdoctus Dominus Franciscus Karpe, Carniolius Labacensis, Eruditus, ac Perdoctus Dominus Franciscus Suetiz, Carniolus Lythopolitanus e Sem. S. J. Ex Praelectionibus R. P. Ioannis Baptistae Pogrietsnig e Societate Iesu, Philosophiae Professoris Publici, et Ordinarii*. Ljubljana.

Asimov, Isaac. 1985(阿西莫夫,1985 年). *Jazik nauki*. Moskva: Mir.

Baldwin, Martha. 2003(鲍德温,2003 年). Pious Ambition: Natural Philosophy and the Jesuit Quest for the Patronage of Printed Books in the Seventeenth Century. *Jesuit Science*. 285 - 329.

Battaglini, Marina. 1996(巴塔利尼,1996 年). The Jesuit Manuscripts on China Preserved in the Biblioteca Nazionale in Rome. In: Masini, *Western Humanistic Culture*.

Beccaria, Giacomo Battista. 1767(贝卡利亚,1767 年). Novorum quorundam in re electrica experimentorum Specimen, quod Regiae Londinensi Societati mittebat die 26 Aprilis 1766 Joannes Baptista Beccaria, ex Scholis Piis, R. S. Soc. Communicated by M. Maty, Sec. R. S. *Phil. Trans*. 1768. 57/1:297 -

311.

Beccaria, Giacomo Battista. 1769(贝卡利亚,1769 年). *Exprimenta, atque observationes, quibus electricitas vindex late constituitur, atque explicatur.* Torino: Ex Typographia Regia.

Beekman, G. W. E. 1984(比克曼,1984 年). In den Fussstapfen Ole Rømer. *Sterne und Weltraum.* 2:68 - 72.

Beljaev, N. A., Čurjumov, K. I. 1985(别利亚耶夫、科日莫夫,1985 年). *Comet Galleja.* Moskva: Nauka.

Benjamin A. Elman, Alexander Woodside CEd.), 1994(艾尔曼、伍德赛编, 1994 年). *Education and Society in Late Imperial China, 1600 - 1900.* Berkeley: University of California Press.

Ben-Zaken, Auner. 2004(本·扎肯,2004 年). The Heavens of the Sky and the Heavens of the Heart: the Ottoman Cultural Context for the Introduction of Post-Copernican Astronomy. *British Journal for the History of Science.* 37/1:1 - 28.

Bernard, Henri. 1960(裴化行,1960 年). Les Adaptations chinoises d'ouvrages européens: Deuxieme Partie (1689 - 1799). *Monumenta Serica.* 19:349 - 383.

Bernoulli, Joannes (Jean, Johann). 1771(伯努利, 1771 年). *Lettres astronomiques, ou l'on donne une idée de l'état actuel de l'astronomie practique dans plusieurs villes de l'Europe. Tome I: Recueil pour les Astronomes.* Berlin.

Berry, Arthur. 1946(贝里,1946 年). *Kratkaja istorija Astronomii.* Moskva-Leningrad: OGIZ. Ruski translation from *A Short History of Astronomy*, 1898.

Bianchini, Giovanni Fortunato. 1754(比安契尼,1754 年). *Gio. Fortunato Bianchini, medico, Osservazioni intorno all'uso dell'electricità celeste e sopra l'origine del fiume Timavo, riportate in due lettere.* Venezia: G. B. Pasquali.

Bion, Nicolas. 1699(比昂,1699 年). *L'Usage des Globes Celestes et Terrestres et des Sphères, suivant les différentes Systèmes du Monde. Précéde d'un Traité de Cosmographie.* Reprints: Paris: Boudot 1717; Paris: Brunet 1728; Paris: Guerin and Nyon 1751. English translation: 1723, 1758. Doppelmayer's German translation.

Bion, Nicolas. 1709(比昂,1709 年). Traité de la construction et des principaux usages des instruments de mathématiques. Doppelmayer's translation: *Nicolai Bion, berühmtet königl. Französis. Ingineurs & c. Neueröfnet mathematische*

Werckschule oder gründliche Anweisung, wie die mathematische Instrumenten nicht allein schiklich und recht zu gebrauchen, sondern auch auf die beste und accurateste Art zu ververtigen, zu probiren, und allezeit im guten Stand zu erhalten sind. Leipzig: Bei Peter C. Monath, 1713. Privezano: Der neuen Mathematischen *Werkschule* ..., Nürnberg: Monath 1717. German reprints: 1721,1741,1765.

Blake, John. 1774(布雷克,1774年). The Lunar Eclipse. Oct. 11. 1772, observed at Canton. Communicated by John Blake, Esq. Of Parliament Street. *Phil. Trans.* 64:46-47.

Bolomovskij, B. M. 1985(博洛莫夫斯基,1985年). *Oliver Heavyside*. Moskva: Nauka.

Bošković, Rudjer Josip, 1747(博斯科维奇,1747年). *Caroli Noceti e Societate Jesu. De Iride et Aurora boreali Carmina* ... Cum Notis Josephi Rogerii Boscovich ex eodem Societate. Romae: Ex typographiy Palladis, excudebant Nicolaus et Marcus Palearini. 30 (picture 16), 39 (picture 7).

Bošković, Rudjer Josip. 1738(博斯科维奇,1738年). *De aurora boreali dissertatio habita in Collegio Romano PP. Societatis Jesu*. Romae: Anton de Rubeis.

Bošković, Rudjer Josip. 1760(博斯科维奇,1760年). De proximo Veneris sub Sole transitu. *Phil. Trans.* 60:77. Discussion. Bevis' English translation.

Bošković, Rudjer Josip. 1760(博斯科维奇,1760年). *De Solis ac Lunae Defectibus Libri V. P. Rogerii Josephi Boscovich, Societatis Jesu, ad Regiam Societatem Londinensem. Ibidem autem, et Astromoniae Synopsis, et Theoria Luminis Newtoniana, et alia multa ad Physicam pertinentia, versibus pertractantur, cum ejusdem Auctoris Adnotationibus*. Londini: Apud Andream Millar, in the Strand, et R. et J. Dodsleios in Pallmall.

Bošković, Rudjer Josip. 1765(博斯科维奇,1765年). *Assertiones ex universa philosophia ... Universitate Graecensi, Anno Salutis M. DCC. LXXV. Mense Augusto die publice propugnandas susceperunt Perillustris Rever. ac Perdoctus Dominus Maximilianus Chiolich de Levensperg, S. R. I. E. Dalmata, Patricius Segniensis. Sub praesidio Admodum Rev. et Clariss. Domini Leopoldi Biwald, AA. LL. & Philosophiae Doctoris, Physic. Profes. publici & ordinarii. Gaecii*. Reprint. 1768. *Theoria Philosophiae Naturalis, redacta ad unicam legem virium in natura existentium auctore P. Rogerio Josepho Boscovich Societatis Jesu, nunc an ipso Perpolita, et austa, As a plurimis paecedentium editionum mendis expurgata. Editio Veneta prima ipso Auctore Praesente, et Corrigente. Venetiis MDCCLXIII. Ex Typographia Remondiniana. Superiorum Permissu, ac Privilegio. Assertiones ex Vniversa Philosophia, quas in Archi-ducali, et Academico Societatis Iesu Gymnasio Labaci. Anno M. DCC. LXVIII. Mense Augusto, die_ Publice Propugnandas Praenobilis, ac Perdoctus Dominus Petrus Antonius Modesti, Carnilous Labacensis. Ex praelectionibus R. P. Ioannis Baptistae Pogrietschnig e Societate Iesu, Philosophiae Professoris Publici, et Ordinarii.* Ljubljana.

Bošković, Rudjer Josip. 1930.(博斯科维奇,1930 年) *Putovanje R. Boškovića from Londona za Mletke od Branimira Truhelke.* Beograd: Državna štamparija kraljevine Jugoslavije.

Bošković, Rudjer Josip. 1980(博斯科维奇,1980 年). *Ruggerio Giuseppe Boscovich, Lettere a Giovan Stefano Conti (1720 - 1781).* Firenze: Leo S. Olschki.

Brus, Robert, Dakskobler, Igor. Januar 2001(布鲁斯、达克斯科布勒,2001 年 1 月). Visoki pajesen (*Ailanthus altissima*). *Proteus.* 63/5:224 - 228.

Bud, Robert, Deborah Jean Warner. 1998(布德、华纳,1998 年). *Instruments of Science. An Historical Encyclopedia.* New York & London: Garland.

Buffon, Count Georges Louis Leclerc. 1740(布冯, 1740 年). *Oeuvres philosophiques.* Paris.

Casanovac, Juan. 1991(卡萨诺维,1991 年). Boscovich's proposed voyage to California. *Zbornik radova međunarodnog znanstvenog skupa o Ruđeru Boškovi ću.*

Casati, Paolo. 1747(卡莎蒂,1747 年). *Pauli Casati e Soc. Jesu Dissertatio Physica de Ignibus Aeris. Honoribus Perillustrisimus, Reverendorum, Religiosum, Praenobilum, Nobilum DD in Alma, ac Celeberrima Universitate Graecensi, primi AA. LL. et Philosophiae Laurea Insignirentur. Promotores R. P. Ignation Jagerhueber e Societate Jesu AA. LL. & Philosophiae Doctore, ejusdémque in Physicis Professore Ordinario. A Condiscipulis Physicis Inscriptus Anno M. DCC. XLVII.* Graecii Typis Haeredum Widmanstadii. *Katalog rokopisov.* 1980 Ljubljana: NUK.

Chalmers, Alexander (ed.). 1816.(查尔莫斯编,1816 年) *The General Biographical Dictionary.* London: Nichols and Son.

Chapman, Allan. 1990(艾伦·查普曼,1990 年). *Dividing the Circle: the Development of Critical Angular Measurement in Astronomy 1500 - 1850.*

New York: Ellis Horwood.

Chapman-Rietschi, P. A. L. 1994(查普曼·瑞茨奇,1994 年). The Beijing Ancient Observatory and Intercultural Contacts. *The Journal of the Royal Astronomical Society of Canada*. 88/1:24-38.

Charme, Alexandre de la. 1750(孙璋,1750 年). *Sing li Tchen ts'iuen* (The Real Explanation of the Natural Philosophy). Beijing. Abridged and complete reprint in 1752, Manchu translation of the abridged reprint in 1757 (Bernard, 1960, 379).

Ching, J. 1989(秦家懿,1989 年). Christian Wolff and China: The Autonomy of Morality. *Synthesis Philosophia*. Zagreb. 4/1:251-267.

Chu, Pingyi. 2003(祝平一,2003 年). Remembering Our Grand Tradition: The Historical Memory of the Scientific Exchange Between China and Europe 1600-1800. *Hist. Sci.* 61:193-215.

Chu, Ping-Yi. 1994(祝平一,1994 年). *Technical Knowledge, Cultural Practice, and Social Boundaries: Wan-nan Scholars and the Recasting of Jesuit Astronomy, 1600-1800*. Dissertation. University of California Los Angeles.

Cipolla, Luigi. 1774(齐类思,1774 年). Astronomical Observations by the Missionaries at Pekin. Transmitted to the Supra-cargoes at Canton, by the Rev. Father Louis Cipolla, of the Tribunal of Mathematics, and communicated to the Royal Society by the Court of Directors of the East-India Company. *Phil. Trans.* 64:31-45.

Corradini, Pietro. 1990(科拉迪尼,1990 年). La fine delle prime missioni cattoliche a Pecchino. *Rivista degli Studi Orientali*. 64/34:301-320.

Corradini, Pietro. 1994(科拉迪尼,1994 年). The Chinese Imperial Astronomical Office and the Jesuit Missionaries. *Rivista degli Studi Orientali*. 68:339-350.

Cotte, Louis. 1788(柯特,1788 年). *Mémoires sur la météorologie*. Paris: Imprimerie royale. I-II.

Crossley, Pamela Kyle. 1994(柯娇燕,1994 年). Manchu Education. *Education and Society*. 340-378.

Cunha, Leão, Francisco G. 1998(库尼亚,1998 年). *Jesuítas na Ásia. Catálogo e guia*. I-II. Macau: Instituto cultural de Macau.

Cverava, G. K. 1986(茨维拉瓦,1986 年). Dopolnitelni stranici k biografii G. V. Rihmana. *Priroda*. No. 7:58.

Čermelj, Lavo. 1964(切尔梅利,1964 年). Fizika, astronomija, meteorologija, matematika. France Bernik (ed.). *Slovenska matica 1864 - 1964*. Ljubljana: Slovenska matica. 283 - 306.

Črnivec, Živka & all (ed.). 1999(切尔尼维策等编,1999 年). *Ljubljanski klasiki 1563 - 1965*. Ljubljana: Maturanti klasične gimnazije.

Dadić, Źarko. 1982(达迪奇,1982 年). *Povijest egzaktnih znanosti u Hrvata*. Zagreb: SNL.

Dadić, Žarko (ed.). (达迪奇编) *Zbornik radova međunarodnog znanstvenog skupa o Ruđeru Boškoviću*. Zagreb: JAZU.

Dadić, Žarko. 1994(达迪奇,1994 年). *Hrvati i egzaktne znanosti u osvitu novovekovlja*. Zagreb: SNL.

De Carvalho, Joaquim. 1955(若阿金・德・卡瓦略,1955 年). Duas cartas de d'Alembert e de Euler (pai) dirigidas a Ribeiro Sanchez. *Revista filosófica. Coimbra: Atlantida*. 14:197 - 201.

De Carvalho, Romulo. 1996(罗慕洛・德・卡瓦略,1996 年). *Actividades Científicas em Portugal no Século XVIII*. Lisboa: Universidad de Évora.

De Faria, Y Sousa, Manuel Pedro. 1703(索萨,1703 年). *Asia Portuguesa ... Dedicala su hijo el capitan Pedro de Faria y Sousa. Alrey N. S. Don Alfonso VI. De Portugal, &c.* Lisbon: H. Valente de Olíueira. I - III. the first izdaja: 1666, 1674 in 1675.

Dechales, Claude François Millet. 1674(德卡尔,1674 年). *R. P. Claudii Francisci Milliet Dechales Camberiensis e Societate Jesu cursus seu mundus mathematicus universam mathesin tribus tomis complectens Euclidis libros octo, aritmeticae, Theodosis spherae, trigonometriae. Geometriam practica, mechanica, statica, geographiam universalem, tractatum de magnete, architectura civile & artem tignariam*. I - III. Lyon: Anissoni.

Dehergne, Joseph. 1973(荣振华,1973 年). *Répertoire des Jésuites de Chine de 1552a 1800*. Rome: Institutum Historicum S. I.

Dimitz, August. November 1861(迪米茨,1861 年 11 月). Ein Beitrag zur Biographie der Hallersteine. *Mitteilungen des historischen Vereines für Krain*. 81 - 84.

Dinis, Alfredo. 2000(迪尼什,2000 年). Os Jesuitas e o Intercambio Cientifico Entre a Europaeo Oriente do Seculo XVI ao Seculo XVIII. *History of Mathematical Sciences*. 147 - 168.

Du Halde, Jean Baptiste. 1735(杜赫德, 1735 年). *Description*

géographique, *historique*, *chronologique*, *politique et physique de l'empire de la Chine et de la Tartarie chinoise*. 4 books. Paris: P. G. Lemercier. German translation 1748.

Dular, Anja. 2002(杜勒,2002年). *Živeti od knjig*. Ljubljana: Kronika.

Duteil, Jean-Peirre. 1994(迪代伊,1994年). *Le mandat du Ciel*. Paris: Argumenti.

D'Anville, Jean Baptiste Bourguignon. 1737(唐维尔,1737年). *Nouvel Atlas de la Chine*. Paris. (2:1785).

D'Incarville, Pierre Nicholas le Chéuron. 1754(汤执中,1754年). A letter from Father d'Incarville of the Society of Jesus, at Beijing in China, to the late Cromwell Mortimer, M. D. R. S. Secr. Beijing 15/11/1751. *Phil. Trans.* 1753. 48/1:253-260.

Eremeeva, A. I. 1966. (叶列米沃,1966年) *Vselennaja Heršelja, kosmologič eskije i kosmogoničeskije idei i odkrytija*. Moskva: Nauka.

Faraday, Michael. 1952(法拉第,1952年). *Experimental Researches in Electricity*. Chicago: Encyclopaedia Britanica.

Feingold, Mordechai (ed.). 2003(法因戈尔德编,2003年). *Jesuit Science and the Republic of Letters*. Cambridge: MIT.

Fournier, Georges. 1649(福涅尔,1649年). *Georgii Fournier geographica orbis notitia, per litora maris & ripas fluviorum*. Paris: Apud Joannem Menault.

Fritz, Hermann. 1873(弗里茨,1873年). *Verzeichniss Beobachter Polarlichter*. Wien: Gerold's Sohn.

Gallenfels, Karel. 1721(格林菲斯,1721年). Epistola, quae mortem P. Kiliani Stumpf S. J. Pekini 1720, et P. Provana in mari defuncti cum brevi elogio refert. German translation *Stöcklein* 8:193.

Gaubil, Antoine. 1729(宋君荣,1729年). Abrégé de l'histoire de l'astronomie chinoise depuis l'an de J. C. 1368 jusqu'a l'entrée des Jésuites au tribunal des Mathématiques. *Souciet*. II.

Gaubil, Antoine. 1729(宋君荣,1729年). Observations mathématiques, astronomiques, géographiques, chronologiques et physiques faites en Chine (measured so: Motel Jacques,① Kögler, Pereyra, Karol Slavicek (Slaviczeck), Régis, Jartoux). *Souciet*. I.

Gaubil, Antoine. 1732(宋君荣,1732年). Traité de l'astronomie chinoise.

① 王重民,1963年,第38页。

Souciet. III.

Gaubil, Antoine. 1748(宋君荣,1748 年). Observatio Cometae, Anno 1748. *Phil. Trans.* 1749–1750. 46:316–319.

Gaubil, Antoine. 1753(宋君荣,1753 年). Extract of Two Letters from Father Gaubil, of the Society of Jesuits at Beijing in China, translated from the French (to C. Mortimer) Beijing November 2,1752, read for RS on November 15, 1753. Printed in 1754. *Phil. Trans.* 48/1:309–317.

Gaubil, Antoine. 1759(宋君荣,1759 年). A Description of the Plane of Beijing, the Capital of China; sent to the Royal Society by Father Gaubil, e Societate Jesu. Translated from French. *Phil. Trans.* 1758. 50/2:704–726.《北京志》

Gaubil, Antoine. 1760(宋君荣,1760 年). Observationes Astronomicae Pekini habitae a RR. PP. Gallis (sic!) S. I. *Novi Commentarii Academiae Scientiarum Imperialis Petropolitanae 1754 et 1755*. 5:473–480.

Gaubil, Antoine. 1970(宋君荣,1970 年). *Correspondance de Pékin 1722–1759, publiée par Renée Simon*. Études de Philologie et histoire. Geneve: Librarie Droz.

Gough, J. B. 1981(高夫,1981 年). The Origins of Lavoisier's Theory of the Gaseous State. *The Analytic Spirit* (ed. Harry Woolf). Cornell: University Press.

Grammatici, Nicholas. 1720(格拉马蒂西,1720 年). *Solis et lunae eclipsium in plano organicae delineandarum methodus nova*. Freiburg im Breisgau. Kögler's translation in Beijing.

Grasselli, Jože. 1998(格拉希利,1998 年). O jezuitskih matematikih. *Jezuitski kolegij v Ljubljani*. 105–110.

Gren, Friedrich Albrecht Carl. 1791(格伦,1791 年). Swedenborgs Vorschlag zu einer hydraulischen Luftpumpe. *Journal der Physik*. 4:407–410.

Grmek, Mirko Dražen. 1963(格尔梅克,1963 年). Rukovet starih medicinskih, matematičko-fizičkih, astronomical, kemijskih i prirodoslovnih rukopisa sačuvanih u Hrvatskoj i Sloveniji. *Rasprave i građa za povijest nauka. JAZU, Zagreb.* 1:259–342.

Guillermier, Pierre, Koutchmy, Serge. 1999(吉尔勒明、考奇米,1999 年). *Total Eclipses: Science, Observations, Myths and Legends*. Berlin: Springer.

Gurikov, V. A. 1983(古里科夫,1983 年). *Stanovlenie prikladnoi optics XV–XIX vv.* Moskva: Nauka.

Guy, R. Kent. 1987(盖博坚,1987 年). *The Emperor's Four Treasures. Scholars and the State in the Late Ch'ien-lung Era*. New York: Harvard

University Press.

Hallerstein, Auguštin (Anonymous). 1746(刘松龄,1746 年). Via cometae, qui ab Initio Martii 1742 usque ad initium Aprilis apparuit, ex Observationibus in Observatorio et Collegio Patrum Societatis Jesu Pekini Sinarum habitis deducta, et secundum Aequatorem ac Eclipticam, uti et ad propriam ejus Orbitam supputata. *Phil. Trans.* 1745 - 1746. 44:264 - 266.

Hallerstein, Auguštin, José d'Espinha. After 1749(刘松龄、高慎思,1749 年之后). *Horographic map of Tartar* (*Chinese language*). 120 leaves with maps of China's west-Tartar region in the area of Manchu and Mongolia all along the Russian border, the continuation of the mapping of the land near Korean borer of Jartoux, Fridelli, Cardoso, Augustinian Bonjour, de Tartre, de Maille, Hinderer, and Régis in 1708 - 1709. Beijing. (Šmitek, 1995, 114; Bernard, 1960, 379 (No. 640)).

Hallerstein, Auguštin, Kögler, Gogeisl, Rocha in Chinese collaborators. 1757 (刘松龄、戴进贤、高慎思、傅作霖和中国共事者,1757 年). *Qinding yixiang kaocheng*. Catalogue of 3083 stars, 35 volumes with the Emperor's introduction dated in January 1757. The first Book (Tseou-i). Beijing: Gangzhu. Translated redaction with the modern signs: Tsuchihashi. P. , Chevalier, Stanislas, S. J. 1914. Catalogue d'étoiles fixes, observés a Pékin sous l'Empereur Kien Long (Chhien-Lung), XVIIIe siècle. *Observatoire de Zi-ka-wei. Annales de l'Observatoire Astronomique de Zo-Se* (*Chine*). Chang-Hai: Mission Catholique. Vol. 7 (1911) No. 4: I—XVIII, D1 - D105①.

Hallerstein, Auguštin, Kögler, Ignaz, Pereyra, Andrés, He Guozong, Ming' antu. 1738②. *Lixiang kaocheng houbian*. Beijing. Probable second edition 1742 (1744). *Yuding lixiang kaocheng*. (刘松龄、戴进贤、徐懋德、何国宗、明安图,1738 年)

Hallerstein, Auguštin. 1735 - 1740(刘松龄,1735—1740 年). Five letters from Lisbon (December 7, 1735 to provincial Francisco Molindes, April 24, 1736 to his brother Vajkard), Goa (January 13, 1738) and Beijing (November 4, 1739, November 6, 1740). *Der Neue Welt-Bott* (ed. Franz Keller) Wien 1755. Volume 4, part 30, pp. 71 - 97 (numbers 584 - 588), part 34 (No. 675, pp. 39 - 42; No. 681, pp. 74 - 78; No. 696, pp. 125 - 128; No. 294,

---

① 什米特克,1995 年,第 91、132 页;李约瑟、王铃,1959 年,第 3 卷第 454 页。

② 李约瑟、王铃,1959 年,第 3 卷第 452 页。

pp. 642. Dežman's transcription of the letters with the notes about the pages of Welt-Bott: *AS* 730, Manor Dol, fasc. 194:810-850.

Hallerstein, Auguštin. 1739(刘松龄,1739 年). *Mappa geographica urbis Macao et circumregionis* (*Carte de Macao et ses environs*). Macao.

Hallerstein, Auguštin. 1741-1749(刘松龄,1741—1749 年). Three letters from Beijing October 10,1741 or November 10,1741 (to his brother Vajkard about the mission and the Emperor's picture of Pater Castiglione), November 1, 1743 (from Beijing to Pater Ritter①, the confessor of the Portuguese Queen until 1754 about the Chinese mission), November 28, 1749 (from Beijing to Father Nicolas Giampriamo, the former Chinese missionary from the Naples province about the persecutions of Christians, the rebellion in Sechuan, and astronomic work in Beijing). ② *Der Neue Welt-Bott* (ed. Franz Keller) Wien 1758. 4/34:39-42,74-78,125-128.

Hallerstein, Auguštin. 1742-1743(刘松龄,1742—1743 年). Observationes Astronomicae habitae in Collegio Pekinensi a Patribus Societatis JESU a Mense Novembri 1740. *Phil. Trans.* 42:306-314. Anonymous, read by a member of the Royal Society, Dr. Jakob Hodgson.

Hallerstein, Auguštin. 1748(刘松龄,1748 年). Epistola a Rev. Patre P. Augustino Hallerstein, S. J. M. Collegii Astronomici Pekinensis Praeside, ad Cromwell Mortimer, M. D. Secret. R. S. missa, una cum Observationibus Cometae visi Pekini 1748. Novae Constellationis; Occultationis Martis et Lunae Dec. 6. 1747. Conjuctionis Martis et Veneris mense Martio 1748 & Congressus Jovis & Veneris Jan. 1. 1748 ibidem quoque factis. *Phil. Trans.* 1749-1750. (1752)46:305-315.

Hallerstein, Auguštin. 1753(刘松龄,1753 年). A Letter from Dr. Bevis to Dr. De Castro, F. R. S. containing Extracts of Father Augustin Hallerstein's Astronomical Observations made at Pekin in 1744 (sic!) and 1747. *Phil. Trans.* 1751-1752. 47:376-384.

Hallerstein, Auguštin. 1753(刘松龄,1753 年). A Letter from Reverend Father Augustin Hallerstein, of the Society of Jesus, President of the Astronomical College at Pekin in China, to Dr. Mortimer, Sec. R. S. Dated Pekin, Sept.

① 约瑟夫·里特尔(Joseph Ritter),1698 年出生于巴伐利亚;在帕绍入耶稣会;1761 年在帕绍去世。

② 斯多尔,1955 年,第 120 页;费赖之,1934 年,第 2 册第 759 页。

18, N. S. 1750, Translated from the Latin by Tho. Stack, M. D. and F. R. S. *Phil. Trans.* 1751－1752. 47:319－323.

Hallerstein, Auguštin. 1764（刘松龄，1764年）. Mercurius in sole observatus Pekini Sinarum Anno 1756. Die 7. Novembris Mane. *Novi Commentarii Academiae Scientiarum Imperialis Petropolitanae*. 1762－1763. 9:503－512. Extract 53－54.

Hallerstein, Augustin. 1772（刘松龄，1772年）. Eclipsis solis die 25 Maji 1770 observata Pekini Sinarum in Collegio S. J. a R. P. Hallerstein, tubo dioptrico 8 pedum cum micrometro Anglico. *Hell, Ephemerides astronomicae*. 1772, Viennae 1771. 16:248－249.

Hallerstein, Augustin. 1772（刘松龄，1772年）. Lucis borealis Pekini sub Elevatione Poli 39. 54 a R. P Hallerstein observatam. *Hell, Ephemerides astronomicae* 1772, Viennae 1771. 16:250－251.

Hallerstein, Augustin. 1774（刘松龄，1774年）. Eclipsis solis 1770 Mai 25 mane observata Pekini Sinarum in Collegio S. J. a R. P. Hallerstein. De supputanda distantia minima centorum solis et lunae geometrica in eclipsibus solaribus ex harum initio et fine phasipusque ante et post medium illarum ope micrometri dimensis. *Hell, Ephemerides astronomicae*. Anni 1774, Viennae 1773, Appendix. 18:155－162. S picturemi: II Figurae ad Problema R. P. Hallerstein Pekini Sinarum. Translation of Daniel Bernoulli: Des Herrn Pater Hallerstein's d. G. P. Mandarinen und Presidenten des Collegii Matematici in China, Beobachtung der Sonnenfinsterniss den 25sten May 1770 früh, zu Pekin in dem Jesuiter Collegio, durch ein achtfüssiges mit einem Englischen Micrometer versehens Fernrohr; nachdem um 7 Uhr mit diesem Micrometer der Durchmesser der Sonne von 31′ 40″ befunden worden. *J. E. Bode's Astronomisches Jahrbuch oder Ephemeriden* für das Jahr 1776. Berlin 1774. 1/2:169－173 (with Hell's remarks on next page 174).

Hallerstein, Augustin. 1775（刘松龄，1775年）. De Differentia Meridianorum Petropolitani et Pekinensis. *Novi Commentarii Academiae Scientiarum Imperialis Petropolitanae*. 1774. 19:630－635. Summary 70－71.

Hallerstein, Augustin. 1776（刘松龄，1776年）. Ecl (ipsis) Lunae tot. 1772 Oct. 11 sub med. noctem obs. Pekini in Coll. S. J. tubo 6 pedum cum micrometro anglico a R. P. Augustino Hallerstein. *Hell, Ephemerides astronomicae* 1776, Viennae 1775. Appendix. 20:17.

Hallerstein, Augustin. 1776（刘松龄，1776年）. Eclipsis solis 1773 Mart. 23 p. m.

observata Pekini Sinarum in Collegio S. J. tubo 8 ped. Cum micrometro anglico. *Hell*, *Ephemerides astronomicae* 1776. Vienna 1775, Appendix. 20:18-24.

Hallerstein, Auguštin. 1780(刘松龄,1780 年). Dénombrement Des Habitants de la Chine, traduit du chinois, par le feu. P. Allerstain, Président du Tribunal des Mathématiques. *Mémoires, concernant l'histoire, les sciences, les arts, les moeurs, les usages etc. des Chinois, par les missionnaires de Pe-kin*. Paris: Nyon. Tome 6:292,374-380 (the list of inhabitants). Tome 9:440 (errors).

Hallerstein, Auguštin. 1781(刘松龄,1781 年). Eight letters from Beijing to his brother Vajkard, sent between October 6, 1743 and September 24, 1766. *Pray*, I-LV.

Hallerstein, Auguštin. 1784(刘松龄,1784 年). About the declination of the magnetic needle, mentioned in a letter of Amiot on October 2,1784.

Hallerstein, Auguštin. 18. 9. 1750(刘松龄,1750 年 9 月 18 日). To Letter Dr. Mortimer. 1-4. *Archive of the Royal Society*. Partly published in *Phil. Trans.* 1753,1751-1752. 47:319-323.

Heilbron, John L. 1979(海尔布伦,1979 年). *Electricity in the 17th and 18th Centuries*. Berkeley: University of California Press.

Heilbron, John L. 1993(海尔布伦,1993 年). Weighting imponderables and other quantitative science around 1800. *HSPS*. Supplement. 24/1.

Hell, Maximilian. 1761(赫尔,1761 年). *Ephemeridae Astronomicae Ann. 1761 ad Meridianum Vindobonnensem jvssv Avgvstorvm calculis definitae a P. Maximiliani Hell e S. J. Astronomo caesareo-regio Universitatis Vindobonensi adjectis Observationibus Astronomicus Anni 1760. Habitis in Observatorio caes. Regio publico Universitatis Vindobonensis. Fortgesetz von Franz de Paula Triersner*. Vindobonae. Typis et sumptibus Joannis Thomae Trattner, caes. Reg. Typographi et Bibliop. pp. 83-84 and 120-121.

Hell, Maximilian. 1761(赫尔,1761 年). *Maximiliani Hell e Soc. Jes. Astronomo Caes. Regii in Universitatis. Veneras ante Discum Solis die 5[ta] Junii 1761 na cum observationibus Satelitum Jovis, in observatorio caes. Reg. Publ. Universitati habit. Observationibus ejusdem transitum Venus factis a variis per Europa viris in observando exercitatis, cum Appendix aliarum nonnuclarum observanono*. Vindobonae. Typis Joannis Thomae Trattner, caes. Reg. Typographi et Bibliop.

Hell, Maximilian. 1761-1777(赫尔,1761—1777 年). *Ephemeridae Astronomicae Ann. ad Meridianum Vindobonnensem jvssv Avgvstorvm calculis definitae a P. Maximiliani Hell e S. J. Astronomo caesareo-regio*

Universitatis Vindobonensi. -Anni Bissexti _. Vienae. Typis et sumptibus Joannis Thomae de Trattner; caes. Reg. Maj. Av. Typographi et Bibliop.

Hell, Maximilian. 1768(赫尔,1768年). *Observationes Astronomicae ab Anno 1717 ad Annum 1752 a Patribus Societatis Jesu Pekini Sinarum Factae et a R. P. Augustino Hallerstein e S. J. Pekini Sinarum tribunali mathematici praeside et mandarino collectae atque operis editionem ad fidem autographi manuscripti curante R. P. Maximiliano Hell e S. J. astronomo caesareo-regio Universitatis Vindobonensis.* I-II. Vindobonae, Typis Joannis Thomae Nob. De Trattnern, Sac Caes. Reg. Aulae Typogr. et Bibliopol. Probable reprint after 1773 (Šmitek, 1995,91). The similar work was published in Beijing in 1756. Manuscript from 1744: Observationibus astronomicae quas Pekini in Sinesia instituit. (Umek, 1991,43; Dežman's inventory of the Dol manor archive on November 25,1878; Šmitek, 1992,227). Recenzije: 1774. Observationes Astronomicae ab Anno 1717 ad ann. 1752. a Patrib. S. I. Pekini Sinarum Factae cet curante R. P. Maxim. Hell e S. J. astron. Caes. Reg. Univ. Vindob. Vindobonae, apud Nob. De Trattnern, 1768,4. mai P I pag. 382. P. II pag. 448. *Nova acta eruditorum* anni 1772 publicata (June), No. 4. Lipsiae. 155 - 159; Observationes Astronomica (sic!)... *Journal encyclopédique*. Tomé I, Partie II (15/1/1770) A Bouillon. 180-188; Bernoulli, 1771.

Hell, Maximilian. 1770(赫尔,1770年). *Ephemeridae Astronomicae Ann. 1770 ad Meridianum Vindobonnensem jvssv Avgvstorvm calculis definitae a P. Maximiliani Hell e S. J. Astronomo caesareo-regio Universitatis Vindobonensi Calculus definitam a P. Antonio Pilgram ejusda Societatis adjectis tabulis pro observationibus culminatum planetm.* Vienae. Typis et sumptibus Joannis Thomae de Trattner; caes. Reg. Maj. Av. Typographi et Bibliop. MDCCLXIX. ①

---

① 卢布尔雅那的高等学校购买了1757年及后来出版的星历表,上面没有耶稣会的藏书印(卢布尔雅那国立大学图书馆,编号4121)。他们每年出版一册,并标上罗马数字。1769年的星历表(卢布尔雅那国立大学图书馆,编号4322)有未标明日期的藏书印"Bibl. Philos. Coll. Lab. S. J."。1778年,赫尔出版了1775—1777年的星历表(卢布尔雅那国立大学图书馆,编号4200)。1800年,他们出版了赫尔、利斯加尼希以及其他人关于匈牙利领土的测量结果(斯洛文尼亚共和国档案馆"手稿部分"[II/40r 1754年1月1日—1772年7月29日)1763L/12,1771L/16;卢卡奇,1988年,第3册第1499页;斯多尔,1855年,第320页;索默尔沃热尔,第7册第859页;什米特克,1995年,第131页]。

Hell，Maximilian. 1789（赫尔，1789 年）. *Monumenta，aere perenniora，inter astra ponenda*. Viennae：Typis et sumpt. Joan. Thom. Nob. de Trattnern，Caes. Reg. Maj. Aulae Typographi et Bibliopolae.

Hell，Maximilian. Marec 1770.（赫尔，1770 年）Appendix ad ephemerides Anni 1777. Aurorae borealis theoria nova. Pars I. *Ephemeridae Astronomicae Anni 1777 ad Meridianum Vindobonnensem jvssv Avgvstorvm calculis definitae a P. Maximiliani Hell e S. J. Astronomo caesareo-regio Universit. 1776*. Vienae. Typis et sumptibus Joannis Thomae de Trattner；caes. Reg. Maj. Av. Typographi et Bibliop. 1 – 118.

Ho Peng-Yoke. 1970（何丙郁，1970 年）. Ancient Chinese Astronomical Records and Their Modern Applications. *Phys. Bulletin*. 21：260 – 263.

Hockey，Thomas. 1999（霍基，1999 年）. *Galileo's Planet Observing Jupiter Before Photography*. Bristol，Philadelphia：Institute of Physics.

Hodgson，Brian Houghton. 1839（霍奇森，1839 年）. On Three New Species of Musk（Moschus）Inhabiting the Himalayan District（M. Chrysogaster，M. Leucogaster，M. Saturatus）. *Transactions of the Asiatic Society of Bengal*. 8：202.

Hodgson，Brian Houghton. 1841（霍奇森，1841 年）. On a New Organ in the Genus Moschus. *Transactions of the Asiatic Society of Bengal*. 10：795 – 796.

Hribar，Viljem Marjan.（赫里巴尔，2003 年）*Mandarin：Hallerstein，Kranjec na Kitajskem dvoru*. Radovljica：Didakta，2003.

Hsia，Florence C. June 1999（佛罗伦萨 C. 夏，1999 年 6 月）. French Jesuits and the Mission to China. Science，Religion，History. Disseration. University of Chicago.

Hsia，R. Po-chia. 2006（夏伯嘉，2006 年）. *Noble Patronage and Jesuit Missions：Maria Theresia von Fugger-Wellenburg（1690 – 1762）and Jesuit Missionaries in China and Vietnam*. Rome：Institutum Historicum Societatis Jesu.

Huang，Yilong. 1993（黄一农，1993 年）. L'attitude des missionaires Jésuites face à l'astrologie et la divination Chinoises. *L'Europe en Chine*. 87 – 108.

Huff，Toby E. 1995（哈夫，1995 年）. *The Rise of Early Modern Science：Islam，China，and the West*. Cambridge：University Press.

Hummel，Arthur W.（ed.）. 1943，1944（恒慕义编，1943 年、1944 年）. *Eminent Chinese of the Ch'ing Period（1644 – 1912）*. Washington：Government Printing Office（Reprint 1970）.

Iannaccone, Isaia. 2005（亚纳科内，2005 年）. Documents relatifs à l'histoire de l'astronomie Chinoise et aux raports scientifiques entre l'Europe et la Chine（XVIIe - XIXe siècles）conservés à la bibilothèque de l'observatoire de Paris. Second Part. *Nuncius*. 20/2:371 - 399.

Imeli so dve domovini. 1988《两个家乡》，1988 年. Ljubljana: Archive of Republic Slovenia.

Inglot, Marek. 1997（因格洛特，1997 年）. *La Compagnia di Ges(nell'impero Russo（1772 - 1820）e la sua parte nella restaurazione generale della Compagnia*. Roma: Editrice Pontificia Università Gregoriana.

Inglot, Marek. 2002（因格洛特，2002 年）. Gabriel Gruber, S. J.（1740 - 1805）: nel bicentenario della sua elezione a generale della compagnia di Gesù. *Archivum historicum Societatis Iesu*. 71/142:353 - 368.

Jami, Catherin, Hubert Delahayecur). 1993（詹嘉玲、德罗绘主编，1993 年）。*L'Europe en Chine. Interactions scientifiques, religieuses et culturelles aux XVIIe et XVIIIe siècles. Actes du colloque de la fondation Hugot（14 - 17 octobre 1991）*. Paris: College de France, Institut des hautes études Chinois.

Jami, Catherine, Qi, Han. 2003（詹嘉玲、韩琦，2003 年）. The Reconstruction of Imperial Mathematics in China During the Kangxi Reign（1662 - 1722）. *Early Science and Medicine*. 8/2:94 - 110.

Jami, Catherine. 1990（詹嘉玲，1990 年）. *Les méthodes rapides pour la trigonométrie et le rapport précis du cercle（1774）*. Paris: Collège de France, Institut des hautes études Chinoises.

Jami, Catherine. 1994（詹嘉玲，1994 年）. Learning Mathematical Sciences during the Early and Mid-Ch'ing. *Education and Society*. 223 - 256.

Jančar, Drago. 2000（扬查尔，2000 年）. *Katarina, pav in jezuit*. Ljubljana: Slovenska matica.

Kilburn, K. J., Pasachoff, J. M., Gingerlich, O. Maj 2003（基尔伯恩、帕萨乔夫、金格里奇，2003 年）. Bevis's Forgotten Star Atlas. *JHA*. 34/2:125 -144.

Kircher, Athanasius. 1667（基歇尔，1667 年）. *China monumentis, qua Sacris qua profanis, nec non（variis）naturae et artis spectaculis, aliarumque rerum memorabilium argumentis illustrata*. Rome: Varesi; Amsterdam: Jansson.

Klaproth, Hartmut Julius von. 1823（克拉普罗特，1823 年）. *Journal Asiatique*. 3:295.

Klaproth, Hartmut Julius von. 1836（克拉普罗特，1836 年）. *Mappa da Asia Central desenhado segundo os mappas levantados, par ordem do imperador*

Kien-Lum, de los Jesuitas de Pequin. Lisbon.

Kloss, Albert. 1987(克洛斯,1987 年). *Von der Electricitaet zur Elektrizität.* Basel-Boston: Birkhäuser.

Kobayashi, Tatsuhiko. 2002 (小林龙彦,2002 年). What Kind of Mathematics and Terminology Was Transmitted into 18th Century Japan from China. *Historia Scientiarum.* 12/1:1 - 17.

Koláček, Josef. 1999 (科拉切克, 1999 年). *Čínské epištoly.* Velehrad: Refugium Velehrad-Roma.

Koplevič, Judifa Haimovna, Cverava, G. K. 1989(科普莱维奇、茨维拉瓦, 1989 年). *Hristian Gotlib Kratzenstein 1723 - 1795.* Leningrad: Nauka.

Kovačič Lojze. 1994(科瓦契奇,1994 年). Avguštin Hallerstein. *Slovenski Jezuit.* 28/5:132 - 135.

Kovačič, Lojze. 1998(科瓦契奇,1998 年). Rektorji jezuitskega kolegija v Ljubljani (9. 8. 1597 - 29. 9. 1773). *Jezuitski kolegij v Ljubljani* (ed. Vincenc Rajšp). Ljubljana: Zgodovinski inštitut Milka Kosa ZRC SAZU, Inštitut za zgodovino Cerkve Teološke fakultete v Ljubljani, Provincialat slovenske province Družbe Jezusove. 49 - 76.

Kovačič. Lojze. Januar/februar 2002 (科瓦契奇, 2002 年 1/2 月). Povezave Ljubljaneseh Jesuits z Academy Operozov. *Tretji dan.* 31/1 - 2(282):104 - 117.

Košir, Matevž. 2002(科希尔,2002 年). Brat Vega, prostozidar. *Zbornik za zgodovino naravoslovja in tehnike.* 15 - 16:75 - 111.

Križan, Josip. 1870(克里赞因,1870 年). O najnovijih stečavinah u akustici i analogiji medju zvukom i svjetlom. *Izvestja Gimnazije Varaždin.*

Križan, Josip. 1874(克里赞因,1874 年). Aurora Borealis. *Letopis SM.* 1874. 360 - 370.

Križan, Josip. 1874(克里赞因,1874 年). Važnost in poraba spektralne analize. *Izvestje Gimnazije Varaždin.* 1874.

Kögler, Ignaz, Simonelli, Giacomo Filippo, della Briga, Melchior. 1744 - 1747 (戴进贤、徐茂盛、布利加,1744—1747 年). *Scientiae Elipsium ex Imperio et Commercio Sinarum Illustratae.* I: Simonelli. 1744. Romae: Rubeis; II: Kögler. 1745. Lucca: Marescandoli; III, IV: della Briga. 1747. Lucca: Marescandoli.

Laimbeckhoven, Godefridus. 1740. (南怀仁,1740 年) *Neue umstandliche Reiss-Beschreibung R. P. Godefridi Laimbeckhoven der Gesellschaft Jesu von Wienn nach China abgeschickten Missionarii, darinnen diesen ungemein beschwerlich u. gefährliche Schiffart von Genua bis Macao mit beigemengten vielen gar lehrreichen astronomisch und geographischen Anmerkungen beschrieben, und auf vier Weriangen ihrer Annehmelichkeit halber samt zwei von dem Authore selbst auf eigenen Augenschein fleissigst verfertigten Wasser und Landkarten zum Druck befördet worden*. Wien: Gedruckt Bei Gregor Kurtzböck. Reprint: Welt-Bott IV, part 28, No. 555 pp. 64 – 134; No. 689 pp. 26; No. 590 pp. 99 – 115.

Laimbeckhoven, Godefridus. 2000(南怀仁,2000 年). *Der Bishof von Nanking und saine Briefe aus China mit Faximile seinem Reisenbeschreibung*. Sankt Augustin: Institut Monumenta Serica.

Landry, Isabelle. 2001(蓝莉,2001 年). Les mathématiciens envoyés en Chine par Louis XIV en 1685. *AHES*. 55:423 – 463.

Laplace, Pierre-Simon. 1796 – 1824(拉普拉斯,1796—1824 年). *Exposition du systeme du Monde*. Paris. Translation. 1982. Izloženie sistemy mira. Leningrad: Nauka.

Laplace, Pierre-Simon. 1809(拉普拉斯,1809 年). Mémoire sur la Diminution de l'Obliquité de l'Ecliptique, qui résulte des Observations Anciennes. *La connoissance des temps ou calendrier et ephemerides du lever & coucher du soleil, de la lune, & des autres planetes. Paris*. 429. With a partly-translated manuscript from the Paris Observatory: Gaubil. 1734. Recherches Astronomiques sur les Constellations et les Ombres Méridiennes du Gnomon observés a la Chine.

Leibniz, Gottfried Wilhelm. 1697(莱布尼茨,1697 年). *Novissima Sinica*. (letter to Grimaldi in 1689).

Lemos, Professor Maximiano. 1913(莱莫斯,1913 年). *Noticia de alguns Mss. de R. Sanchez existentes na Bibl. Nac. de Madrid*. Porto.

Ljungstedt, Sir Andrew. 1836(龙思泰,1836 年). *An Historical Sketch of the Portuguese Settlement in China and of the Roman Catholic Church and Mission in China*. Boston: James Monros & co.

Lukács, Ladislaus. 1987 – 1988(卢卡奇,1987—1988 年). *Catalogus generalis seu Nomenclator biographicus personarum Provinciae Austriae Societatis Jesu (1555 – 1773)*. I – III. Romae: Institutum historicim S. J.

Mairan, Jean-Jacques Dortous de. 1731(梅朗,1731 年). *Traité physique et historique de l'Aurore Boréale*. Mémoires de l'academie. Reprints: Paris: Imprimerie royale, 1733/34;1754.

Mairan, Jean-Jacques Dortous de. 1759(梅朗,1759 年). *Lettres de M. De Mairan au R. P. Parrenin, Missionnaire de la Compagnie de Jésus à Pékin*. Paris. Druga izdaja: *Lettres Au R. P. Parrenin, Jésuite, Missionnaire a Pékin: contenant diverses questions sur la Chine*. Nouvelle édition, revue, corrigée & augmentée de divers Opuscules sur différentes matieres. A Paris: de l'Imprimerie Royale, 1770 (XI, 368 pp. Illustrated, 21 cm). Reprint: *Lettres d'un missionnaire a Pekin: contenant diverses questions sur la Chine, pour sevir de supplement aux Mémoires concernant l'histoire, les sciences, les arts, les moeurs, les usages des Chinois*. 2nd ed. Paris: Nyon l'aine, 1782.

Mako, Paul von Kerek-Gede. 1772(马考,1772 年). *Dissertatio physica de natura et radiis Fulguris; de proprietatis Tonitrui et mediis contra ictum fulminis*. Vienna: Job. Thomas Edlen von Trattnern. -Reprint. Goritiae: Valerii de Vakeriis, 1773. -Translation: *Hrn. Mako von Kerek-Gede Prof. apost. Und Lehrer der Mathematischen Wissenschaften in dem k. k. Theresianum und Joseph Edlen von Retler, seiner Zuhörer in das Deutsche übersetzt, Physikalische Abhandlung von den Eigenschaften des Donners und den Mitteln wider das Einschlagen*. Wien: Job. Thomas Edlen von Trattnern in Ljubljana: Typis Joannis Friderici Eger. 1775.

Mako, Paul von Kerek-Gede. 1778(马考,1778 年). *Leopoldi Schaffreth, clerici regularis e Scholis Piis ... De electricitate coelesti, atque ratione aedeficia ab actu fulminis praeservandi dissertatio: occasione fulminis quod secundum in ecclesiam, et coenobium religiosorum a Monte Carmelo noncupatorum, aedibus universitatis regiae Budensis contiguum 29. Julii ad 30am 1778. Decidens religiosum unum prostavit; succussit alterum; variaque exhibuit phoenomena*. Pestini: Litteris Royerianis.

Maor, Eli. 2000. June 8, 2004 (马奥尔,2000 年、2004 年 6 月 8 日). *Venus in Transit*. Princeton University Press.

Marat, Georges Joulié de. 1928(马拉,1928 年). *L'Épopée des Jésuites Françaises en Chine (1534 -1928)*. Paris: Bernard Grasses.

Marinoni, Johann Jakob. 1745(马里诺尼,1745 年). *De astronomica specula domestica et organica apparatu astronomico libri duo reginae dicati a Joanne Jacobo Marinonio Patricio Utinensi, Caesareo antehac, nunc regio mathematico & consiliario; inclutorum statuum Inferioris Austriae mathematico, scientiarum academiis Bononiensi & Neapolitana adscripto*. Viennae: Leopoldus Joannes Kaliwoda.

Marković, Željko. 1968 - 1969(马科维奇,1968—1969 年). *Ruđe Bošković*. Zagreb: JAZU.

Martin, Benjamin. 1759(马丁,1759 年). *New Elements of Optics or the Theory of the Aberrations, Dissipation and Colours of Light; of the General and Specific Refractive Powers and Densities of Mediums; the Properties of Single and Compound Lenses and the Nature, Construction and Use of Refracting and Reflecting Telescopes and Microscopes of Every Sort Hitherto Published*. London.

Martini, Martino. 1655 (卫匡国,1655 年). *Quangsi, Sinarum Imperii Provincia Decimatertia* (*Novus Atlas Sinensis*). Amsterdam: Joan Blau. (16 maps 16×19 cm published in 6th part of *Theatrum*. 2:1659;3:1663 Amsterdam).

Martins, Décio Ruivo, Carlos Fiolhais. 2003(马丁斯、菲奥海斯,2003 年). A Place of Pilgrimage — the Coimbra Museum. *Europhysics news*. 34/4: 154 - 156.

Martzloff, Jean-Claude. 1993(马若安,1993 年). Espace et temps dans les textes Chinois d'astronomie et de technique mathématique astronomique au XVIIe et XVIIIe siècles. *L'Europe en Chine*. 217 - 230.

Martzloff, Jean-Claude. 2000 (马若安, 2000 年). Les activités scientifiques (mathématiques, astronomie) des missions catholiques au Japon et en Chine du milieu du XVIe siècle au milieu du XIXe siècle. *História das Ciencias*. 305 - 329.

Masini, Federico (ed.). 1996 (马西尼编, 1996 年). *Western Humanistic Culture Presented to China by Jesuit Missionaries (XVII - XVIII Centuries). Proceedings of the Conference Held in Rome, October 25 - 27, 1993*. Rome: Institutum Historicum S. J.

Mayr, Janez Krstnik. 1678(迈尔,1678 年). *Catalogus Librorum qui Nundinis Labacensibus Autumnalibus in Officina Libraria Joannis Baptistae Mayr. Venales prostant*. Reprint: 1966. Ljubljana: Mladinska knjiga.

Mayr, Janez Krstnik. 1728(迈尔,1728 年). *Mensis chronologicus R. P. Franc. Wagner e Soc. Jesu AA. LL. & Philosophiae Doctoris, nec non in Antiquissima & Celeberrima Universitate Viennensi Publici Historiae Professoris, Vulgatus, & Distributus, dum in archi-ducali et academico Soc. Jesu gymnasio Labaci philosophicas assertiones publice propugnaret Eruditus, ac Perdoctus Dominus Primus Laurenziz, Carniolus Vippacensis praeside R. P. Joa. Bapt. Mayr e S. J. AA. LL. & Phil. Doctore ejusdémque Professore emerito a. MDCCXXVIII. Mense_ Die_*. Graecij: Typis haeredum

Widmanstadii. ①

Melik, Vasilij. 1981(梅利克,1981年). Ljubljanske cene kruha in mesa v predmarčni dobi. *Kronika*. 29:27-33.

Mladženović, Milorad. 1985(姆拉曾诺维奇,1985年). *Razvoj fizike. Optika*. Beograd: IRO Građevinska knjiga.

Montucla, Jean Ětienne. 1799(蒙蒂克拉,1799年). *Histoire des mathématiques*. I-IV. Paris: Henri Aloais.

Moore, Patrick. 2002(摩尔,2002年). *Venus*. London: Cassell Illustrated.

Muljević, Vladimir. 1991(穆尔耶维奇,1991年). Some of Bošković's Views on Aerostats and his Contacts with Benjamin Franklin. *Zbornik radova međunarodnog znanstvenog skupa o Ruđeru Boškoviću*. 145-158.

Murko, Vladimir. 1974(穆尔科,1974年). Starejši slovenski znanstveniki in njihova vloga v evropski zgodovini — Astronomi. *Zbornik za zgodovino naravoslovja in tehnike SM*. 2:11-41.

Needell, Allan A. 1987(内德尔,1987年). Preparing for the Space Age: University-based research, 1946-1957. *HSPS*. 18/1:89-109.

Needham, Joseph, Lu Gwei-Djen, John H. Combridge, John S. Mayor. 1998(李约瑟、鲁桂珍、康布里基、梅厄). *The Hall of Heavenly Records. Korean Astronomical Investigations and Clocks 1380-1780*. Cambridge: University Press.

Needham, Joseph, Wang Ling. 1959(李约瑟、王铃,1959年). *Science and Civilization in China*. Vol. 3. Mathematics, Astronomy, Geography, Cartography, Geology, Seismology and Mineralogy. Cambridge: Cambridge University Press.

Needham, Joseph, Wang Ling. 1962(李约瑟、王铃,1962年). *Science and*

① 三个保留本都是16开本。第一本用棕色封皮装帧,主要保存在卡尔尼奥拉历史学会(卢布尔雅那国家博物馆,11575)。第二本用饰有金色花朵的红纸板装帧,主要保存在埃伯格图书馆(卢布尔雅那国家博物馆,11576;雷斯普,1990年,第67页)。第三本保存在高等学校图书馆(卢布尔雅那国立大学图书馆,3710)。手稿的作者拉夫伦契奇(Primož Lavrenčič,1703年出生于维帕瓦河附近的Vrhpolje,1735年10月27日入耶稣会,1758年去世)把自己在卢布尔雅那完成学业的考试论文送给了马克霍维奇(Franciscus Georgius Markhovitsch)。结束在卢布尔雅那的哲学学业后,拉夫伦契奇在格拉茨学习神学,1732年6月10日发独身愿。作为斯洛文尼亚神父和传教士,他先后在利雅斯特、克拉根福和马里博尔工作,并创作了大量的宗教诗歌(《斯洛文尼亚传记词典》,1925—1932年,第1册,第620—621页)。

Civilization in China. Vol. 4. Part 1. Physical Sciences, Including Music and Magnetism. Cambridge: Cambridge University Press. (part 2: Mechanical Engineering, 1966; part 3: Civil Engineering and Nautics, 1971.)

Needham, Joseph. 1958(李约瑟,1958 年). *Chinese Astronomy and the Jesuit Mission. An Encounter of Cultures. China Society Occasional Papers*. London. No. 10:1-2.

Needham, Joseph. 1970 (李约瑟,1970 年). *The Grand Titration*. 1970, London: George Alen & Unwin. Translation: 1984. *Kineska znanost i Zapad*. Zagreb: Školska knjiga.

Novik, V. K. 1999(挪威克,1999 年). Akademik Frants Epinus (1724-1802): Kratkaja biograficheskaja kronika. *VIET*. 4:4-35.

Noël, François. 1710(卫方济,1710 年). Observationes mathematicae et physices in India et China factae a Patre Francisco Noel SJ ab anno 1684, usque ad annum 1708. Prague: Universitae. Reprint: 1711. *Acta Eruditorum*. ①

Olson, Roberta J. M., Pasachoff, Jay M. 1999(奥尔森、帕萨乔夫,1999 年). *Fire in the Sky*. Cambridge: University Press.

Pascoletti, Maddalena Malni. 1998(帕斯科莱蒂,1998 年). *Ex universa philosophia. Stampe barocche con le tesi dei Gesuiti di Gorizia*. Gorizia: Laguna.

Penning, F. M. 1957(潘宁,1957 年). *Electrical Discharges in Gases*. Philips' technical library.

Peyrefitte, Alain. 1991(佩雷菲特,1991 年). *Un choc de cultures. La vision Chinoise*. Paris: Fayard.

Pfister, Louis. 1932,1934(费赖之,1932 年、1934 年). *Notices biographiques et bibliographiques sur les Jésuites de l'ancienne mission de Chine 1552-1773*. I-II. Chang-hai: Imprimerie de la Mission Catholique.

Poggendorff, Johann Christian. 1863, 1898(波根多夫,1863 年、1898 年). *Biographisch-Literarisches Handwörterbuch zur Geschichte der exakten Wissenschaften*. Leipzig: Johann Ambrosius Barth.

Pogrebskij, I. B. 1971(波格列宾斯基,1971 年). *Gotfrid Vilgelm Leibniz 1646-1716*. Moskva: Nauka.

Pouillet, Claude. 1953(普耶,1953 年). *Éléments de physique expérimentale et de météorologie*. Paris: Hachette.

① 李约瑟、王铃,1959 年,第 3 卷第 454、780 页。

Pray, Georgius. 1781(普瑞,1781 年). *Imposturae CCXVIII in dissertatione r. p. Benedicti Cetto, Clerici Regularis e Scholis Piis de Sinensium imposturis detectae et convulsae. Accedunt Epistolae anecdotae r. p. Augustini e comitibus Hallerstein ex China scriptae*. Budae: Typis Regiae Universitatis.

Pray, Georgius. 1789(普瑞,1789 年). *Epistola ad Benedictum Cetto in qua novae huius in rebus Sinicis imposturae deteguntur. Accedit historia controversiarum de ritibus Sinicis ab earum origine ad finem compendio deducta. Pestini Budae ac Cassoviae*. German translation. 1791. *Geschichte der Streitigkeiten über die chinesichen Gebräuche, worinn ihr Ursprung, Fortgang und Ende in drei Büchern dargestellt wird*. I–II. Augsburg.

Priestley, Joseph. 1775(普里斯特利,1775 年). *The History and Present State of Electricity, With Original Experiments*. London: Bathurst & all.

Ravbar, Nataša. 2002(拉夫巴尔,2002 年). Kitajska kraška terminologija. *Acta carsologica*. 31/2:189–208.

Reisp, Branko. 1990(雷斯普,1990 年). *Ignacijeva karizma na Slovenskem*. Kranj: Gorenjski tisk.

Ricci, Mattheo. 1953(利玛窦,1953 年). *China in the Sixteenth Century. The Journals of Matheo Ricci*. New York: Random House.

Rieger, Kristjan. 1761 (利格,1761 年). *Observacion del Transito de Venus par el Disco del Sol, en el dia 6. De Junio de este Año de 1761. Hecha en el observatorio del Colegio Imperial de la Compañia de Jesus de Madrid. Por el P. Christiano Rieger, Cosmographo de S. M.* Con licencia. En Madrid: En la Imprenta de la Santa Cruzada.

Rocha, Andrée. 1980(傅作霖,1980 年). Um epistolário Vienense de Ribeiro Sanchez. *Biblos (Coimbra)*. 56:339–348.

Rochemonteix, Camille de. 1915(罗什蒙特,1915 年). *Joseph Amiot et les derniers survivants de la mission Française a Pékin (1750–1795)*. Paris: Librarie Alphonse Picard et Fils.

Rodrigues, Andreas. 1799(安国宁,1799 年). Observationes astronomicae habitae Ab Andrea Rodrigues. *Memorias de Mathematica e Phisica da Academia Real das sciencias de Lisboa*. 2:30–39.

Rodrigues, Francisco. 1923(罗德里格斯,1923 年). Mathematicos Portugueses na China. *Revista de História*. 12: 81–118. Separat: 1925. *Jesuítas Portugueses Astrónomos na China 1583–1805*. Porto. Reprint: 1990. Macau: Instituto Cultural.

Rosenberger, Ferdinand. 1890(罗森贝格,1890 年). *Die Geschichte der Physik in Grundzügen mit synchronistischen Tabellen*. III. Braunschweig: Druck und Verlag von Friedrich Vieweg und Sohn.

Rosmorduc, Jean. 1977(罗斯默杜,1977 年). *L'idée d'une structure de la lumière dans l'histoire de la physique*. Paris: Centre de Documentation Sciences Humaines.

Rousseau, Pierre. 1955(鲁索,1955 年). *Zgodovina znoanosti*. Ljubljana: DZS.

Saje, Mitja. 1994(萨米加,1994 年). *Zgodovina Kitajske: Obdobje Qing od tradicionalne do moderne Kitajske*. Ljubljana: Scripta.

Saraivas, L. (ed.). 2000(萨拉瓦编著,2000 年). *História das Ciencias Mathematicas: Portugal e o Oriente. History of Mathematical Sciences: Portugal and East Asia*. Lisboa: Fundaçã Oriente.

Scheiner, Christopher. 1626-1630(沙伊纳,1626—1630 年). *Rosa Ursina sive sol ex admirando facularum & macularum suarum phoenomeno varius necnon circa centrum suum & axem fixum ab occasu in ortum annua circaq. alium axem mobilem ab ortu in occasum conversione quasi menstrua, super polos proprios*. Libris quartour mobilis ostensus a Ch. Scheiner. Bracciani: apud And. Phaeum.

Schiviz von Schivizhoffen, Ludwig. 1905(斯奇卫思,1905 年). *Der Adel in der Matrikel des Herzogtums Krain*. Görz: samozaložba.

Sekulić, Martin. 1872(赛库里奇,1872 年). Polarna zora kao učinak zemaljske munjine. *Rad*. 20.

Semans, Cheryl Ann. 1987(西曼斯,1987 年). *Mapping the Unknown. Jesuit Cartography in China, 1583-1773*. Dissertation. Berkeley.

Shi, Yunli. 2000(石云里,2000 年). Eclipse Observations Made by Jesuit Astronomers in China: a Reconsideration. *JHA*. 31:135-147.《在华耶稣会士天文学家所作蚀象观测的再思考》。

Siemion, Ignacy Z. 1996(塞米翁,1996 年). Prace Chemiczno-analityczne Baltazara Hacqueta. *Analecta (Warsaw)*. 5/2(10):95-125.

Sivin, Nathan. 1965(席文,1965 年). On "China's opposition to Western Science During Late Ming and Early Ch'ing". *ISIS*. 56:201-205.

Sivin, Nathan. 1973(席文,1973 年). Copernicus in China. *Studia Copernicana. Varšava*. 6:63-122.

Smith, Robert. 1738(史密斯,1738 年). *System of Optics*. Cambridge. Pezenasov translation: *Cours complet d'optique*. I-IV. Avignon 1767.

Smolka, Josef. 1968（斯莫尔卡，1968 年）. L'abbé Nollet et la physique en Bohême. *XIIE C. I. H. Paris.*

Sommervogel, Carlos. 1890 – 1900（索默尔沃热尔，1890—1900 年）. *Bibliothèque de la Compagnie de Jésus.* Bibliographie par les Péres Augustin et Aloys de Backer, Nouvelle édition par Carlos Sommervogel, S. J. Strasbourgeois, Bruxelles-Paris: publiée par la province de Belgique, Tome I – IX.

Souciet, Etienne (ed.). 1729, 1739（苏熙业编，1729 年、1739 年）. *Observations mathématiques, astronomiques, géographiques chronologiques et physiques, tirée des anciens livres Chinois ou faites nouvellement aux Indes, a la Chine, et ailleurs, par les Peres de la Compagnie de Jésus.* I – III. Paris: Rollin.

Stancker, Anton. 1723（斯坦科，1723 年）. Tractatus in octo Libros Physicorum Aristotelis. Conscripta a Joseph Haller . . . 1723 Labaci. 172 leaves. ①

Standaert, Nicolas. 1989（钟鸣旦，1989 年）. Science, Philosophy and Religion in the 17th Century Encounter Between China and the West. *Synthesis Philosophia.* Zagreb. 4/1:251 – 267.

Standaert, Nicolas. 1989（钟鸣旦，1989 年）. The Jesuit Presence in China (1580 – 1773). *Sino-Western Cultural Relations Journal.* No. 1:4 – 15.

Stein, Johan W. J. A. 1928（斯泰因，1928 年）. Misionaris en astronoom: Augustinus von Hallerstein S. J. I. Van Genua naar Mozambique; II. Van Mozambique naar Peking; III. Het leven te Peking. *Overdruck uit Studiën: Tijdschrift voor Godsdienst, Wetenschap en Letteren van de Nederlandse jezuïetenprovincie (Studien op Godsdienstig, Wetenschappelijk en Letterenkundig gebied, Overdruck uit Katholiek cultureel tijdschrift)* Malmberg: 's-Hertogenbosch, W. van Gulick. 109:433 – 451 (I); 110:115 – 128 (II), 403 – 430 (III).

Steska, Viktor. 1918（斯特斯卡，1918 年）. Kranjec P. Avguštin Hallerstein. *Slovenska družina.* 1:108 – 112;1/6 – 7:145 – 150.

Stoeger, Joannes Nepomuk. 1855（斯多尔，1855 年）. *Scriptores Provinciae Austriacae Societatis Jesu ab ejus origine ad nostra usque tempora.* Viennae: Typis congregationis mechitharisticae.

Strnad, Janez. 1993 – 1994（斯特尔纳德，1993—1994 年）. Aurora Borealis.

① 手稿目录，1980 年，第 64 页。原稿的 154 页 a 面至 172 页 a 面是以神学结束。

Presek.

Stöcklein, Joseph. 1726, 1728(施特克莱因, 1726 年、1728 年). *Der Neue Welt-Bott mit allerhand Nachrichten deren Missionarien Soc. Jesu. Augsburg und Grätz: F. M. und Joh. Weith seel. Erben.* Wien.

Stöcklein, Joseph. 1739(施特克莱因, 1739 年). *Herrliche Tugend = Beyspiel der von jetzt regierenden Sinischen Kaysern her stammenden u. um Christi willen verfolgten Sinischen Prietzen aus unterschiedlichen u. dem Neuen Welt = Bothen R. P. Josephi Stöcklein S. J. unverleibten Briefen zusammengetragen u. mit geistlichen Sitten = Lehren vermehrt. Von einem an dern gemeldter Gesellschaft Jesu Priestern.* Augsburg: Im Verlag Der Wittis Mathia Wolffs.

Supek, Ivan. 1989(苏派克, 1989 年). *Rudžer Bošković.* Zagreb: JAZU.

Symmer, Robert. 1759(西默, 1759 年). New Experiments and Observations Concerning Electricity. *Phil. Trans.* 1760. 51/1: 340 - 389.

Ševarlić, B. M. 1986(舍瓦尔利奇, 1986 年). *Kratka zgodovina astronomije.* 2. del. Ljubljana: DMFA.

Škrlep, Janez. 1996(什克尔莱普, 1996 年). *Mengšan, mandarin na Chinese dvoru.* Mengeš: Galerija Mežnarija.

Šmitek, Zmago. 1992(什米特克, 1992 年). Slovenski jezuitski misijonarji v 17. in 18. stoletju. *Jezuiti na Slovenskem.* Ljubljana: Inštitut za zgodovino cerkve. 223 - 231.

Šmitek, Zmago. 1993(什米特克, 1993 年). Avguštin Hallerstein. *Zbornik za zgodovino naravoslovja in tehnike.* 12: 19 - 61.

Šmitek, Zmago. 1995(什米特克, 1995 年). Avguštin Hallerstein. *Spika.* 3/1: 39 - 43.

Šmitek, Zmago. 1995(什米特克, 1995 年). *Srečevanja z drugačnostjo, slovenska izkustva eksotike.* Radovljica: Didakta.

Šubic, Simon. 1874(舒比克, 1874 年). *Lehrbuch der Physik für Ober-Gymnasium und Ober-Realschulen.* 3. izdaja. Buda-Pest: Heckenast.

Šubic, Simon. 1900(舒比克, 1900 年). Temelji vremenoznanstva. *Zbornik znanstvenih in poučnih spisov SM.* 55 - 172.

Temple, Robert. 1991(坦普尔, 1991 年). *The Genius of China.* 3000 Years of Science. London: Prion.

Tirnberger, Karl. 1770(特恩伯格, 1770 年). *Auszug aus den Wetterungsbeobachtungen, welche in der Sternwarte zu Grätz von 1765 - 1769 gemacht werden sind.* Grätz: Widmanstätter.

Tirnberger, Karl. 1772(特恩伯格,1772 年). Observationes Satellitum Jovis factae Graecii in Styria in Collegio Acad. S. J. 1770. *Hell, Ephemerides astronomicae*. Viennae 1771. 16:256.

Torbar, Josip. 1871(托巴,1871 年). Sjeverna zora. *Rad*. 17:90-111.

Udías, Augustín. 1994(乌迪亚斯,1994 年). Jesuit Astronomers in Beijing, 1601-1805. *Quarterly Journal of the Royal Astronomical Society London*. 35:463-478.

Udías, Augustín. 2000(乌迪亚斯,2000 年). Observatories of the Society of Jesus 1814-1998. *AHSI*. 69:151-178.

Umek, Ema. 1991(乌梅克,1991 年). *Erbergi in Dolski arhiv*. Ljubljana: Arhiv republike Slovenije.

Vanino, Miroslav. 1969(瓦尼诺,1969 年). *Isusovci i hrvatski narod*. I. Zagreb: Filozofsko-teološki institut družbe Isusove.

Vanino, Miroslav. 1987(瓦尼诺,1987 年). *Isusovci i hrvatski narod*. II. Zagreb: Filozofsko-teološki institut družbe Isusove.

Varićak, Vladimir. 1925(瓦里查克,1925 年). U povodu državnog izdanja Boškovićeva djela "Theoria philosophia naturalis". *Rad*. 69/230

Viegas, Arthur. 1921(维埃加斯,1921 年). Ribeiro Sanchez e os Jesuitas Amigo ou inimigo? *Revista de historia. Lisboa Empresa Literaria Fluminense*. 10A/10:256-264.

Vodušek, Matija. 1879(沃杜塞克,1879 年). Neue Methode für die Berechnung der Sonnen-und Mondesparallaxe aus Planetenvorübergängen und Sonnenfinsternissen. *Programm des Gymnasiums zu Laibach*.

Volta, Alessandro. 1816(伏特,1816 年). *Collezione dell'opere del Cavaliere Conte Alessandro Volta*. Tomo I. Parte I. Firenze: Guglielmo Piatti.

Von Mädler, Johann Heinrich. 1872(梅德勒,1872 年). *Geschichte der Himmelskunde nach ihrem gesammten Umfange*. Braunschweig: Westermann.

Waley-Cohen, Joanna. 1993(卫周安,1993 年). China and Western Technology in the Late Eighteenth Century. *American Historical Review*. 98/5:1525-1544.

Walravens, Hartmut. 1981-1983(沃尔拉文斯,1981—1983 年). Vorhersage von Sonnen-und Mondfinsternisse in Mandjurischer und Chinesischer sprache. *Monumenta Serica*. 35:431-484.

Walravens, Hartmut. 1998(沃尔拉文斯,1998 年). Chinesische und Mandjurische Bücher in St. Petersburg im 18. Jahrhundert. *Monumenta Serica*. 46:397-418.

Wang, Yusheng. 2000（王渝生，2000年）. P. Andreas Pereira and His Contribution to Mathematics and Astronomy in China. *History of Mathematical Sciences*. 219 - 226.

Whitaker, Ewden. 1999（惠特克，1999年）. *Mapping and Naming the Moon*. Cambridge: University Press.

Wicki, Joseph. 1969（威基，1969年）. Liste der Jesuiten-Indienfahrer 1541 - 1758. *Hans Flasche (ed.). Portugiesische Forschungen. Erste Reihe: Aufsätze zur portugiesischen Kulturgeschichte*. Munster: Aschendorff. 7. Band: 252 - 450.

Wilde, Emil. 1838（维尔德，1838年）. *Geschichte der Optik, von Aristotel bis Newton*. Erster Theil. Berlin: Rücker & Püchler.

Willis, David M. F., Richard Stephenson, J. Robin Singh. 1996（威利斯、斯蒂芬森、辛格，1996年）. Auroral Observations on ad 1770 September 16: the Earliest Known Conjugate Sightings. *Quaterly Journal of the Royal Astronomical Society London*. 37:733 - 742.

Witek, John W. 1982（魏若望，1982年）. *Controversial Ideas in China and in Europe: A Biography of Jean-François Foucquet S. J. (1665 - 1741)*. Roma: Institutum Historicum S. J.

Wong, George H. C. 1963（王重民，1963年）. China's Opposition to Western Science During Late Ming and Early Ch'ing. *ISIS*. 54:29 - 49.

Woolf, Hary. 1962（伍尔夫，1962年）. *Les Astronomes Français, le passage de Vénus et la diffusion de la science au XVIIIe siècle*. Paris: Imdiameterie Alan Çonnaise.

Wurzbach, Constant Ritter Tannenberg. 1880（伍尔兹巴赫，1880年）. *Biographisches Lexikon d. Kaiserth. Oest*. Wien.

Youschkevitch, Adolf P. 1982（尤施凯维奇，1982年）. Nouvelles recherches sur l'histoire des mathématiques chinoises. *RHS*. 35/2:97 - 110.

Zurndorfer, Harriet T. Jesen 1988（朱恩多夫，1988年）. Vendre la science *à* la Chine au XVIIIe siècle. *Etudes Chinoises*. 7:59 - 90.

译后记

翻译本书缘起于2007年在比利时鲁汶大学举行的国际学术研讨会上与斯坦尼斯拉夫·叶茨尼克(Stanislav Juznic)教授的相识。那次会议上,斯坦尼斯拉夫·叶茨尼克教授提交的论文即是关于清朝乾隆年间来华耶稣会士刘松龄在科技方面的成就。当他在会议讨论中得知笔者从事明清之际入华耶稣会士研究时,有意将其于2003年出版的关于刘松龄的传记一书交由笔者翻译为中文,并在中国出版。因本人的研究偏重于史学方面,对科技则一无所知,故当时不敢贸然答允。

2008年,斯坦尼斯拉夫·叶茨尼克教授通过电子邮件发来了著作的英文稿,笔者粗略阅读了一遍,不禁为刘松龄在中外文化交流上的贡献所折服。可以说,刘松龄在钦天监任职多年,其在科技上的成就异常卓著,然而学界对其的重视程度显然不及与其同时代的蒋友仁、郎世宁等耶稣会士。国内学者的研究,虽有鞠德元先生的《清钦天监监正刘松龄》(《故宫博物院院刊》,1985年第1期)一文,但是后继研究者寥寥;国外学者的研究,则正如斯坦尼斯拉夫·叶茨尼克教授所言,主要是斯洛文尼亚学者所作的研究。有感于此,笔者决定接受这一翻译工作,意在将这位旧耶稣会在京最后一位伟大的天文学家的成就介绍给国人。

翻译过程中,笔者有幸得到上海交通大学钮卫星教授和中国科技大学石云里教授的无私帮助。如果没有他们在百忙之中给予的悉心指点,本书中的天文学名词定会令笔者望而却步。在此,向两位学者表示深深的谢意!同时,感谢张西平教授、郭红教授、王鹏辉教授、薛忠洙博士（韩国）、徐卫翔教授、陈志辉博士以及斯洛文尼亚前驻华参赞 Bernard Srajner 先生和曾在华留学的斯洛文尼亚学生 Klara Bašić小姐等的帮助。最后，感谢“中央高校基本科研业务费专项资金”的资助，感谢香港汉语基督教文化研究所林子淳博士的积极推荐和上海三联书店编辑们的辛劳，使本书能够得以早日面世！

上海三联人文经典书库

已出书目

1.《世界文化史》(上、下) [美]林恩·桑戴克 著 陈廷璠 译
2.《希腊帝国主义》 [美]威廉·弗格森 著 晏绍祥 译
3.《古代埃及宗教》 [美]亨利·富兰克弗特 著 郭子林 李凤伟 译
4.《进步的观念》 [英]约翰·伯瑞 著 范祥涛 译
5.《文明的冲突:战争与欧洲国家体制的形成》 [美]维克多·李·伯克 著 王晋新 译
6.《君士坦丁大帝时代》 [瑞士]雅各布·布克哈特 著 宋立宏 熊莹 卢彦名 译
7.《语言与心智》 [俄]科列索夫 著 杨明天 译
8.《修昔底德:神化与历史之间》 [英]弗朗西斯·康福德 著 孙艳萍 译
9.《舍勒的心灵》 [美]曼弗雷德·弗林斯 著 张志平 张任之 译
10.《诺斯替宗教:异乡神的信息与基督教的开端》 [美]汉斯·约纳斯 著 张新樟 译
11.《来临中的上帝:基督教的终末论》 [德]于尔根·莫尔特曼 著 曾念粤 译
12.《基督教神学原理》 [英]约翰·麦奎利 著 何光沪 译
13.《亚洲问题及其对国际政治的影响》 [美]阿尔弗雷德·马汉 著 范祥涛 译
14.《王权与神祇:作为自然与社会结合体的古代近东宗教研究》

(上、下) [美]亨利·富兰克弗特 著 郭子林 李岩 李凤伟 译

15.《大学的兴起》 [美]查尔斯·哈斯金斯 著 梅义征 译

16.《阅读纸草,书写历史》 [美]罗杰·巴格诺尔 著 宋立宏 郑阳 译

17.《秘史》 [东罗马]普罗柯比 著 吴舒屏 吕丽蓉 译

18.《论神性》 [古罗马]西塞罗 著 石敏敏 译

19.《护教篇》 [古罗马]德尔图良 著 涂世华 译

20.《宇宙与创造主:创造神学引论》 [英]大卫·弗格森 著 刘光耀 译

21.《世界主义与民族国家》 [德]弗里德里希·梅尼克 著 孟钟捷 译

22.《古代世界的终结》 [法]菲迪南·罗特 著 王春侠 曹明玉 译

23.《近代欧洲的生活与劳作(从15—18世纪)》 [法]G.勒纳尔 G.乌勒西 著 杨军 译

24.《十二世纪文艺复兴》 [美]查尔斯·哈斯金斯 著 张澜 刘疆 译

25.《五十年伤痕:美国的冷战历史观与世界》(上、下) [美]德瑞克·李波厄特 著 郭学堂 潘忠岐 孙小林 译

26.《欧洲文明的曙光》 [英]戈登·柴尔德 著 陈淳 陈洪波 译

27.《考古学导论》 [英]戈登·柴尔德 著 安志敏 安家瑗 译

28.《历史发生了什么》 [英]戈登·柴尔德 著 李宁利 译

29.《人类创造了自身》 [英]戈登·柴尔德 著 安家瑗 余敬东 译

30.《历史的重建:考古材料的阐释》 [英]戈登·柴尔德 著 方辉 方堃杨 译

31.《中国与大战:寻求新的国家认同与国际化》 [美]徐国琦 著 马建标 译

32.《罗马帝国主义》 [美]腾尼·弗兰克 著 宫秀华 译

33.《追寻人类的过去》 [美]路易斯·宾福德 著 陈胜前 译
34.《古代哲学史》 [德]文德尔班 著 詹文杰 译
35.《自由精神哲学》 [俄]尼古拉·别尔嘉耶夫 著 石衡潭 译
36.《波斯帝国史》 [美]A. T. 奥姆斯特德 著 李铁匠等 译
37.《战争的技艺》 [意]尼科洛·马基雅维里 著 崔树义 译 冯克利 校
38.《民族主义:走向现代的五条道路》 [美]里亚·格林菲尔德 著 王春华等 译 刘北成 校
39.《性格与文化:论东方与西方》 [美]欧文·白璧德 著 孙宜学 译
40.《骑士制度》 [英]埃德加·普雷斯蒂奇 编 林中泽 等译
41.《光荣属于希腊》 [英]J. C. 斯托巴特 著 史国荣 译
42.《伟大属于罗马》 [英]J. C. 斯托巴特 著 王三义 译
43.《图像学研究》 [美]欧文·潘诺夫斯基 著 戚印平 范景中 译
44.《霍布斯与共和主义自由》 [英]昆廷·斯金纳 著 管可秾 译
45.《爱之道与爱之力:道德转变的类型、因素与技术》 [美]皮蒂里姆·A. 索罗金 著 陈雪飞 译
46.《法国革命的思想起源》 [法]达尼埃尔·莫尔内 著 黄艳红 译
47.《穆罕默德和查理曼》 [比]亨利·皮朗 著 王晋新 译
48.《16世纪的不信教问题:拉伯雷的宗教》 [法]吕西安·费弗尔 著 赖国栋 译
49.《大地与人类演进:地理学视野下的史学引论》 [法]吕西安·费弗尔 著 高福进 等译
50.《马丁·路德的时运》 [法]吕西安·费弗尔 著 王永环 肖华峰 译 [即出]
51.《希腊化文明与犹太人》 [以]维克多·切利科夫 著 石敏敏 译
52.《古代东方的艺术与建筑》 [美]亨利·富兰克弗特 著 郝

海迪 袁指挥 译

53.《欧洲的宗教与虔诚:1215—1515》 [英]罗伯特·诺布尔·斯旺森 著 龙秀清 张日元 译

54.《中世纪的思维:思想情感发展史》 [美]亨利·奥斯本·泰勒 著 赵立行 周光发 译

55.《论成为人:神学人类学专论》 [美]雷·S.安德森 著 叶汀 译 王作虹 校

56.《自律的发明:近代道德哲学史》 [美]J.B.施尼温德 著 张志平 译

57.《城市人:环境及其影响》 [美]爱德华·克鲁帕特 著 陆伟芳 译

58.《历史与信仰:个人的探询》 [英]科林·布朗 著 查常平 译

59.《以色列的先知及其历史地位》 [英]威廉·史密斯 著 孙增霖 译

60.《欧洲民族思想变迁:一部文化史》 [荷]叶普·列尔森普 著 周明圣 骆海辉 译

61.《有限性的悲剧:狄尔泰的生命释义学》 [荷]约斯·德·穆尔 著 吕和应 译

62. 希腊史 [古希腊]色诺芬 著 徐松岩 译注

63. 罗马经济史 [美]腾尼·弗兰克 著 王桂玲 杨金龙 译

欢迎广大读者垂询,垂询电话:021-24175971

图书在版编目(CIP)数据

刘松龄:旧耶稣会在京最后一位伟大的天文学家/(美)叶茨尼克著;周萍萍译. —上海:上海三联书店,2014.4
(上海三联人文经典书库)
ISBN 978-7-5426-4528-9

Ⅰ.①刘… Ⅱ.①叶…②周… Ⅲ.①刘松龄(1703～1774)—评传 Ⅳ.①K835.554.614

中国版本图书馆CIP数据核字(2014)第014259号

刘松龄
——旧耶稣会在京最后一位伟大的天文学家

著　　者/(美)斯坦尼斯拉夫·叶茨尼克
译　　者/周萍萍

责任编辑/黄　韬
装帧设计/鲁继德
监　　制/李　敏
责任校对/张大伟

出版发行/上海三联书店
(201199)中国上海市都市路4855号2座10楼
网　　址/www.sjpc1932.com
邮购电话/24175971
印　　刷/上海展强印刷有限公司

版　　次/2014年4月第1版
印　　次/2014年4月第1次印刷
开　　本/640×960　1/16
字　　数/190千字
印　　张/13.75
书　　号/ISBN 978-7-5426-4528-9/K·245
定　　价/35.00元